탄핵 파면이 답이다

탄핵 파면이 답이다

초판 1쇄 인쇄 2025년 1월 17일
초판 1쇄 발행 2025년 1월 23일

지은이 장세진
펴낸이 장길수
펴낸곳 지식과감성#
출판등록 제2012-000081호

주소 서울시 금천구 벚꽃로298 대륭포스트타워6차 1212호
전화 070-4651-3730~4
팩스 070-4325-7006
이메일 ksbookup@naver.com
홈페이지 www.knsbookup.com

ISBN 979-11-392-2386-6(03810)
값 17,000원

- 이 책의 판권은 지은이에게 있습니다.
- 이 책 내용의 전부 또는 일부를 재사용하려면 반드시 지은이의 서면 동의를 받아야 합니다.
- 잘못된 책은 구입하신 곳에서 바꾸어 드립니다.

지식과감성#
홈페이지 바로가기

장세진 에세이

탄핵 파면이 답이다

미친 건가, 계엄령 선포라니!
또라이는 방망이가 약이다.

■저자의 말

파면이 진짜 탄핵

나의 60권째 책을 탄핵 시국에 내놓는다. 이름하여 '탄핵 파면이 답이다'이다. 지난 해 12월 20일 수필집 '월드 클래스 손흥민2'와 '전과자에서 선생님으로'를 동시에 펴낸 지 불과 한 달 남짓만이다. 빨라도 너무 빠른 펴냄의 '탄핵 파면이 답이다'라 할 수 있다.

그만큼 윤석열 대통령이 저지른 12·3 계엄령 선포의 내란은 엄청난 충격의 팩트였다. 사실은 지난 해 3월 펴낸 장세진 에세이 '뭐 저런 대통령이 다 있나'를 통해 뒤틀린 윤석열 정권의 문제들을 비판·질타한 바 있다. 예컨대 '뭐 저런 대통령이 다 있나1~5'라든가 '대통령실의 수사외압 의혹1~2'·'민폐쟁이 김 여사1~2' 등 대부분 글이 그렇다.

이대로 3년을 어떻게 더 견뎌야 하냐며 체념하다시피 했지만, 심상치 않은 시국이 계속됐다. 다시 이거 안되겠다 싶었다. 맹렬히 쓰기에 나섰다. '뭐 저런 대통령이 다 있나6'을 쓴 게 지난 해 10월 27일이다. 이후 수많은 시민들의 촛불집회와 각계각층 시국선언 등이 계속 이어졌다. 급기야 대통령의 난데없는 계엄령 선포와 국회의 해제 결의안 등 대한민국은 비상시국의 수렁으로 순식간에 빠져들고 말았다.

국회에서 탄핵소추안이 가결된 이후에도 '내란수괴'가 된 윤 대통령을 향한 무릇 국민들의 함성이 추운 겨울 하늘에 울려퍼지고 있다.

국회에서 탄핵당해 대통령 직무가 정지됐는데도 시민들 함성은 여전히 하늘을 찌르고 있다. 헌법재판소의 파면 결정이 아직 남아 있어서다. 탄핵심판 관련 서류 접수 거부와 수사기관 소환 불응 등 '법적·정치적 책임을 피하지 않겠다'는 스스로 한 말을 뒤집는 내란수괴 피의자 행태가 이어지고 있어서다.

거기에 더해 내란수괴를 배출한 셈인데도 사과와 반성은커녕 딴짓만 일삼는 국민의힘 움직임은 또 어떤가? 내란수괴 혐의 수사와 함께 탄핵심판이 코앞인데, 소위 찐윤 원내대표에 윤석열 정부에서 장관을 지낸 친윤 비대위원장이라니! 도대체 뭘 하자는 수작인지 알 수가 없다. '탄핵 파면이 답이다'는, 이를테면 그런 시국에 부응한 책인 셈이다.

그렇다. 평론집 등 총 60권(편저 5권 포함)째이지만, 수필·산문집으로만 국한하면 19번째 장세진 지음의 책인 '탄핵 파면이 답이다'는 '뭐 저런 검찰총장이 다 있나'(2022)와 '뭐 저런 대통령이 다 있나'(2024)처럼 '사이다 에세이'를 표방한다. '탄핵 파면이 답이다'에는 편당 원고지 10장 남짓한 짧은 글 76편이 실려 있다. 1~5부로 나눠 만나보기 편하게 했다. 다만, 복합어의 경우 띄어쓰기가 '채해병'과 '채 해병'처럼 통일돼있지 않더라도 틀린 게 아니니 양해바란다.

'탄핵 파면이 답이다'가 그동안 펴낸 책들과 크게 다른 것은 소설의 대화나 남의 말을 인용할 때 쓰는 큰따옴표 사용이 많다는 점이다. 남의 글 인용을 기본으로 하는 방송·영화·문학을 비평한 평론집보다도 더 많지 않을까 싶다. 그만큼 많은 사람들의 의견을 담은 책이란 얘기다. 그래서 중복되는 내용도 있다. 언론 보도 내용에 내 말을 더해 작성(재구성)한 글이라서다. 꼭 필요한 경우에만 출처 표기를 한 점도 특징이라 할만하다.

　발표한 글보다 미발표작이 월등하게 많은 것도 이전 펴낸 책들과 다른 점이다. 각 글 아래에 밝힌 쓴 날짜에서 알 수 있듯 하루에 2~3편씩 쓰다보니 그렇게 된 셈이라고 할까! '장세진 에세이'로 해서 펴내지만, 이 책 '탄핵 파면이 답이다'는 일종의 '윤석열 파면과정 보고서' 또는 '윤석열 탄핵일지'라 말해도 크게 틀린 건 아닐 성싶다. 이 책은 '공정'과 '상식'을 패대기치며 내란수괴 피의자로 전락한 대통령에 대한 국민들 이야기 모음집이라 할 수 있다.

　미리 밝혀둘 게 있다. '뭐 저런 대통령이 다 있나'에서 이미 말한 바 있듯 나는 작품에서 감동받지 않으려고 애쓰며 비판을 일삼는 평론가일 뿐이다. 일부 극렬 지지자들처럼 어떤 이념에 의해 움직이는 '광신자' 내지 '맹종자'가 아니다. 무엇보다도 국민에게 '죽을죄'인 계엄선포의 내란죄는 보수·진보로 갈라져 서로 다툴 일이 아니다.

　제대로 된 정의와 올바른 가치를 추구하며 사는 것이 인간의 도리일진대 박근혜 탄핵에 이어 10년도 채 안돼 왜 이런 일을 또다시 겪으며 고통당해야 하는지, 대한민국 국민이라는 게 슬프고 화가 난다. 독자들이 이 책을 읽고 조금이나마 그런 기분에서 벗어나 후련해하고 통쾌함을 느낀다면 그만한 보람이 없을 것이다. 파면이 진짜 탄핵이다. 대한민국 아자!

2025년 정초

지은이 **장 세 진**

차 례

■저자의 말- 파면이 진짜 탄핵 ─────────── 4

제1부

탄핵 파면이 답이다 ──────────────── 14
뭐 저런 대통령이 다 있나6 ─────────── 18
뭐 저런 대통령이 다 있나7 ─────────── 22
뭐 저런 대통령이 다 있나8 ─────────── 25
뭐 저런 대통령이 다 있나9 ─────────── 29
뭐 저런 대통령이 다 있나10 ────────── 32
뭐 저런 대통령이 다 있나11 ────────── 36
뭐 저런 대통령이 다 있나12 ────────── 39
미친 건가, 계엄령 선포라니!1 ────────── 43
미친 건가, 계엄령 선포라니!2 ────────── 47
뒤끝 작렬 직무정지 대통령 ───────────── 51
시민들의 승리 ──────────────────── 55
국민이 이겼다 ──────────────────── 59
시민들은 헌법재판소로 ─────────────── 63
윤석열 즉각 체포·퇴진! 사회대개혁! 범시민대행진 ─── 67
전봉준투쟁단 트랙터 상경 시위 ─────────── 72

제2부

국민의힘만이 할 수 있다1 —————— 76
국민의힘만이 할 수 있다2 —————— 80
3년은 너무 길다 ———————————— 84
윤석열 퇴진 김건희 특검 촛불대행진 —— 88
조국혁신당의 대통령 탄핵 추진 ———— 92
윤석열 퇴진 김건희 특검 115차 촛불집회 — 96
윤석열 정권 퇴진 1차 총궐기 —————— 100
윤석열 퇴진 김건희 특검 116차 촛불집회 — 104
윤석열을 거부한다 2차 시민행진 ———— 107
윤석열을 거부한다 3차 시민행진 ———— 111
장례식 당한 국민의힘1 ————————— 114
장례식 당한 국민의힘2 ————————— 118
흑역사 쓰고 있는 국민의힘 ——————— 122
12월 14일 국민의힘 의원총회 —————— 126
국민의힘 의원총회 이후 ————————— 130
국민의힘 어쩌자고 이러나 ——————— 134

제3부

잇따르는 교수들의 시국선언1 ······ 140
잇따르는 교수들의 시국선언2 ······ 144
잇따르는 교수들의 시국선언3 ······ 148
잇따르는 교수들의 시국선언4 ······ 151
잇따르는 교수들의 시국선언5 ······ 155
잇따르는 교수들의 시국선언6 ······ 159
잇따르는 교수들의 시국선언7 ······ 163
잇따르는 교수들의 시국선언8 ······ 167
잇따르는 교수들의 시국선언9 ······ 171
잇따르는 교수들의 시국선언10 ······ 175
잇따르는 교수들의 시국선언11 ······ 179
잇따르는 교수들의 시국선언12 ······ 183
잇따르는 교수들의 시국선언13 ······ 187
대학생들의 시국선언1 ······ 191
대학생들의 시국선언2 ······ 195

제4부

박근혜 탄핵 떠오르게 하는 시국선언 — 200
시민단체들의 시국선언 — 204
청년·대학생들의 시국선언 — 208
종교단체들의 시국선언 — 212
시민단체·변호사들의 시국선언 — 216
지역단체·의료인들의 시국선언 — 220
청년·대학생·대학동문들의 시국선언 — 223
대학동문들의 시국선언 — 227
대학교 구성원들의 시국선언 — 230
장학사·문인단체의 시국선언 — 234
퇴직 교사들의 시국선언1 — 238
퇴직 교사들의 시국선언2 — 242
공감연대와 해병대 예비역들의 시국선언 — 246
청소년들의 시국선언 — 249
과학계와 해외에서의 시국선언 — 253

제5부

고등학생들의 시국선언 258
정신과 의사들까지 시국선언 262
현직 교사들의 시국선언 265
문화예술인들의 시국선언 268
언론인들의 시국선언 272
음악인들의 시국선언 276
10~20대들의 시국선언 280
용병정치의 민낯 284
박 대령은 무죄다1 288
박 대령은 무죄다2 291
내란수괴가 임명한 자들1 295
내란수괴가 임명한 자들2 299
KBS 망가지기 점입가경1 302
KBS 망가지기 점입가경2 306

평론가 장세진의
손흥민 축구 이야기!

장세진 지음 / 304쪽 / 17,000원

제1부

탄핵 파면이 답이다

뭐 저런 대통령이 다 있나6

뭐 저런 대통령이 다 있나7

뭐 저런 대통령이 다 있나8

뭐 저런 대통령이 다 있나9

뭐 저런 대통령이 다 있나10

뭐 저런 대통령이 다 있나11

뭐 저런 대통령이 다 있나12

미친 건가, 계엄령 선포라니!1

미친 건가, 계엄령 선포라니!2

뒤끝 작렬 직무정지 대통령

시민들의 승리

국민이 이겼다

시민들은 헌법재판소로

윤석열 즉각 체포 · 퇴진! 사회대개혁! 범시민대행진

전봉준투쟁단 트랙터 상경 시위

탄핵 파면이 답이다

솔직히 대통령 탄핵에 대한 글을 또다시 쓰리라곤 생각조차 못했다. 그렇다. 나는 2017년 3월 17일자 전북일보에 '대통령 탄핵이 힐링인 나라'(장세진 산문집 '진짜로 대통령 잘 뽑아야' 수록)를 쓴 바 있다. 국민의 직접투표로 선출된 대통령중 파면되어 사상 처음 임기를 다 못채운 현직 대통령(박근혜) 탄핵 이야기다.

"물론 대통령 파면으로 대다수 국민들이 힐링을 받는 현실이 썩 기쁘고 좋지만은 않다. 어쩌다 대통령 탄핵이 힐링인 나라가 되었는지 착잡하고 씁쓸하다. 1970~80년대도 아니고 어쩌다 이 지경에까지 오게 되었는가를 생각해보면 가슴이 미어질 정도로 답답하고 슬프다. 자업자득과 인과응보말고 다른 할 말을 찾을 수 없어 그렇다"고 심정을 밝히기도 한 글이다.

그로부터 7년 8개월 만에 또다시 대통령 '탄핵 파면이 답이다'라는 글을 쓰게돼 한마디로 참담한 심정이다. 다들 짐작했겠지만, 12월 14일 오후 4시 국회 본회의에서 대통령 윤석열 탄핵소추안을 표결 절차에 들어갔다. 12월 7일에 이은 두 번째 표결이다. 국회의원 300명 전원이 참여해 찬성 204, 반대 85, 기권 3, 무효 8표로 대통령 윤석열 탄핵소추안이 가결됐다.

12월 7일 대통령 윤석열 탄핵소추안 표결을 뒤집은 결과가 나온 것이다. 다들 알다시피 국회 본회의에서 대통령 윤석열 탄핵소추안을 표결했지만, 국민의힘 의원들은 집단 퇴장해 의원총회를 했다. 이탈표 방지를 위해서였다. 안철수 김예지 김상욱 의원만 투표에 참여했다. 결국 탄핵소추안은 의결정족수 미달로 투표함조차 열어보지 못한 채 끝났다.

12월 14일 국회 본회의에서 찬성 204표로 가결된 대통령 윤석열 탄핵소추의 사유는 다음과 같다. 피소추자는 대한민국의 대통령인 바, 2024. 12. 3. 22:30경 헌법과 법률에 위배하여 비상계엄을 선포하고 군과 경찰을 동원하여 국회를 봉쇄, 침입하여 헌법기관인 국회의 계엄해제 요구권 행사를 방해하는 등 국회의 활동을 억압하였다.

헌법기관인 중앙선거관리위원회를 위법하게 침입하였을 뿐만 아니라, 국회의원·정치인·언론인 등의 불법체포를 시도하였다. 피소추자는 국헌을 문란할 목적으로 그 요건과 절차를 위반하여 비상계엄을 선포하고 무장한 군과 경찰을 동원하여 국회를 침입하는 등 국회와 국민을 협박하고 폭행하는 일련의 폭동을 일으킴으로써 대한민국 전역의 평온을 해하는 내란죄를 범하였다. …

피소추자는 국민의 신임을 배반하고 헌법이 부여한 계엄선포권을 남용하여 국헌을 문란할 목적으로 정부, 군대와 경찰을 동원, 무장폭동하는 내란죄(우두머리)를 저지름으로써 헌법을 수호할 책무를 버리고, 그 직무집행에 있어서 중대한 위헌·위법 행위를 하였다. 이에 피소추자를 대통령의 직에서 파면함으로써 헌법을 수호하고 손상된 헌법질서를 다시 회복하기 위하여 탄핵소추안을 발의한다.

국회에서 탄핵안이 가결됐다고 끝난 게 아니다. 대통령 직무가 정지됐을 뿐이다. 대통령을 파면하려면 헌법재판관 6명 이상의 찬성이 필요하다. 일각에선 보수성향 재판관들의 기각 의견을 우려한다. "만약 헌법재판소 탄핵심판에서 윤석열 대통령이 살아서 돌아오기라도 하면 이건 정말 큰일입니다"(한겨레, 2024.12.9.)라고 걱정하기도 한다.

그러나 이명박 정부에서 법제처장을 지낸 이석연 동서대 석좌교수는 윤 대통령에 대한 헌법재판소의 탄핵 심판 결과에 대해 "재판관 전원 일치로 파면 결정이 나올 것"이라고 관측했다. 그는 "박근혜 전 대통령의 탄핵 사유는 윤석열 대통령의 사유에 비해 '새 발의 피'였고, 윤 대통령의 탄핵 사유는 박 전 대통령 때보다 더 명확하다"고 강조했다.

이 전 처장은 "과거 박근혜 전 대통령 탄핵 심판이 게시될 때도 전원 일치로 파면 결정이 나올 것이라고 예측한 적이 있는데, 이번 사안은 탄핵 사유에 있어서 훨씬 더 명확하다"며 "빠르면 한 2개월 안에 탄핵 결정이 나올 것이라고 본다"고 말했다.

윤 대통령의 탄핵심판과 형사재판이 동시에 진행될 수 있는지에 대해선 별개라고 했다. 그는 "이번 탄핵은 국민의 신임을 배반한 행위에 대한 정치적인 책임을 묻는 것이지, 내란죄인지 아닌지는 탄핵 심판 절차하고는 아무 관련이 없다"고 강조했다.

이 전 처장은 윤 대통령의 비상계엄 선포 행위가 위헌에 해당하는 이유에 대해서도 설명했다. 우선 이 전 처장은 "헌법이 정한 절차를 완전히 지키지 않았다"며 "비상계엄을 선포하려면 국무회의 심의를 거쳐 회의록을 만들어서 문서로도 하고, 그 문서에는 국무총리와 관계 위원이 서명해야 하는데 지켜지지 않았다"고 지적했다.

두 번째 이유로 그는 "군대를 풀어서 공공의 안녕질서를 유지할 만한 그런 급박한 상황이 아니었다"며 "국회의원을 끌어내리고 군대를 풀은 것은 국헌문란의 폭동"이라고 비판했다. 정확히 말하면 국회에서 가결된 탄핵안이 헌법재판소에서 인용(파면)되어야 윤 대통령은 쫓겨난다. 하루라도 빨리 "주문, 피청구인 대통령 윤석열을 파면한다"가 나오길 고대(苦待)한다.

〈전북연합신문, 2024.12.18.〉

뭐 저런 대통령이 다 있나6

'20%대 대통령 지지율'(장세진 에세이 '뭐 저런 대통령이 다 있나' 수록)이란 글을 써 발표한 것은 2022년 9월 7일(전북연합신문)이다. 당시 24%로 떨어진 윤석열 대통령 지지율이 박근혜 전 대통령의 탄핵당하기 직전인 2016년 10월 3주차에 찍은 25%보다 낮게 나온 걸 지적하며 보통 일이 아니라 탄식한 글이다.

나는 "1987년 직선제 개헌 선거 이후 노태우·이명박·박근혜에 이어 잘못 뽑은 대통령이란 생각이 떠나지 않는다"고 글을 끝맺었다. 그로부터 2년 남짓 지난 지금은 어떤가? 2024년 10월 24일 발표된 엠브레인퍼블릭·케이스탯리서치·코리아리서치·한국리서치가 함께한 여론조사를 보면 윤 대통령 지지율은 22%다.

이는 10월 21일~23일 전국 유권자 1천 명을 휴대전화 면접 조사를 한 결과(95% 신뢰수준에서 ±3.1%포인트)다. 같은 기관의 직전 조사인 10월 10일치의 긍정평가 24%보다 2%포인트 하락했다. 부정평가는 1%포인트 올라 67%로 나타났다. 부정평가는 윤 대통령의 주요 지지 기반인 대구·경북에서도 과반을 넘긴 56%로 집계됐다.

2년 전 20%대 지지율일 때 '국민'을 강조하며 들어간 자세 낮추기는커녕 오히려 하나도 변함없는 본색만 더 드러낸 데 따른 실망감, 싫어함 등 국민 반응이라 해도 될 법한 지지율 추락이라 할 수 있다. 그런데 10월 25일 발표된 한국갤럽 조사에선 윤 대통령 직무수행에 대한 긍정평가가 20%로 나타났다.

전날 발표된 지지율 22%보다 2%포인트 하락한 20%로 지난 9월 둘째 주에 이어 또다시 최저치를 찍은 것이다. 한국갤럽의 9월 둘째 주 여론조사에서도 윤 대통령의 지지율이 20%까지 내려갔었다. 갤럽 조사에서 윤 대통령의 지지율은 4·10 총선 이후 5개월이 넘도록 20%대에 머물러 있기도 했다.

윤 대통령의 긍정평가 20%는 집권 중반기를 맞은 대통령으로서는 1987년 대통령 직선제 도입 이후 가장 낮은 지지율이다. '유레카'(한겨레, 2024.10.29.)에 따르면 한국갤럽 정례조사 기준으로, 임기 절반 시점(3년차 2분기)의 지지율 평균치는 김영삼 28%, 김대중 38%, 노무현 34%, 이명박 49%, 문재인 45%, 윤석열 25%다. 탄핵당한 박근혜도 이 시기엔 36%였다.

대통령 지지율 하락은 국정 동력 약화와 재집권 가능성 저하를 의미한다. 배종찬 인사이트케이 연구소장은 "대통령 지지율이 45% 이상이면 대통령의 국정 동력이 살아있는 지점이다. 30%대로 긍정 지지율이 내려가면 위태롭게 되고 25% 미만으로 내려가면 국정 동력은 상실되고 마비된다. 낮은 지지율로 대통령의 국정과제를 순탄하게 추진하기는 현실적으로 불가능하다"(시사저널, 2022.8.5.)고 말했다.

아무튼 이어지는 '유레카' 내용도 너무 공감돼 더 살펴본다. '유레카'는 대통령 지지율이 떨어지는 이유를 두고, 선거연합 내의 일부 세력이 자신들의 기대가 충족되지 않자 지지를 철회하기 때문이라는 분석(존 뮬러)이 있다고 말한다. 대통령에 대한 정보가 부족했던 유권자들이 가졌던 '기대'가 '환멸'로 바뀐다는 설명(제임스 스팀슨)도 하고 있다.

여기에다 문우진 아주대 교수는 다른 시각을 더했다. 문 교수는 '대통령 지지도의 필연적 하락의 법칙: 누가 왜 대통령에 대한 지지를 바꾸는가?'(한국정치학회보, 2012년)에서, 정당이 선거 때 가능한 한 많은 지지를 얻기 위해 가공·생산한 대통령 후보의 '가치'들을 보고 투표한 유권자들의 기대가 갈수록 소멸하는 것이라고 설명했다.

그는 "대통령에 대한 유권자의 '정보 부족'은 정당이 가공한 대통령의 가치를 쉽게 받아들이게 하나, 가치의 실상이 노출되었을 때 대통령에 대한 기대는 실망으로 전환된다"고 짚었다. '유레카'는 이러한 분석이 지금 딱 들어맞는다며 글을 맺고 있다. 이 역시 100% 공감되는 분석이기에 되새겨본다.

"국민의힘은 보수를 탈탈 털었던 검찰총장 출신을 대통령 후보로 세웠고, 윤 후보는 '공정과 상식'을 내걸고 당선됐다. 공정·상식의 실상은 일찌감치 탄로 났다. 낮은 지지율의 최대 이유로 꼽히는 김건희 여사 문제를 대하는 윤 대통령 태도는 불공정·비상식이"라는 얘기다.

'윤석열 후보'의 국정운영 능력에 관한 유권자의 정보는 너무도 부족했거나, 지나치게 소홀히 취급됐다. 기대를 배신하고 실망과 환멸을 안기니 대구·경북 같은 핵심 지지기반에서도 대거 이탈이 발생한다. 특히 전통적 보수 강세 지역으로 국민의힘 내지 윤 대통령 텃밭인 대구·경북(TK)에서조차 부정평가(56%)가 긍정평가(33%)보다 크게 앞선 것이 단적인 예다.

'의료대란' 영향이 큰 것으로 전해지긴 했지만, 윤 대통령의 콘크리트 지지층이라 할 70대에서도 지지 철회가 급증하고 있단 점도 빼놓을 수 없는 심각한 지점이다. 이렇듯 심상치 않은 조짐들이 나타나는데도 대통령실은 "부족한 부분을 채우기 위해 하루하루 최선을 다해 나가겠다"며 "민생 개혁 과제에 힘을 더 쓰겠다는 입장을 전해드린다"고 하는 하나마나한 소리만 하고 있다. 윤 대통령 지지율이 10%대로 추락하는 건 시간문제로 보인다.

〈2024. 10. 29.〉

뭐 저런 대통령이 다 있나7

'뭐 저런 대통령이 다 있나6'에서 말했듯 윤 대통령 지지율이 또다시 20%로 추락한 여론조사가 발표됐다. 부정평가의 가장 큰 이유에는 김건희 여사 문제가 자리한다. 김여사 문제를 윤 대통령에 대한 부정평가 이유 1위(15%)로 꼽은 것이다. '김 여사 대외활동 중단'에 대한 물음에선 응답자의 73%가 '동의한다'는 답변을 내놨다.

국민의힘 지지층(57%)과 TK(61%)에서도 과반의 응답자가 김 여사 활동 중단 필요성에 동의한 것으로 나타난 게 눈길을 끈다. 예사로워 보이지 않아서다. 대통령실은 국정 지지율 부정평가 이유로 '김 여사 문제'가 가장 많이 거론되는 것에 대해 "김 여사와 관련해선 충분히 브리핑을 통해 말씀드렸다. 추가적으로 논의되거나 검토되는 게 있으면 말씀드리겠다"고 말했다.

여론조사로 나타난 민심과 동떨어진 얘기만 늘어놓고 있는 대통령실이다. 가령 10월 21일 윤 대통령과 한동훈 국민의힘 대표의 면담이 있었다. 이 자리에서 윤 대통령은 "집사람이 많이 지쳐 있고 힘들어한다"고 말한 것으로 전해졌다. "지켜보기 민망한 김건희 여사 리스크가 정권을 뒤흔드는데도 애써 무시하며 감쌌다"(한국일보, 2024.10.30.)는 지적이 나왔다.

한 대표의 인적 쇄신 건의에 대해 윤 대통령은 "누가 문제가 있는지 소상히 적어 전달해달라"고 했다. 인적 쇄신은커녕 면담때 자리 배치에서 보듯 '너 같은 게 감히' 하는 태도다. 앞의 한국일보에 따르면 정부 고위관계자는 윤 대통령 취임 이후 지속된 불통과 원맨쇼의 원인을 "선출직을 맡아본 적이 없어서 그렇다"로 진단했지만, 국민이 그것을 알아주거나 양해해줄 필요는 없다.

이미 회자된 바 있지만, "사람에게 충성하지 않는다"는 윤 대통령이 '별의 순간'을 잡을 수 있었던 결정적 말이다. 검사로서 부당한 권력과 맞설 때 박수와 함께 지지를 받았다. 대통령인 지금은 아니다. 일개 정치 브로커의 농간에 김 여사가 끊임없이 등장해도 별다른 대응을 하지 못한 채 비워둔 특별감찰관을 임명하자는 집권여당 한 대표의 건의마저 묵살하고 있다.

사정이 이런데도 윤 대통령은 10월 22일 부산 금정구의 범어사를 찾아 "여러 힘든 상황이 있지만 업보로 생각하고 나라와 국민을 위해 좌고우면하지 않고 일하겠다. 돌을 던져도 맞고 가겠다"고, 마치 무슨 중대 결심이라도 말하듯 밝혔다. 즉각 "국민과 호흡하며 국정을 이끌어야 할 대통령이 오히려 대국민 선전포고를 한 것이나 다름없다"(한겨레, 2024.10.24.)는 사설이 나왔다.

이어 사설은 "윤 대통령이 언급한 '힘든 상황', '업보'는 김건희 여사에 대한 의혹 제기와 이에 대한 비판 목소리를 지칭하는 것으로 보인다. 김 여사 연루 의혹이 연일 폭로되고, 한편에선 검찰을 비롯한 국가기관이 앞다퉈 '면죄부'를 줘 이에 분노하는 민심의 심상치 않음과 문제의식을 전혀 찾을 수 없다"는 주장도 하고 있다.

100% 맞는 말이다. 나아가 지지율이 10%대로 추락해도 지금처럼 하겠단 선언인 셈이다. 대통령이 이러니 대통령실의 마이동풍(馬耳東風) 답변이나 대응도 이해가 될 정도다. 오죽했으면 같은 당 소속인 유승민 전 의원이 윤 대통령에게 "'선공후처'를 못하면 그냥 남편

만 해야지 대통령을 해선 안 된다"고 강하게 경고를 날렸을까!

　유 전 의원은 10월 26일 소셜미디어 페이스북에 올린 글에서 "온 나라가 김건희 여사 문제에 발목이 잡혀 있다"며 "(윤 대통령이) 대통령과 남편 중 하나를 선택해야 한다면 당연히 대통령이다"라고 말했다. 우선 선공후사(先公後私)의 패러디인 '선공후처'란 말이 재미있으면서도 기발하다.

　아무튼 유 전 의원은 "갤럽의 대통령 평가가 '긍정 20%, 부정 70%'였다. 부정평가 이유의 1위는 김건희여사(15%), 2위가 경제민생(14%)이었다. 경제가 심각한데 어떻게 먹고사는 문제보다 김여사 문제에 더 분노하는지, 이 사실 자체가 충격적이다"라고 말했다.

　유 전 의원은 "근본적인 문제는 경제성장의 후퇴다. 곳간에서 인심 난다고, 정치가 먹고사는 문제를 해결하지 못하면 민심은 폭발한다"며 "나라의 운명이 더 기울어지기 전에 (윤 대통령이) 제발 정신차리길 기도하는 심정이다"라고 말했다.

　10월 29일엔 국민의힘 중진인 권영세·김기현·나경원(5선) 의원과 오세훈 서울시장, 박형준 부산시장 5명이 입장문을 내고 "윤석열 정부가 출범할 때 '모든 책임은 나에게 있다'고 선언한 깊은 책임감과 당당한 자신감을 아직도 기억한다"며 "대통령실은 그때로 돌아가 결자해지의 자세로 국정의 발목을 잡는 현안 해결에 앞장서 주시길 바란다"고 강조했다.

　한 대표에게는 "당 안팎의 중지를 모으기 위한 소통에 나서 달라"고 당부도 했지만, 국민의힘 내부에서 '김건희 여사 리스크 해소'를 요구한 것이라 의미가 적지 않다. 왜 이런 나쁜 의미에서의 역대급 대통령을 보며 살아야 하는지 답답하다. 그야말로 복창이 터질 일이다. '뭐 저런 대통령이 다 있나' 하는 탄식이 나만은 아닐 것이다.

〈2024. 10. 30.〉

뭐 저런 대통령이 다 있나8

'뭐 저런 대통령이 다 있나6'에서 윤 대통령 지지율이 10%대로 떨어지는 건 시간문제로 보인다며 글을 끝냈는데, 그렇게 됐다. 한겨레(2024.11.2.)에 따르면 한국갤럽이 11월 1일 발표한 정례 여론조사 결과에서 윤 대통령 직무 수행 긍정평가는 19%로 나왔다. 이 조사에서 나온 최저치 기록이다. 갤럽 조사에서 긍정평가가 20% 아래로 떨어진 건 이번이 처음이다. 부정평가는 72%로, 현 정부 출범 이후 최고치였다.

문화일보가 이날 공개한 여론조사에서도 윤 대통령 국정 수행 긍정평가는 17%에 그쳤다. 반면 부정평가는 78%에 이르렀다. 부정평가의 가장 큰 이유는 '김건희 여사 문제'(17%)다. 이는 3주 연속 부정 평가 최상위로 집계됐다. "김건희 특검법은커녕, 김 여사의 각종 의혹을 해소할 수 없는 특별감찰관 임명조차 윤 대통령이 완강하게 거부한 여파로 보인다"(앞의 한겨레)는 분석을 볼 수 있다.

게다가 윤 대통령은 한동훈 국민의힘 대표와 '81분 면담'에서 쇄신 요구를 거절한 다음날인 10월 22일 "돌을 던져도 맞고 가겠다"며 김 여사 문제를 뭉개겠다는 인식을 드러낸 바 있다. 그래서인지 윤 대통령과 국민의힘 핵심 지지처인 대구·경북의 민심마저 싸늘해졌다. 9월 둘째 주 35%였던 이 지역의 윤 대통령 긍정평가는 2주 뒤 31%로 떨어졌다.

10월 넷째 주 26%로 주저앉은 데 이어 이번엔 일주일 만에 8%

포인트 하락한 18%로 집계됐다. 전국 평균보다 낮은 수치로, 전례가 거의 없는 일이다. 대구 지역의 한 의원은 "대통령실이 변명을 하면 (거짓으로 드러나) 엇박자가 되니 답답하다"며 "갤럽 조사에서 대구·경북의 직무 수행 지지율이 18%로 나온 건 정말 말이 안 된다. 이건 그냥 '김건희 여사가 싫다'는 것"이라고 말했다.

대통령실 국정기획비서관 출신인 친윤석열계 강명구 의원도 이날 에스비에스(SBS) 라디오에서 "해명에 오류가 있었는데, 대통령실에서 빨리 해명해야 한다"고 말했다. 이 두 조사가 모두 윤 대통령이 김영선 전 의원의 공천을 국민의힘 공천관리위원회에 지시했다고 말하는 육성 파일 관련 민심이 반영되지 않은 결과라 귀추가 주목된다.

갤럽의 다음주 조사에서 긍정평가가 더 추락할 가능성이 있다는 얘기다. 장덕현 갤럽 연구위원은 "어떤 사건이 벌어지면 영향을 끼치는 데까지 시간이 걸린다. 녹음 파일 반향은 차후 드러날 것"이라고 말했다. 어쨌든 "'지지율 20%'는 핵심 지지층만 결집해, 최소한의 국정 운영 동력만 유지한다는 의미다. 임기 반환점도 지나지 않아 이 벽이 무너진 건 윤 대통령이 처음"(앞의 한겨레)이다.

정치권 안팎에선 조기 레임덕이니 '이대로 가면 식물대통령'이라는 말들을 하고 있다. 익명을 요청한 한 여론조사 전문가는 "내각제 국가에선 지지율 20%가 무너지면 정부를 해산한다. 지지율이 20%도 안 되는 건, 공무원들이 움직이지 않고 뭘 해도 국민들이 받아들이지 않아 정부의 정책이 실현될 수가 없는 수준"이라고 말했다.

채진원 경희대 공공거버넌스연구소 교수는 "독단과 불통의 리더십이 국정 운영의 위기까지 도달했다는 것으로 파국의 신호"라며 "대구·경북마저도 인내할 수 있는 임계점을 넘어섰다는 건 탄핵의 전

조 현상과 유사하다"고 말했다. 뭐 저런 대통령이 다 있나 하는 탄식이 적립돼 '탄핵 대통령'으로 이어지는 것 아닌가 싶을 정도의 지지율 19%다.

여당에선 우려의 목소리가 나왔다. 홍준표 대구시장은 페이스북에 "어떻게 쟁취한 정권인데 또다시 몰락의 길을 가고 있느냐. 더 늦으면 국정 추동력을 회복하기가 어려워진다"며 윤 대통령에게 "당은 **방기(放棄)**하고(버리고 돌아보지 않음), 대통령비서실부터 전면 쇄신하고 내각도 전면 쇄신해 새롭게 국민 앞에 나서달라"고 촉구했다.

수도권의 한 의원은 이날 한겨레에 "국민들이 보기엔 대통령 당선자가 명태균씨 같은 사람과 공천 문제를 얘기하는 게 품위 없고 부적절하지 않겠냐"며 "이젠 윤 대통령이 직접 설명해야 한다. 담화문이든 대국민성명이든 발표해 명씨와 어떤 일을 했고 무슨 얘기를 했는지, 합당한 보수를 지급했는지 전반적으로 설명해야 한다"고 말했다. 그는 이날 갤럽 조사에서 윤 대통령 부정평가가 72%로, 취임 뒤 최고치를 찍은 점을 들어 "부정평가는 명확하게 '싫다'는 거다. 이 점을 더 주목해서 봐야 한다"고 덧붙였다. 의원들 사이에선 "윤 대통령 부부와 명태균씨 관련 의혹이 뭐가 더 나올지 두렵다"는 반응과 대통령실을 향한 불만이 쏟아지기도 했다.

'2021년 경선 이후 윤 대통령이 명씨와 연락하지 않았다'는 그동안의 대통령실 설명이, 취임식 하루 전날 이뤄진 통화 녹음이 공개되며 거짓으로 판명 난 탓이다. 국민의힘 한 초선 의원은 "사실 관계가 무엇인지는 윤 대통령만 아는 것 아니냐"며 "내용을 아무도 모르는 게 더 걱정"이라고 했다. 집권여당의 위기감을 엿볼 수 있는 말들이다.

그런데도 윤 대통령은 지난 9월 2일 제22대 국회 개원식에 이어

11월 4일 예산안 국회 시정연설에 또 불참했다. 이에 대해선 따로 이야기한다. 이래저래 대통령직보다 사적 자유를 우위에 두는 뭐 저런 대통령이 다 있나 한숨이 나올 지경이다.

〈2024. 11. 5.〉

뭐 저런 대통령이 다 있나9

 윤석열 대통령이 지난 9월 2일 국회 개원식에 오지 않은 데 이어 11월 4일 예산안 시정연설에 불참했다. 현직 대통령이 시정연설에 불참하고 대신 국무총리가 본회의장 단상에 오른 것은 11년 만에 처음인 것으로 전해졌다. 새삼스러운 얘기지만, 시정연설은 국회 새해 예산안 심의에 앞서 행정부 수장인 대통령이 예산안 내용을 국회 본회의장에서 직접 설명하며 국회의 협조를 구하는 자리다.
 내년도 예산안 통과에 야권의 도움도 필수적인 만큼 박근혜 전 대통령 이후 대통령이 직접 참석해온 게 관례였다. 박근혜 전 대통령 취임 첫해인 2013년(2014년도 예산안)부터 지난해까지 11년 동안 대통령이 매해 직접 연설했다. 윤 대통령도 2022년과 2023년엔 시정연설에 나섰다. 문재인 전 대통령도 임기 내내 예산안 시정연설을 위해 국회를 찾았다.
 먼저 우원식 국회의장은 "윤석열 대통령의 시정연설 거부는 국민에 대한 권리 침해"라며 "국민의 대표기관인 국회 수장으로서 강력한 유감의 뜻을 표한다"고 비판했다. 우 의장은 "대통령이 직접 시정연설을 하는 것이 국민에 대한 예의이고 국회에 대한 존중이다. 국민의 인식이 그렇다"며 "불가피한 사유 없이 대통령 시정연설을 마다하는 것은 온당치 않다. 국민도 크게 실망했을 것"이라고 지적했다.
 그러면서 "민생 위기가 국민의 삶을 심각하게 위협하고 있다. 이 난국을 어떻게 타개해 국민이 편안해질 수 있는지 소상히 밝혀야 한다"며 "국민은 대통령의 생각을 직접 들을 권리가 있고 대통령은 국민에게 보고할 책무가 있다"고 강조했다. 참석이 곧 대통령의 책무임을 강조해왔던 민주당과 야권도 앞다퉈 윤 대통령과 배우자 김건희 여사를 향한 비판의 목소리를 쏟아냈다.

더불어민주당 정성호 의원은 이날 오후 2시 50분쯤 페이스북에 글을 올려 "윤석열 대통령은 1987년 민주화 이후 국회 개원식에 오지 않은 최초의 대통령"이라며 윤 대통령의 지난 9월 2일 22대 국회 개원식 불참을 꼬집었다. 이에 대해 "군사독재 시절의 대통령으로 돌아가 국민과 그들의 대표 기구인 국회를 무시한 것"이라고 평가, "그런 윤석열 대통령이 다시 본색을 드러내 2013년 이후 관행이 된 국회 시정연설에 불참했다"고 덧붙였다.

정 의원은 "시정 연설은 국회법 제84조에 규정돼 있다. 납세자이고 주권자인 국민들에게 다음해 국정운영의 전반을 설명하고 국민의 대표인 국회에 예산 심사의 협조를 구하는 것이다. 국민에 대한 기본적 의무이고 도리"라고 강조했다. "배우자(김건희 여사)를 위해서는 돌이라도 맞고 간다더니, 국회에 나와 의원들에게 내년 나라살림을 설명할 용기도 책임감도 없는 이 무능 무대책인 대통령과 참모들을 어떻게 해야 할까"라고 혀를 찼다.

정성호 의원은 재차 각종 논란과 의혹에 휩싸인 김건희 여사를 '비리백화점'이라고 수식, "비리백화점 영부인 한 명 구하기 위해 국민에 대한 예의와 도리마저 저버리는 대통령 한 명 때문에 온 나라가 피곤이다. 대통령은 민생을 포기했지만, 우리 국회라도 민생을 챙기고 법치를 바로 세워야 한다"고 직격했다.

다른 민주당 의원들도 한 총리의 시정연설 시작에 앞서 국회 본회의장 로텐더홀에서 윤석열 정권 규탄 퍼포먼스를 이어갔다. 이재명 민주당 대표는 앞선 최고위원회의에서 윤 대통령 시정연설 불참을 두고 "당연히 해야 할 책임을 저버린 것"이라고 성토했다.

이 민주당 대표는 "국정을 이렇게 운영하겠다는 것을 입법기관이자 예산심사 권한을 가진 국회에 보고하고 협조를 구하는 게 당연하다"며 "삼권분립 민주공화국에서 행정부 수반인 대통령이 당연히 해야 할 책임인데 이 책임을 저버리는 것에 대해 도저히 납득하기 어렵다"고 날을 세웠다.

박찬대 원내대표도 "민주화 이후 노골적으로 국회와 국민을 무시한 대통령은 없었다. 한마디로 오만·불통·책임만 있는 불통령"이라며, 과거 정치 브로커 명태균 씨가 윤 대통령을 '장님 무사'라고 칭했던 표현을 빌려 "민주공화국 대통령 자격이 없다. '장님 무사'는 그 칼을 내려놓아야 한다"고 주장했다.

김민석 최고위원도 "대통령이 시정연설을 포기했다. 국정도 총리에게 대신 시킬 작정인가"라고 되물으며 "대통령은 포기해도 우리(민주당)는 의석에서 국정을 지키겠다"고 장담했다. 조국 조국혁신당 대표도 국회 시정연설에 불참한 윤 대통령을 향해 "앞서 국회 개원식에도 오지 않았다"며 "국민의 대표자를 만날 용기조차 없는 쫄보"라고 노골적으로 비꼬았다.

진짜로 참 웃기는 대통령이라 아니 할 수 없는 시정연설 불참이다. 야당 의원들의 비난이나 야유를 듣기 싫어 불참한 것이라면 왜 대통령이 되었는지 묻고 싶다. 민주당이나 조국혁신당 등 야권의 '불통'을 매개로 한 윤 대통령 공격이 계속될텐데, 또 그런 역사 새로 쓰기로 일관할지 의문이다. 왜 이런 걸 걱정하며 살아야 하는 국민이 되었는지 분통 터질 노릇이다. 〈2024. 11. 7.〉

뭐 저런 대통령이 다 있나10

　11월 7일 오전 윤석열 대통령이 '대국민담화 및 기자회견'을 가졌다. 혹시나 했지만, 역시나였다. "모든 것이 저의 불찰이고, 부덕의 소치"라며 "국민 여러분께 죄송하다는 말씀, 진심 어린 사과의 말씀을 드린다"고 했지만, 무엇을 사과하는지 알 수 없었다. 각계각층에서 안한만 못한 기자회견이란 혹평이 나온 이유다.
　먼저 10월 30일 시국선언을 했던 민주평등사회를위한전국교수연구자협의회(민교협)가 윤석열 대통령의 기자회견을 혹평하며 "즉각 직을 내려놓고 거국 내각을 구성해 정권 이양을 준비하라"고 요구했다. 민교협은 윤 대통령 기자회견 직후인 7일 오후 1시 45분 성명을 통해 "오늘 윤 대통령의 소위 기자회견은 지금까지의 하나마나했던 변명의 재탕에도 미치지 못하는 것으로 허탈함과 한심함을 넘어 분노를 감출 수 없다"며 즉각 퇴진을 촉구했다.
　민교협은 "윤 대통령은 이 모든 혼란이 전 정권과 국제 정세, 야당을 포함한 일부 반대 세력 때문이라 규정하고 그럼에도 최선을 다해왔다는, 아마 자신도 믿지 않을 얼토당토않은 변명으로 기자회견을 시작했다"라며 날을 세웠다.
　"(윤 대통령은) 국정기조 변화, 인적 쇄신, 국정농단 사과와 책임자 처벌, 그리고 대통령 부인 김건희 문제 해소 등 국민 절대 다수의 절실한 요구를 모두 거부했다. 이에 우리 교수·연구자들은 윤 대통령과 현 정부에 무엇이든 기대하는 것이 아무런 의미가 없음을 확신했다"고 단호히 말했다.

이어 "계속되는 경제 불황과 부동산 문제, 의료시스템 파탄, 안보 불안 등 '도대체 우리에게 정부가 있는가' 생각하고 있을 때 지난 몇 주간 연일 터져 나온 대통령과 김건희, 그리고 여당 국민의힘 주요 인사들이 관계된 입에 담기도 민망한 수준의 불법과 국정농단 의혹으로 결국 인내심의 한계가 무너졌다"고 질타했다.

나아가 "이제 20%의 지지율마저 무너진 상황에서 대통령의 퇴진이나 탄핵을 요구하는 여론은 70%에 육박하고 전국적으로 서명과 집회, 시국선언이 들불처럼 퍼져 나가고 있다"라고 진단했다.

또 "국회 시정연설도 거부한 대통령이 무제한 기자회견을 한다는 소식에 그래도 일말의 희망을 가졌으나 오늘 윤 대통령은 이를 어떠한 거리낌도 없이 뭉개버렸다"라며 "현재 윤 대통령은 헌법과 법률을 수호해야 하는 대통령으로서의 자격을 원천적으로 상실했기에 당장 퇴진해야 한다"라고 직격탄을 날렸다.

그러면서 "윤 대통령은 오늘 '365일 24시간 국민만을' 생각하면서 '위기 극복에 온 힘을 써' 최선을 다해왔으며 앞으로도 '국민을 섬기는 마음으로 쇄신'하겠다고 말했다"라며 "당신이 365일 24시간 항상 섬기고 있다는 국민의 절대 다수가 대통령 자격이 없다고 말하고 있지 않은가. 대통령과 현 정부의 존재 자체가 위기의 근본"이라고 덧붙였다.

야당은 물론 여당 일각에서도 비판적 반응이 잇따랐다. 국회에서 기자들로부터 질문을 받은 민주당 이재명 대표는 "제가 내용을 자세히 못 봐서… 입장을 말씀드리긴 좀 이른 것 같고, 다만 좀 전해지는 얘기를 들어보면 우리 국민들께서 흔쾌히 동의할 만한 내용은 아닌

것 같습니다"라고 말했다

  조국혁신당 조국 대표는 자신의 SNS에 올린 글에서 김건희 여사를 'V0', 윤 대통령을 'V1'으로 지칭하며 "V0 대통령을 지키기 위한 V1의 결사적 노력을 봤다"고 꼬집었다. 이어 "윤 대통령은 사실인정도, 진솔한 반성도 하지 않고 되레 국민을 꾸짖었다"며 "대통령 자리에 더 앉아 있을 자격이 없다, 끌어내려야 한다"고 주장했다.

  허은아 대표가 "대국민 사과를 하고 자리에 앉아서 연설하는 대통령은 윤 대통령이 최초인 것 같다"고 비판한 개혁신당도 "대국민 사과를 하랬더니 대국민 훈시를 하고 앉았다"며 "애당초 기대조차 말았어야 하는데 혹시나 기대한 우리의 잘못을 깊게 통감한다"고 꼬집었다.

  여권 일각에서도 비판적인 반응이 나왔다. 친한계로 분류되는 김종혁 최고위원은 YTN 라디오에서 "아쉬웠다"고 말했다. 그는 "(윤 대통령이) '부인을 악마화하고 있다', '아내 조언을 국정농단이라고 하면 어떻게 하느냐'는 이야기를 했는데, 그건 아내의 처신에 사과드린다는 것과 상치된다"며 "당사자인 대통령이 그렇게 얘기하는 건 적절치 않아 보인다"고 말했다.

  한 친한계 인사는 이날 기자와의 통화에서 윤 대통령이 담화와 회견에서 대국민 사과를 한 것에 대해 "구체적으로 설명한 게 없어 사과라고 인정이 안 된다"며 "안 하느니만 못하다. 당내에서 속으로는 평가를 박하게 할 의원들이 많을 것"이라고 말했다.

  특히 윤 대통령이 야당의 김건희 여사 특검 공세를 막을 명분을 주지 못했다고 봤다. 그는 "곧바로 특검 논란으로 빨려 들어갈 가능성이 크다"며 "적어도 김 여사에 대해 무엇이 잘못됐고 국민들이 왜 화가 나는지 설명해야 했다. 그랬으면 여당 입장에서 '특검까지 갈 일이냐'는 말을 할 수가 있는데 이젠 방어 논리가 없다"고 말했다.

유튜브 방송에 나와 회견을 실시간으로 시청하던 윤희석 선임대변인은 '대통령실 참모라면 어떤 생각이 들었겠냐'는 질문에 이같이 답하기도 했다. "'망했다'지 뭐." 정옥임 전 의원도 "현 정부에 애정어린 비판과 걱정을 했던 이들의 고민이 더 커지지 않을까 싶다"며 아쉬움을 드러냈다. "그런데 재밌네요. 그냥 눈을 감고 들으면 대통령이 하시는 말씀인지, 탤런트 주현 씨라고 있어요. 그분이 하는 건지 분간이 안 될 정도로…"

반면 국민의힘 추경호 원내대표는 "윤 대통령이 국민께 걱정을 끼쳐드린 데 대해 본인의 불찰이고 부덕의 소치라며 겸허히 사과하셨다"고 평가했고, 나경원 의원도 "진솔한 담화와 회견이었다"며 "소모적 정쟁을 멈추자"고 말했다. 여권의 평가가 계파별로 극명하게 다른 점이 관심을 끈다.

〈2024. 11. 8.〉

뭐 저런 대통령이 다 있나11

 지난 9월 29일 발족, 10개 단체(2030정치공동체 청년하다·경북대학교 인권모임·대학생겨레하나·진보대학생넷·진보당 청소년특별위원회·청년진보당·평화나비네트워크·한국청년연대·행동하는경기대학생연대·행동하는인하인권연대)가 참여하고 있는 '윤석열OUT청년학생공동행동'(공동행동) 청년들도 윤석열 대통령의 대국민담화 및 기자회견에 분노했다.
 공동행동은, 오마이뉴스에 따르면 이날 대통령 기자회견이 진행 중이던 오전 11시 30분께 취재진에게 메일을 보내고 "윤 대통령은 7일 대국민담화에서 국정농단 의혹과 국민적 분노를 해소하기는커녕 부정과 책임 회피로 일관했다. 대통령의 사과는 사과가 아니며, 청년·학생들은 더 이상 윤석열에 대한 일말의 기대도 남아있지 않다는 것을 알리기 위해 긴급 기자회견을 진행한다"라고 알렸다.
 오후 3시가 되자 '이건 사과가 아니다. 윤석열은 퇴진하라!'라는 문구와 '사과문을 올바르게 적는 방법'이라는 내용이 담긴 손팻말을 든 청년 10여 명이 대통령실 앞에 모였다. 발언자로 나선 홍희진 청년진보당 대표는 오늘 대국민담화와 기자회견을 두고 "김 여사에 대한 연민과 애처로움만 호소하는 자리였다"라고 평가했다.
 홍 대표는 "심지어 '김건희 특별법은 반헌법적 발상'이라며 그에 찬성하는 국민을 비난하기까지 했다"라면서 "윤 대통령은 '특검으로 정쟁하지 말라'고 했지만, 국회를 통과한 법안들을 줄줄이 거부하며 정쟁화한 것은 바로 대통령 본인"이라고 비판했다.

강새봄 진보대학생넷 전국대표도 "오늘 담화로 민주주의와 국민의 안전과 행복, 미래를 책임질 국가는 우리에게 없다는 것을 다시 한 번 뼈저리게 확인했다"며 "국가원수도, 국가를 바로잡을 정치도 없는 지금이야말로 위급한 국가비상사태"라고 지적했다. 이어 "'범죄를 시인하고 국정을 쇄신하겠다'라고 정 말을 못 하겠다면 '도저히 대통령 자격이 안 되는 것 같다'고, '자리에서 내려오겠다'고 실토해야 하는 거 아닌가"라고 했다.

그러면서 "윤 대통령은 김 여사를 비롯한 측근과 국정을 농단하며 민주주의를 우롱하고 국민을 기만한 것에 대해 사죄해야 했고, 그 어떤 국정운영도 사실은 책임질 능력이 없다고 솔직히 인정했어야 한다. 더 이상 국민들을 위험과 위기에 빠트리지 않도록 위험한 전쟁동맹을 멈추고 평화를 지향하며 지속 가능한 사회로 나아가기 위해 국정 기조를 전면 전환하겠다고 해야 했다"라고 말했다.

장지원 평화나비 중앙집행부는 "윤 대통령은 국민이 분노하는 이유와 비판의 목소리에 대해 되돌아보고 반성하는 것이 아니라 오히려 '미래를 위한 일이니 국민이 마음을 모아달라', '소모적 갈등은 시간 낭비다'라는 말로 일축했다"며 "특히 오늘 대국민담화에서 과거사 문제에 대한 책임은 아무런 언급도 하지 않았다"라고 지적했다.

이어 "윤 대통령이 정권을 정당화하는 동안 지난달 5일 일본 미쓰비시중공업 강제동원 피해자 김성주 할머니께서 별세했다. 소녀상에 대한 테러는 챌린지화 되어 가고, 해외에 있는 소녀상들도 계속해서 철거 압박을 받고 있다"라며 "윤 대통령은 대국민담화라는 이름으로 또다시 국민을 기만하지 말고 내려오라"라고 목소리를 높였다.

김도현 진보당 청소년특별위원회 위원장은 "다음 주 목요일이면 수능이다. 전국의 수험생들이 오늘도 머리를 싸매고 이 입시경쟁에서 살아남기 위해 최선을 다하고 있다. 그런데 윤 대통령의 말에 아주 기가 막혔다"라고 운을 뗐다. 이어 "'(당선인 때) 고3 입시생 이상으로 바빴다', 그게 지금 대통령으로서 할 말인가"라고 되물었다.

김 위원장은 "(청소년들을) 입시경쟁에 몰아넣은 상황에 대해 미안하고 바로 세우겠다는 말은 못 할지언정 자신도 바쁘다면서 우는소리를 하다니 참으로 무책임한 대통령"이라고 했다. 또 ▲학생인권조례 폐지 ▲고교 무상교육 예산 99% 삭감 ▲각 학교 도서관에서 퇴출 당한 한강 작가의 〈채식주의자〉 ▲한국학력평가원의 역사 왜곡 교과서 검정 통과 등을 언급하고 "모두 윤 정권에서 일어난 일"이라고 지적했다.

기자회견 이후엔 '대국민 담화문 첨삭' 퍼포먼스가 이어졌다. 발언자들은 빨간 펜을 들고 윤 대통령이 이날 발표한 담화문 내용 일부를 수정했다. '담화문'은 '변명문'이라고, '민생을 위해, 대한민국의 미래를 위해'라는 대목은 '나를 위해'라고, '제 주변의 일로'는 '제 일로'라고, '초심으로 돌아가 다시 시작하겠다'는 '퇴진하겠다'라고 고쳤다.

공동행동은 11월 9일 오후 2시 서울 중구 청계광장 일대에서 '퇴진 총궐기 청년학생대회'를 연다. 이들은 같은 날 오후 4시부터 서울 중구 숭례문 앞에서 전국민주노동조합총연맹이 주최하는 1차 윤석열 정권 퇴진총궐기에 합류하기로 했단다. 오후 5시 30분부터 서울 종로구 이순신 장군 동상 앞 윤석열 정권 퇴진 촛불행진에도 참여한다.

수많은 청년들을 길거리로 나아가게 한 윤 대통령이다. 뭐 저런 대통령이 다 있나 탄식조차 아까울 지경이다.

〈2024. 11. 8.〉

뭐 저런 대통령이 다 있나12

윤석열 대통령 지지율이 또다시 최저치를 경신했다. 11월 8일 발표된 한국갤럽 여론조사에서 윤 대통령의 국정 수행 지지율이 17%로 나온 것. 한국갤럽이 11월 5~7일 전국 유권자 1002명을 전화조사원 인터뷰 방식으로 조사한 결과(표본오차는 95% 신뢰 수준에 ±3.1%포인트, 응답률 11.8%), 윤 대통령의 직무 수행 긍정평가는 17%, 부정평가는 74%로 나타났다.

11월 1일 같은 조사에서 정부 출범 이후 최저치인 19%를 기록한 데 이어, 일주일 만에 또 한번 경신한 것이다. 한겨레(2024.11.9.)에 따르면 "지난 6개월간 20%대를 오르내리던 윤 대통령 지지율이 최근 '김건희 논란'이 확산되면서 '심리적 마지노선'으로 간주되는 20%선이 무너진 데 이어 2주 연속 10%대를 기록"한 것이기도 하다.

"'의-정 갈등' 장기화로 9월 2주차 최저치인 20%를 기록했다가 잠깐 회복세를 보였으나, '김 여사 문제'가 떠오른 10월 4주차 20%로 다시 최저치를 찍은 뒤 19%를 거쳐 17%까지 떨어졌"음을 알 수 있다. 국정농단 의혹 관련 첫 대국민 사과 당시 박근혜 전 대통령 지지율도 17%였고, 한 주 뒤 5%로 급락했던 걸 혹 알고 있는지 모르겠다.

이 기간에 '김 여사 문제'는 3주 연속 '부정 평가 이유'의 최상위를 기록했다. 이번엔 19%로 지난주 17%보다 상승했다. 그런데도 윤 대통령은 11월 7일 기자회견에서 김 여사 문제에 대해 소명하고 사과하기보다 '뭐가 문제냐'는 식의 공감 안 되는 얘기로 일관했다. 예전처럼 아내인 김 여사를 감싸기 급급한 모습이었다.

윤 대통령은 "대통령 부인은 대통령과 함께 선거도 치르고 대통령을 도와야 하는 입장", "대통령을 도와 국정도 원만하게 하길 바라는 걸 국정농단이라고 하면 국어사전을 다시 정의해야 한다"고까지 말했다. 또 윤 대통령은 김 여사에 대한 비판을 "침소봉대", "악마화"라는 주장도 했다.

'김건희 특검법'에 대해선 "삼권분립 체계 위반"이라며 또다시 거부 의사를 밝혔다. "어떤 사건을 수사할지, 어느 검사에게 배당할지는 모두 행정권의 고유 권한"이라며 야당의 특검 추천을 "정치선동"이라고 비난했다. 윤 대통령 자신이 수사팀장으로 참여했던 '박근혜 국정농단' 특검이 바로 야당이 특검을 추천한 대표적 사례인데, 까먹은 건지 일부러 그런 것인지 황당한 주장을 내놨다.

윤 대통령은 최근 국회 법안소위를 통과한 3번째 '김건희 특검법' 수용 여부를 묻는 질문에 "국회가 사실상 특검을 임명하고 방대한 수사팀을 꾸리는 나라는 없다. 삼권분립 체계에 위배되기 때문"이라며 거부 의사를 분명히 밝혔다. 그는 "대통령과 여당이 반대하는 특검을 임명한다는 것 자체가 기본적으로 헌법에 반하는 발상"이라고 했다.

현재 김 여사에게 제기된 의혹은 배우자의 조언 정도가 아님을 윤 대통령만 모르는 모양이다. 공천 개입과 '비선 라인'을 통한 국정개입 여부 등 김 여사 문제는 차고 넘친다. 명태균씨와의 부적절한 소통이 문제가 되는데도 윤 대통령은 "아내 휴대폰을 보자고 할 수 없어 물어봤다"고 했다. 대통령이라는 헌법기관보다 '김 여사 남편'을 우선시하는 것 같다.

아무튼 채진원 경희대 공공거버넌스연구소 교수는 윤 대통령 지지율 17%에 대해 "공천 개입 의혹 녹음 파일이 공개된 것에 대한 국민들의 실망과 지지 철회가 담긴 것"(앞의 한겨레)이라고 분석했다. 이번에도 윤 대통령을 향한 부정평가는 모든 지역과 연령대에서 나타나고 있다.

지난주에 견줘 서울(17%)은 5%포인트, 인천/경기(14%)는 2%포인트, 대전/세종/충청(18%)은 11%포인트, 광주/전라(3%)는 3%포인트 떨어졌다. 반면 대구/경북(23%)은 5%포인트, 부산/울산/경남(28%)은 6%포인트 올랐다. 연령별로는 40대가 9%로 가장 낮았고, 30대(10%), 18~29살(11%), 50대(15%) 순이었다. 보수 성향이 강한 60대와 70대 이상도 각각 23%와 34%에 그쳤다.

국민의힘 지지율 역시 하락해 더불어민주당과 격차가 더 벌어졌다. 국민의힘과 민주당 지지율은 지난주 32%로 같았지만, 이번 조사에선 민주당이 7%포인트 앞선 것으로 나타났다. 민주당 지지율은 올해 최고치인 36%였고, 국민의힘은 29%였다.

앞의 한겨레에 따르면 엄경영 시대정신연구소 소장은 "지난주는 여당 지지율이 버텨주면서 보수 진영이 유지할 수 있었지만, 이번주엔 당 지지율도 함께 빠졌다. 한동훈 대표가 제시한 특별감찰관 도입 이슈가 실효성이 없다는 걸 국민들이 깨달았다. 한 대표의 용산과 차별화 전략이 한계에 봉착한 것"이라고 했다. 채진원 교수는 "김 여사 문제를 해결하지 못하는 여당에 대한 실망감과 민주당이 추진하는 김건희 특검법에 대한 지지"라고 봤다.

윤 대통령의 다음주 지지율 전망도 대체로 그리 밝지 않다. 11월 7일 대국민 담화, 기자회견에 대한 부정적 평가가 아직 여론조사에

다 반영되지 않았기 때문이다. 그 이전부터 "앞으로도 오를 일보다 떨어질 일이 더 많을 것 같다"(한국일보, 2024.11.6.)는 전망이 나왔는데, 윤 대통령에 대한 긍정평가가 도대체 얼마나 더 떨어질까.

〈2024. 11. 10.〉

미친 건가, 계엄령 선포라니!1

'뭐 저런 검찰총장이 다 있나'(장세진 에세이, 2022.5.9.)에 이어 '뭐 저런 대통령이 다 있나'(장세진 에세이, 2024.3.11.)를 통해 집권 전부터 문제가 있음을 제기하며 비판했던 윤석열 대통령이 그예 일을 저지르고 말았다. 12월 3일 밤 10시 30분 담화문 발표를 통해 난데없는 비상계엄을 선포한다고 밝힌 것이다.

마침 본방사수하던 'KBS드라마스페셜2024'를 보려고 TV를 켜니 '뉴스 속보'라며 '윤 대통령 비상계엄 선포'라는 자막이 떠있었다. 자막은 약 40분쯤 드라마 본 화면 일부를 가렸다. '미친 건가, 비상계엄 선포라니!' 의아해하면서 드라마를 보는둥 마는둥한 채 채널을 MBC로 돌렸다. 본격적인 뉴스 속보 생방송중이었다. 계엄령 선포는 사실이었다.

잠을 못이룬 채 그 다음날 새벽까지 TV를 지켜봤다. 국회 상공으로 헬기가 나타나더니 계엄군을 실어 날랐다. 경찰이 국회의원들의 국회 출입을 막았다. 우원식 국회의장과 이재명 더불어민주당 대표가 국회의원들을 국회 본회의장으로 신속히 모이라고 하는 등 급박한 긴급 상황이 TV에서 생방송되고 있었다. 시민들도 국회 앞으로 속속 모여 들었다.

12월 4일 새벽 1시경 국회에 모인 의원 190명 전원 찬성으로 계엄령 해제 결의안이 가결됐다. 국민의힘 의원 18명도 참여한 성과지만, 환호와 안도도 잠시 윤 대통령은 계엄령 해제를 즉각 선언하지 않았다. 윤 대통령이 계엄령 해제를 공식 선언한 것은 새벽 4시 30분이었다. '6시간 천하'로 끝난 비상계엄이다.

헌법은 대통령에게 비상계엄 선포권을 부여하고 있다. 비상계엄을 선포하면 "정부나 법원의 권한에 관하여 특별한 조치"(헌법 77조 3항)를 할 수 있다. 국회의 권한에 관하여는 특별한 조치를 할 수 없다. 계엄법도 국회의원 불체포 특권을 명시했다. "계엄 시행 중 국회의원은 현행범인 경우를 제외하고는 체포 또는 구금되지 아니한다"(계엄법 13조)는 조항이 그것이다.

그러나 대한민국은 헌법에서 정한 비상계엄을 발령할만한 상황이 아니다. 비상계엄을 선포한다고 한 담화문을 보면 말도 안 되는 이유들이 나열돼 있다. 가령 "지금까지 국회는 우리 정부 출범 이후 22건의 정부 관료 탄핵 소추를 발의했으며, 지난 6월 22대 국회 출범 뒤 10명째 탄핵을 추진 중에 있습니다. 이것은 세계 어느 나라에도 유례가 없을 뿐 아니라 건국 이후에 전혀 유례가 없던 상황"이라고 한 걸 들 수 있다.

담화문은 "판사를 겁박하고, 다수의 검사를 탄핵하는 등 사법 업무를 마비시키고 행안부 장관 탄핵, 방통위원장 탄핵, 감사원장 탄핵, 국방장관 탄핵 시도 등으로 행정부마저 마비시키고 있습니다"라는 푸념과 함께 민주당의 "예산 폭거는 한마디로 대한민국 국가 재정을 농락하는 것"이라고 울분을 드러내기도 한다. "국회가 자유민주주의 체제를 붕괴시키는 괴물이 된 것"이란 극언도 있다.

하이라이트는 "북한 공산세력의 위협으로부터 자유 대한민국을 수호하고, 우리 국민의 자유와 행복을 약탈하고 있는 파렴치한 종북 반국가세력을 일거에 척결하고 자유 헌정 질서를 지키기 위해 비상 계엄을 선포"한다고 한 것이다.

누가 봐도 대한민국이 비상계엄을 선포할 만큼 '전시·사변 또는 이에 준하는 국가비상사태'는 아니다. 혹 담화문에 열거한 것들을 국가비상사태로 봤다면 보편적이거나 상식적이지 않다. 앞에서 '미친 건가'라며 의문을 드러냈듯 이는 달리 말하면 '또라이'라는 이야기이기도 하다. 속된 말이라 좀 뭐하지만, 또라이란 '생각이 모자라고 행동이 어리석은 사람' 아닌가?

'12·3 내란사태'는 군부가 무력을 동원해 기존 정부를 해산하고 새로운 정부를 구성하는 보통의 쿠데타와 달리 권력자가 자신의 권력기반을 강화하기 위해 군대를 동원해 기존 통치체계를 중단시키는 '친위쿠데타'에 속한다. 새삼 보통의 쿠데타였던 박정희의 5·16(1961)과 전두환의 12·12(1979), 그리고 친위쿠데타인 1972년 박정희의 10월 유신(1972)을 떠오르게 한다.

한겨레(2024.12.7.)에 따르면 "박정희-전두환-노태우로 이어지는 군인 대통령 시절 친위쿠데타는 여러번 계획됐지만, 실제 시행된 건 유신 한 차례였다. 총칼로 국민을 위협해 정권을 잡은 정치군인 집단 내부에서도 의사결정 과정에 최소한의 합리성을 갖추려는 이들이 있었기 때문이다."

군인 대통령이 물러난 지 어언 30여 년, 경제성장과 민주화를 함께 성취한 선진국으로 평가받는 대한민국에서 실패로 끝난 친위쿠데타가 일어났다. 시민들의 저항과 군·경찰 내부에서도 지지받지 못한 친위쿠데타를 일으킨 윤 대통령은, 미친 건가? 박정희·전두환 같은 투 스타는 고사하고 군대도 가보지 못한 윤석열이 일으킨 계엄령 선포라니!

온전한 정신인지 그 유무와 상관없이 애당초 대통령 '깜'이 안 되는 인물 윤석열인 셈이다. 그게 검찰총장 시절부터 그랬는지 대통령이 되고나서 나타난 것인지 알 수 없지만, '미친 건가'를 묻지 않을 수 없게 한다. 참고로 실제 친위쿠데타를 일으켰던 박정희는 부하의 총탄에 비명횡사했다. 전두환·노태우는 죄수복을 입은 채 나란히 법정에 서야 했다.

〈2024. 12. 15.〉

미친 건가, 계엄령 선포라니!2

"편집증·의심·자기애라는 권력자의 문제적 특성이 두드러져 보인다."

위는 한국일보(2024.12.13.)가 12월 11일 정신건강의학과 전문의에게 국민들이 납득할 수 없는 불법계엄을 선포한 윤석열 대통령에 대한 심리 분석을 요청하자, 권력자가 빠지기 쉬운 정신 상태를 설명한 것이다. 12월 12일 '12·3 불법계엄 사태'를 끝끝내 정당화하는 대국민 담화를 살펴본 뒤 전문가들은 조심스럽게 "망상이 의심스럽다"는 견해도 내놓았다.

정신건강의학과 A교수는 "권력은 권한도 주지만 극도의 스트레스도 준다. 그 스트레스를 감당하지 못하면 누군가 자신과 국가를 해치려 한다는 편집증과 의심에 사로잡히게 되고, 나만이 옳다는 과도한 자기애에 심취해 반대파를 숙청하거나 비합리적 결정으로 나라를 도탄으로 몰아넣는 비극을 초래할 수 있다"며 "역사 속 권력자들이 그랬고 지금도 그렇다"고 우려했다.

정신건강의학과 A교수는 "윤 대통령은 기본적인 사실관계조차 제대로 분간하지 못하고 자신이 바라는 것을 그대로 진실이라 믿고 있는 것으로 보여진다"며 "아무리 설득해도 소통 자체가 불가능한 상태까지 갔다면 망상을 의심해 볼 수 있다"고 설명했다. 단, 직접 진료하지 않았기 때문에 정신질환 가능성 여부를 진단할 수 없다는 점을 전제로 제시했다.

A교수는 "의료윤리(직접 검진하지 않고 당사자 동의를 얻지 않은 공인의 정신 상태에 대한 전문적 소견을 밝혀선 안 된다는 '골드워터 룰')를 준수해야 하지만 전문가는 공익을 위해 자신이 알고 있는 정보에 대해 경고해야 할 의무도 있다"며 "윤 대통령이 탄핵 심판에 대비해 법적 방어 목적으로 일부러 사실을 왜곡했을 가능성을 배제할 수 없어 매우 조심스럽지만, 엄정한 수사와 함께 정신감정도 필요해 보인다"고 강조했다.

심리학과 B교수는 "무조건 야당 탓, 북한 탓을 하며 자신이 피해자라 변명하고 정당화하면서 주변 모두를 적으로 규정하는 모습에서 피해망상 특성이 엿보인다"고 말했다. 또한 "자신이 원하는 것을 얻기 위해 헌법과 법률 같은 규칙을 무시하고 타인의 권리를 침해하는 것을 아무렇지 않게 여기는 행태에서는 반사회적 성격 특성도 강하게 나타난다"고 말했다.

이어 "계엄 선포 때와 이번 담화 발표 때 상당히 흥분된 모습으로 미뤄 간헐적 폭발 장애(분노 조절 장애) 여부도 생각해 볼 수 있다"고 지적했다. 또한 전문가들은 권력자에게서 흔히 발견되는 위험한 특성들도 조목조목 짚었다.

정신건강의학과 C교수는 "최고경영자처럼 조직의 최정점에 올라가면 정보가 비대칭적으로 주어지기 때문에 자신에게 유리한 정보만 선택하고 깊이 몰두하면서 확증 편향에 빠지기 쉽다"고 말했다. 윤 대통령이 언급한 선거결과 조작설, 종북 반국가세력 척결 주장 등이 확증 편향의 증거일 수 있다는 것이다.

C교수는 "그러나 이번 담화를 보며 확증 편향으로 설명하기엔 한참 부족하다는 생각이 들었다"며 "심리적 문제를 넘어 병리적 문제

로까지 나아간 것이 아닌가 조심스럽게 추측한다"고 밝혔다.

심리학과 D교수는 "일반적으로 권력자는 권력을 통해 쉽게 성과를 내기 때문에 자기 과신이 심하다"고 설명했다. 그로 인해 "타인과 소통하면서 객관적 정보에 근거해 상황을 판단하는 능력이 떨어져 상식과 괴리된 크나큰 오판을 하는 경우가 많다"는 것이다. 그러면서 "윤 대통령이 성격적으로 권위에 집착하는 성향이라면 스스로 권력을 절제하고 균형을 잡는 데 훨씬 더 취약함이 있을 것"이라고 덧붙였다.

앞의 한국일보에 따르면 12월 12일 윤 대통령의 대국민 담화를 지켜본 검찰 출신 인사들도 입을 모아 "검사 윤석열의 자기 확신이 극단적 형태로 나타났다"고 평가했다. 29분 담화 내내 윤 대통령은 시종일관 야당을 비난하면서 계엄 선포는 야당의 횡포를 막기 위한 대통령 고유의 통치행위였다고 강변했다.

긴 시간을 들여 계엄 선포 행위가 법적으로 문제 될 게 없다고 주장하면서, 사과는 담화 마지막에 형식적으로만 했다. 말도 안 되는 '명분'을 내세워 비상계엄의 정당성을 강변할 줄은 상상하지 못했다는 이들도 많았다. 전직 검사는 "검사 시절부터 자기 확신이 워낙 강했는데, 지금은 심각한 편집증에 빠진 것 같다"고 진단했다.

이어 "어떻게 유튜브 방송에 나오는 (계엄에 대한) 반응들을 대통령 담화에서 말하는가"라며 한숨을 내쉬었다. 검찰 간부 출신의 한 변호사도 "검사 시절엔 도무지 반대 의견을 듣지 않다가도 후배들이 계속 설득하면 마음을 돌린 적도 있었다"면서 "대통령이 된 뒤 2년 동안 어떤 변화가 있었던 것인지 이해하기 어렵다"고 말했다.

'검사 윤석열'의 왜곡된 자기 확신이 대통령 권한과 합쳐지면서 극단적 결과로 이어졌다는 견해도 있다. 차장검사 출신 변호사는 "윤 대통령 마음에 '내가 대통령이 됐는데도 사사건건 시비를 거는 야당에 당해야 하는가'라는 적대적 세계관이 형성된 것 같다"면서 "과잉신념과 분노조절 실패로 권력을 사유화할 수 있다고 생각한 것 같다"고 지적했다.

〈2024. 12. 15.〉

뒤끝 작렬 직무정지 대통령

윤석열 대통령이 탄핵됐음에도 연일 개운치 않은 기분이다. 윤 대통령의 계속된 탄핵심판 서류 수취 거부 뉴스 때문이다. 이진 헌법재판소 공보관은 12월 19일 브리핑을 열고 12월 16·17일 윤 대통령에게 송달한 탄핵심판 관련 서류들에 대해 "아직 송달이 진행 중"이라고 밝혔다. 헌재가 여러 차례 관련 서류들을 보냈지만 윤 대통령이 수령하지 않았다는 얘기다.

한겨레(2024.12.20.)를 보면 헌재가 윤 대통령에게 보낸 서류는 크게 ①접수통지·준비절차 회부결정서·준비절차기일 통지·출석요구서(16일 최초 발송) ②준비명령(17일 최초 발송)으로 두 가지다. 우선 ①번 서류들은 헌재가 12월 16일 우편·인편·전자문서시스템을 통해 보냈으나 수취거부됐다. 12월 18일과 19일 두 차례 더 전달을 시도했지만 이마저도 거절됐다.

입증계획, 증거목록, 계엄포고령 1호, 관련 국무회의 회의록 제출을 요구한 ②번 준비명령 서류 역시 윤 대통령은 수령하지 않았다. 이 공보관은 "관저로 보낸 서류는 경호처가 수취거부했고, 대통령실로 보낸 서류는 수취인 부재로 미배달됐다"며 "19일 헌재 직원들이 직접 서류를 들고 관저를 방문했지만, 윤 대통령을 만나지 못했거나 경호처 직원들의 수취 거절로 결국 송달에 실패했다"고 설명했다.

대통령의 수취 거부로 탄핵심판 절차가 지연되자 헌재는 일단 이번주까지만 송달 절차를 진행하고, 이후에는 송달이 완료됐다고 보고 다음 절차로 넘어가는 결정을 할 것으로 보인다. 법적·정치적 책임을 피하지 않겠다고 해놓고 이 무슨 쪼잔하거나 뒤끝 작렬 직무정지 대통령 행태인지 동정의 여지가 없어 보인다.

헌재 심판사무규칙을 보면, 피청구인이 서류 송달을 계속 거부하면 동거인이나 대리인에게 대신 전달하는 '보충 송달'이나 서류가 우체국에 접수됐을 때 송달된 것으로 처리하는 '발송 송달' 또는 헌재 누리집 게시판이나 관보·신문 등에 올리는 '공시송달'을 할 수 있다고 나와있다.

집이나 사무실 등 송달 장소에 서류를 놓아두고 전달된 것으로 간주하는 '유치 송달'도 가능하다. 2018년 헌재는 "당사자의 송달서류 수령의지에 따라 한없이 재판이 지연될 우려가 있는 만큼 신속한 송달을 위해 유치송달을 인정할 필요가 있다"고 결정한 바 있다. 헌재는 12월 23일 '송달 간주' 여부를 최종 결정할 방침이다.

뒤끝 작렬 직무정지 대통령 행태는 더 있다. "(윤 대통령은) 뭘 체포를 해라, 뭐 끌어내라 하는 그러한 용어를 쓰신 적은 없는 것으로, 없다고 들었습니다. 또 대통령께서 절대 시민들과 충돌하지 마라, 지시와 당부를 했다고 알고 있습니다. (…) 대통령이 체포의 '체'자도 얘기한 적 없을 뿐만 아니라"는 석동현 변호사(윤석열 대통령 대리인단)의 발언이 12월 19일 전해져서다.

이날 기자회견은 석 변호사가 기자들에게 먼저 제안해서 간담회 형식으로 진행됐다. 장소도 검찰 기자실이 있는 서울고검 앞으로, 시간도 오후 2시로 석 변호사가 기자들에게 공지했다. 윤 대통령은 아직 공식적으로 대리인단을 선임하지 않은 상태다. 이를 이유로 수사기관 출석 통보에도 응하지 않고 있다.

이 자리에서 석 변호사는 "윤 대통령은 (12·3 내란 당시) 체포의 '체'도 얘기한 적 없다"고 말했다. "(대통령이) 의결 정족수가 아직 다 안 채워진 것 같다, 빨리 문을 부수고 들어가서 안에 있는 인원들을 끄집어내라고 하셨다"(곽종근 특전사령관), "계엄 당일 오후 11시 37분 이후 윤 대통령이 6차례 전화를 걸어 '계엄법 위반이니 체포해, 잡아들여'라고 국회의원 체포를 지시했다"(조지호 경찰청장) 등의 진술과 정면으로 배치되는 주장이다.

석 변호사는 이틀 전 간담회에선 12·3 내란사태에 대해 "(내란이 아닌) 소란 정도"라고 말해 궤변이라는 비판을 받기도 했다. "윤 대통령이 지난 16일 헌재가 보낸 탄핵심판 변론준비기일 통지서 등을 닷새째인 20일까지도 수취하지 않고 있는 등 각종 절차에 응하지 않으면서, 법정 밖에서 자기에게 유리한 이야기만 하는 건 과거 박 전 대통령이 썼던 수법과 동일하다"는 게 한겨레(2024.12.20.) 지적이다.

검찰·특검의 소환 등에 응하지 않던 박 전 대통령도 탄핵심판이 진행 중인 2017년 1월 1일 신년간담회를 열어 청와대 기자들을 만난 적이 있다. 이 자리에서 박 전 대통령은 "(최순실씨는) 뇌물이나 이상한 것 뒤로 받고 그런 것은 하나도 없다"며 "그저 맡은 일 열심히 한다고 죽 그동안 해 온 것으로 저는 알고 있다"고 말하는 등 최서원(개명 전 최순실)씨의 국정 개입 의혹을 부인했다.

그러고선 박 전 대통령은 헌재의 요구에도 탄핵심판 변론에는 한 차례도 출석하지 않았다. 박 전 대통령과 윤 대통령의 이런 행태는 전형적인 '장외 여론전'으로 볼 수 있다. 법적 절차에 응하기보다는 여론전에 집중해 지지층을 결집하려는 것이다.

탄핵소추 의결 전인 12월 12일 담화 때 '종북 주사파' 등 '강성보

수 언어'를 쏟아냈던 윤 대통령이 탄핵심판을 받는 와중에도 12·3 내란에 대한 반성 없이 당당한 모습을 보여주는 데 대해 윤 대통령이 탄핵 심판 결과와 상관없이 우파 결집을 통한 정치적 재기를 노리는 것이라는 분석도 있다.

윤 대통령은 앞선 담화들에서 12·3 내란사태에 대한 법적·정치적 책임을 지겠다고 약속한 바 있다. 탄핵심판 경험이 있는 한 전직 재판관은 "(탄핵심판 절차에는 응하지 않으면서 장외변론을 펼치는 게) 그게 바로 헌법 수호 의지가 없다는 표징이 되는 것이다. 탄핵 심판의 최종적 판단은 (피청구인이) 헌법 수호 의지가 있는지 없는지 판단하는 것인데 그런 점에서 매우 부정적 행동을 하는 것"이라고 말했다.

앞서 박 전 대통령 탄핵심판 때도 그의 '뻗대고 여론전'은 중요한 파면사유 중 하나가 됐다. 박 전 대통령은 탄핵소추 의결 전 대국민 담화에서 국정농단 관련 수사에 적극적으로 임하겠다고 말한 바 있는데 이에 대해 재판관들은 탄핵 인용 결정문에서 이렇게 말했다. "(박 전 대통령은) 국민을 상대로 진실성 없는 사과를 하고 국민에게 한 약속도 지키지 않았다"며 "이러한 언행을 보면 피청구인의 헌법 수호 의지가 분명하게 드러나지 않는다"고.

⟨2024. 12. 21.⟩

시민들의 승리

12월 14일 국회에서 대통령 윤석열 탄핵소추안이 가결된 건 전국에서 들고 일어난 시민들의 승리라 해도 과언이 아니다. 엄밀히 말해 대통령 윤석열 탄핵소추안은 야 6당 의원 전원과 국민의힘 의원 12명이 찬성해 가까스로 가결된 것이지만, 12월 7일 1차 표결때와 다른 결과를 도출해낸 추동력은 시민들이라 할 수 있어서다.

먼저 비상계엄이 선포된 12월 3일 밤 시민들은 국회 앞으로 모여들었다. 시민들은 국회 진입을 늦추려고 맨몸으로 계엄군들을 필사적으로 붙들고 장갑차와 군용버스를 막아섰다. 추운 날씨를 아랑곳하지 않고 '내란수괴 윤석열 탄핵'을 외치며 국회 앞을 지켰다. 그런 가운데 국회의원들 190명이 속속 모일 수 있었다.

보도를 종합해보면 가령 탄핵안 표결을 하루 앞둔 12월 13일 저녁 서울 여의도 국회 앞에는 시민 15만 명(주최 쪽 추산)이 모여 응원봉을 들었다. '윤석열 퇴진을 위해 행동하는 청년들'(윤퇴청)의 이재정 대표가 "내일 반드시 탄핵을 이뤄내야 한다. 우리 청년들이 역사의 다음 페이지를 채워나갈 것"이라고 외치자 참여자들이 일제히 환호했다.

이어진 가수 이승환 밴드의 공연에 어린이부터 노인까지 한데 어우러져 집회는 축제가 됐다. 종교계도 가만있지 않았다. 천주교·개신교·불교·원불교 등 종교인들은 이날 서울 광화문 광장에 모여 '윤석열 탄핵 촉구 4개 종단 시국 기자회견'을 열었다.

이들은 "온 국민이 계엄 트라우마에서 허우적거리게 한" 내란 사태의 참혹함을 짚으면서도, 유쾌한 시민 모습에서 본 희망을 놓지 않았다. 이들은 "전국 방방곡곡 뿜어져 나오는 어린이들과 젊은이들과 시민들의 찬란함은 희망이 있음을, 미래가 있음을 알리는 거대하고 아름다운 불꽃"이라며 "어두운 이 나라를 다시금 찬란히 밝혀야 한다"고 했다.

종교인들이 '희망'으로 부른 고등학생들은 같은 날 4963명이 연명한 시국선언을 쥐고 "행복을 되찾겠다"며 기자들 앞에 섰다. 서울 지역 고등학생들은 서울시의회에서 기자회견을 열어 "우리 헌법은 행복을 추구할 권리를 보장한다. 행복은커녕 불안과 공포의 일상을 선사한 대통령은 이미 헌법을 수호할 책무를 포기했다"고 직격했다.

윤 대통령의 전날 대국민 담화, 갈피를 잡지 못하는 국민의힘에 대한 분노는 거리로 시민을 이끄는 추동력이 됐다. 제주의 농민들은 이날 오후 트랙터를 몰고 제주도의회로 향해 "국민의힘 사망을 선포한다"며 '장례식'을 치렀다. 국내외 대학교수와 연구자 1010명은 시국선언문을 내어 "국민의힘 의원들은 탄핵소추에 대한 집단적 거부를 통해 헌정 수호의 마지막 방어선을 무너뜨리고 있다"고 경고했다.

응원봉과 촛불을 쥐고 함께 부를 케이팝과 민중가요로 무장한 채, 서로를 염려하고 함께 분노하는 시민들은 12월 14일 전국 곳곳 광장으로 집결했다. 국회에서 탄핵안 표결이 이뤄진 오후 4시를 전후해 광주 금남로 1~3가, 부산 전포대로, 대전 은하수네거리 등에서 시민 집회가 열렸다. 서울 여의도 국회 앞에선 오후 3시 '범국민 촛불대행진'이 열렸다.

마침내 오후 4시 국회 앞에 200만 명(주최 쪽 추산, 경찰 비공식 추산 20만 명)이 모여 탄핵소추안 표결 과정을 지켜봤다. 그러기 전 온라인에는 각종 집회 참여 팁이 담긴 '2024 첫 집회 참가자 가이드'가 공유됐다. 방한용품과 먹거리를 나누겠다는 공지도 이어졌다. 가령 온라인 사이트 '시위도 밥먹고'에는 전국 각지에서 열리는 집회 장소 근처에 사람들이 선결제를 해둔 매장 정보가 지도로 표시돼 있다.

 음식점 이름과 위치, 물품 수량과 주문자, 영업시간은 물론 현재 물품이 수령 가능한지, 배부가 종료됐는지도 안내됐다. 이 사이트는 집회에 참여하는 시민들을 응원하기 위해 김밥·커피 등 음식이나 음료를 근처 카페나 식당에 미리 계산해뒀다는 사람들의 제보를 바탕으로 만들어졌다. 지도에 표시된 선결제 매장은 서울·광주·대구·부산 등 전국 각지에 분포돼 있다.

 사이트 제작자는 사회관계망서비스(SNS) 엑스(X·옛 트위터)를 통해 "건강 이슈로 시위 참여를 못 해서 내가 할 수 있는 일로 뭔가 해보고 싶었다"고 설명했다. 이어 "사이트가 선결제 매장을 찾는 데에도 쓰이면 좋겠지만, 선결제를 하실 분들이 어느 매장을 택할지 결정하는 데에도 도움이 되면 좋겠다"며 "특정 매장의 혼잡도 문제와 모든 선결제 분량이 효율적으로 소진될 수 있도록 다양한 매장에 선결제해달라"고 당부했다.

 촛불집회에 필요한 준비물과 집회 참여자들의 법적 권리 등을 정리한 '촛불집회 가이드' 사이트도 있다. 이 사이트엔 화장실, 영유아 쉼터 등 여의도 일대 편의 시설과 대구·충주 등 각지에서 서울로 올라올 수 있는 '촛불버스' 이용료와 탑승 장소, 집회 일정 및 시국선언문 등도 나와 있다.

 또 집회 뒷정리를 맡을 봉사활동자들을 모집하는 채팅방 링크도 연결돼 있다. 사이트 운영자는 "집회 나가실 분들에게 조금이라도 도움이 됐으면 해 용기를 내 만들었다"고 밝혔다. 앞서 1차 탄핵 표결이 진행됐던 12월 7일엔 국회 앞 집회 참여자들에게 국회의사당 근처 화장실 정보를 제공하는 '여의도 화장실 지도'가 만들어졌다.

당시 주최 측 추산 100만 명의 사람이 운집하면서 화장실을 이용하기 위해 1시간 가까이 줄을 서야 하는 등 불편이 생기자 임완수 미국 메해리 의대 교수가 사이트를 직접 제작한 것으로 알려졌다. 누구나 이용할 수 있는 공공화장실인지, 민간 화장실이지만 개방돼 있는지 등이 표기돼 있다.

회원가입을 하면 정보 수정이 가능한데 직접 현장에 나가 확인 후 최신 정보를 채워 넣는 사람들도 적잖은 것으로 알려졌다. 국회 앞에는 서울시의사회 등이 구성한 '의료지원단'이 파견됐다. 서울시교육청은 '학생안전대책반'을 가동했다. 시민들의 이런 나섬이 제정신 아닌 윤 대통령을 탄핵하게 만든 것이다.

〈2024. 12. 17.〉

국민이 이겼다

사실 나는 제20대 대선에서 불과 24만여 표 차를 기록한 채 국민의힘 윤석열 후보의 승리로 끝나자 '국민이 문제다'(전북연합신문, 2022.3.23.)라는 칼럼을 썼다. "무릇 유권자들은 때로 대통령을 잘못 뽑기도 한다. 윤석열 제20대 대통령은 부디 그런 국민의 선택이 아니었길 바란다"는 소망으로 글을 끝냈다.

이후에도 '뭐 저런 대통령이 다 있나'란 제목의 책을 낼 정도로 '민폐쟁이 김 여사' 등 김건희 포함 윤 정권 비판을 게을리 하지 않았다. 그래서였을까. 그들이 뽑은 그 윤 대통령이 재임 3년도 안돼 탄핵당하는 지경에 이르렀다. 그를 뽑아준 '국민이 문제다'라는 나의 2년 9개월 전 주장이 맞아떨어진 셈이지만, 이번엔 달랐다. 내란죄의 윤석열을 대통령직에서 끌어내린 국민이다.

"대통령 윤석열 탄핵소추안은 총투표수 300표중 가 204표, 부 85표, 기권 3표, 무효 8표로서 가결되었음을 선포합니다."

MBC 뉴스 화면을 통해 여러 차례 접한 바 있지만, 여기서는 한겨레 보도를 중심으로 12월 14일 탄핵을 외쳤던 시민들의 모습을 더 자세히 살펴보자. 12월 14일 오후 5시경 국회 본회의장의 가결 선포가 전해지자 국회 주변을 빼곡히 메운 시민 200만 명(주최 쪽 추산)은 잠시 멈췄던 노래와 춤을 다시 이어갔다.

12·3 내란 사태와 이후, 참혹한 풍경 앞에 단 하루도 놓지 않았던 '그 노래, 그 춤'이다. 함박웃음을 짓고, 눈물이 고인 채로 몸을 흔

들며 "수고했습니다" 서로에게 이야기하는 시민들 사이로 '소녀시대'의 '다시 만난 세계'는 음량을 높여 이어졌다. "슬픔 이제 안녕."

슬픔이 아닌 감동 탓에 추새싹(41)씨는 눈물이 그치지 않는다고 했다. 추씨는 "아픈 과거가 많았는데 그걸 이기고 만들어낸 민주주의 역사를 지켜내야 한다고 생각했다. 그게 잘 안될까 봐, 미래 세대에게 부끄러울까 봐 너무 걱정했는데 다행스러운 마음에 눈물이 계속 난다"고 했다.

경기도 의왕에서 온 김영용(62)씨는 "국민이 이겼다는 생각이 가장 먼저 들었다. 이렇게 성숙하고 유쾌한 문화에 깜짝 놀랐다"며 "정치권은 이런 응집력을 하나로 잘 모아줘야 하고 계엄으로 인한 상처를 잘 보듬어야 한다"고 말했다.

청년과 아이들도 웃음을 터트렸다. "날아갈 것 같다"며 웃는 삼촌 이재근(45)씨와 함께 온 주하은(9)양은 "아빠가 가보라고 그래서 왔는데 기분이 너무 좋아요"라고 외쳤다. 거북이의 노래 '빙고'에 맞춰 춤을 추던 고등학교 2학년 김강희(17), 최슬비(17)양은 '헌법재판소 탄핵 인용이 걱정되지 않느냐'는 질문에 "안 하면 나라 망하죠" 말하며 숨을 고른 뒤, 다시 신나게 춤을 추기 시작했다.

음악은 이어졌다. "국회에서의 시간 이제 종료됐습니다. 다음 단계로 나아갈 수 있겠습니까" 무대 위 외침에 이어 나온 노래는 '에스파'의 '넥스트 레벨'이었다. 김아무개(43)씨는 "정말 다행이지만 앞으로 헌법재판소가 남아있어 걱정도 동시에 된다"며 "이 많은 사람이 다 같은 마음인 것 같아서 헌재에서도 잘 판결이 나기를 바란다"고 말했다.

제주에서 비행기를 타고 왔다는 장영완(39)씨는 "제주 친구들에게 사진을 전해야 하는데 데이터가 안 터진다"며 "헌재에도 상식이 있다면 인용될 거라고 믿지만, 끝까지 방심할 수 없다"고 했다. 이날 윤 대통령은 탄핵안 가결 뒤 "저는 결코 포기하지 않겠다"고 말한 바 있다.

온 가족과 함께 집회에 나온 장경호(57)씨는 "내란 가담에 동조하고 방조한 이들을 발본색원하는 것이 우선 중요하고 여기에 모인 다양한 사람들 직장인·자영업자·공장노동자·농민·학생들 그 한 사람 한 사람 힘든 부분이 많은 만큼, 한 번에 해결은 안되도 각 계층을 두루 살피는 청사진이 나오면 좋겠다"고 했다.

전희주(59) 씨도 "다시는 계엄령이 이런 식으로 나오지 못하도록 법적 조처도 해야 할 것 같고, 공평하고 평등한 복지정책도 필요하다"고 말했다. 단죄와 함께 과거 전두환·노태우와 같은 사면이 있어선 안될 것이라는 생각이 절로 든다.

이날 범국민촛불대행진을 연 윤석열퇴진비상행동은 "망상에 빠진 윤석열과 탄핵 반대 당론을 고수해온 국민의힘을 무너뜨린 것은 국회와 광장, 각 지역에 자발적으로 모인 시민들과 민주주의, 촛불의 힘이었다"며 "윤석열을 즉각 체포 구속해야 한다"고 밝혔다. 이어 "특검을 통한 내란수괴 윤석열 체포 구속, 내란의 동조자 부역자들에 대한 엄중한 수사와 단죄도 속도를 내야 한다"고 강조했다.

"탄핵을 외치고 가결 소식에 함께 기뻐했던 순간은 잊을 수 없을 거예요. 이 에너지면 앞으로도 유쾌하게 싸워나갈 수 있지 않을까요? 이제 비로소 첫발을 내디딘 거니까." 고은(25)씨는 거기 모인 모든 시민들처럼 어머니와 응원봉을 흔들고 얼싸안았다.

다만 이내 마음을 다잡았다고 했다. "기쁜 마음이 컸지만 헌법재판소 선고, 내란 혐의 수사, 국민의힘 해체 등 넘어야 할 산이 아직 많으니까요." 국회의 탄핵소추안 가결로 내란의 밤을 딛고 '안도의 밤'을 보낸 시민들은 12월 15일 한겨레에 한목소리로 말했다. "아직 응원봉을 내려놓을 때가 아닙니다"라고.

〈2024. 12. 17.〉

시민들은 헌법재판소로

한겨레(2024.12.16.) 보도를 보면 12월 14일 국회 앞 집회에 참여했던 최창근(33)씨는 "부모님께 빌린 임영웅 응원봉을 아직 돌려드리지 않았다"며 "파면이 결정되면 그 후 치러질 대선에 어떤 후보가 나오는지도 중요하게 지켜볼 것"이라고 했다. 김소은(24)씨도 "국회의원들도 국민을 위한 정치를 하는 의원만 살아남을 수 있다는 걸 깨달았으면 한다. 탄핵을 방해하는 움직임이 있다면 바로 뛰쳐나갈 준비가 돼 있다"고 말했다.

전날 저녁 헌법재판소에 탄핵안 가결을 촉구하는 '촛불 대행진'을 주최했던 '윤석열퇴진비상행동'의 김민문정 한국여성단체연합 대표는 "여당 이탈표는 12표에 그쳤다. 대통령 담화도 자신이 무엇을 잘못했고, 어떻게 대한민국을 망가뜨렸는지에 대한 인식이 전혀 없었다"면서 "파면에 이르기까지 윤석열이나 국민의힘의 거짓 주장을 넘어설 수 있는 주권자 목소리를 전달해야 한다"고 말했다.

'윤석열퇴진비상행동'은 12월 16일부터 평일 저녁 6시, 토요일 오후 3시 서울 종로구 광화문에서 헌법재판소까지 행진하며 '윤석열 파면 촉구' 집회를 이어가기로 했다. 12·3 내란사태를 계기로 한데 모여 분노하기 시작한 청년들도 신발 끈을 조였다.

'윤석열 퇴진 전국 대학생 시국회의'에 속한 허수경(24)씨는 "끝까지 싸우기 위해 16일부터 전국 대학 곳곳에 헌법재판소 선고까지 함께하자는 내용의 대자보를 붙이기로 했다"고 말했다. '윤석열 퇴진을 위해 행동하는 청년 일동(윤퇴청)'의 김재상(28)씨도 "기성 정치인들에게만 미래를 맡겨둘 수 없기에, 여러 광장을 만들어 청년들의 목소리를 모아보려고 한다"고 했다.

탄핵을 넘어 모든 시민의 권리가 존중되는 사회를 만들기 위한 논의를 이어가야 한다는 목소리도 이어졌다. 고은(25)씨는 "이번 집회에는 2030 여성들이 응원봉을 들고 나왔고 곳곳에 노동자・성소수자 깃발이 보였다. '저는 술집 여자입니다'로 시작한 시민의 발언도 기억에 남는다"면서 "'국민'이라는 테두리에 얼마나 많은 사람이 포함되어 있는지 다시 묻게 됐다. 다양한 시민이 의견을 내고 그들에게 귀 기울일 수 있는 사회가 됐으면 한다"고 했다.

그렇다. 윤석열 대통령 탄핵소추안 가결 뒤 시민들은 헌법재판소로 향하고 있다. '윤석열 탄핵'을 외치는 국회 앞 집회는 헌법재판소 옆 광화문으로 자리를 옮겼다. 온라인에선 헌법재판관에 탄핵 인용을 호소하는 연하장 보내기 운동이 시작됐다.

12월 16일 사회관계망서비스(SNS)에는 "이제 헌재에 연하장을 보낼 시점"이라며 헌재 주소를 비롯해 헌법재판관들의 이름과 약력 등을 적은 글들이 수차례 공유되고 있다. 이 중에는 헌재에 연하장을 보낸 인증사진을 올리면 추첨을 통해 한강 작가의 책이나 자신이 좋아하는 가수의 앨범을 선물로 주겠다는 글들도 있었다.

이른바 '탄핵 연하장 보내기 운동'에 참여한 정아무개(27)씨는 한겨레에 "박근혜 전 대통령 탄핵 심판을 앞두고도 시민들이 헌법재판관에 연하장을 썼던 전례가 있는 걸로 안다"며 "탄핵 국면에서 시민들이 어떻게 행동해야 하는지 척하면 척 알고 있다는 현실이 웃프지만(웃기고 슬프지만), 할 수 있는 건 다 해봐야 한다는 생각으로 동참했다"고 말했다. 이어 "12·3 내란사태는 보수·진보의 문제가 아닌데 헌법재판관 중 보수 계열이 많다고 해 걱정스러운 마음"이라고 덧붙였다.

탄핵 연하장 보내기 운동은 앞서 박 전 대통령 탄핵을 앞두고도 이뤄졌다. 지난 2016년 12월 말 헌법재판소에는 박 전 대통령에 대한 탄핵을 서둘러 인용해달라는 시민 연하장이 1만통 이상 전달됐다. 이에 박한철 당시 헌법재판소장은 "국민이 납득할 수 있는 투명한 법 절차에 따라 공정하고 신속하게 결론을 내리겠다"는 내용의 신년사를 발표하기도 했다.

한겨레(2024.12.17.)에 따르면 평소 하루 1~3개의 게시물이 올라오던 헌재 누리집 자유게시판도 탄핵 관련 글로 가득 찼다. 대통령 윤석열 탄핵소추안이 가결된 12월 14일 기준 670건에 그쳤던 헌재 자유게시판 글은 이날 오후 2시께 4만 2400건을 넘어섰다.

'존경하는 헌법재판관님들께 드리는 호소문'이란 제목으로 게시판에 글을 남긴 신아무개씨는 "12월 3일 갑자기 벌어진 계엄이란 두 글자에 뜬눈으로 밤을 지샜고, 그 이후 평온한 일상이 처참히 무너지는 걸 실감했다"며 "저는 그저 사랑하는 사람들이 안전하고 자유롭게 살아갈 수 있는 나라에서 살고 싶을 뿐이다"고 적었다.

글을 쓴 임아무개씨 역시 "계엄이 남용된다면 국민은 법이 보장하는 권리와 일상의 평온을 잃고 불안과 억압 속에서 살아가야 한다"며 "헌재가 이번 심판을 통해 이러한 위험을 단호히 막고, 헌법과 민주주의를 수호하는 결정을 내려달라"고 촉구했다.

이 밖에도 시민들은 "이제는 헌재 앞에서 만나자"며 헌재 주변 나들이 코스, 맛집 등을 공유하고 나섰다. 매일 저녁 헌재 쪽으로 행진하는 집회 참여를 독려하기 위해서다. 뿌듯하면서도 이 추운 겨울날 왜 애먼 시민들이 이런 고생을 해야 하는지, 이제 그 면상조차 보기 싫지만 새삼 대통령 '깜' 아닌 윤석열을 떠올리게 된다.

〈2024. 12. 17.〉

윤석열 즉각 체포·퇴진!
사회대개혁! 범시민대행진

　12월 21일 오후 서울 도심에서 '윤석열 즉각 체포·퇴진! 사회대개혁! 범시민대행진'(범시민대행진)이 열렸다. 국회의 탄핵소추안 가결 뒤 첫 주말인 이날 오후 윤석열 대통령 퇴진을 촉구하는 집회가 전국 곳곳에서 열리기도 했다. 여기서는 한겨레(2024.12.23.) 보도를 토대로 해 그날의 뜨거웠던 열기를 재구성해본다.
　"국민의 목소리에 귀기울이고 상식에 맞는 판단만 해주시면 될 것 같습니다."(24살 이나래씨), "재판관님들도 국민이고 나라를 위하는 마음일 거잖아요. 잘 결정하시리라 믿어요."(65살 김아무개씨), "빨리 탄핵이 되면 좋겠어요."(14살 이준호군)
　이렇게 시민들은 끝이 보이지 않는 행진 인파 사이에서 헌법재판소를 바라보며 한목소리로 기대와 바람을 전했다. '탄핵'·'파면'을 외치는 구호가 케이팝과 함께 한겨울 서울 밤하늘에 울려퍼졌다. 교통 체증에 갇힌 버스를 타고 있던 시민들은 창을 열고 손을 흔들었다. 길을 걷던 시민은 멈춰서서 사진을 찍으며 환호성을 질렀다.
　범시민대행진에는 시민 30만 명(주최 쪽 추산)이 모여들었다. 국회 앞에서 탄핵안 가결을 이뤄낸 시민들은 1주일 만에 서울 광화문과 종로 일대를 걸으며 윤 대통령의 조속한 탄핵과 엄정한 수사를 촉구했다. 시민들은 탄핵안이 가결된 기쁨도 잠시, 지난 한 주 이어진 윤 대통령과 여당, 한덕수 대통령 권한대행의 모습에 대한 분노를 쏟아냈다.

 다만 다채로운 깃발을 들고 새참을 나누고, 각자 만든 손팻말을 흔들며 "유쾌하게 이기겠다"는 마음만은 잊지 않았다. 이날 행진에 앞선 집회 무대에 오른 강솔지 민주사회를위한변호사모임 변호사는 "윤 대통령은 담화와 변호사 기자회견을 통해 끊임없이 갈라치기를 시도하고 있다"며 "한덕수 대통령 권한대행은 더 이상 책임회피를 하지 말고 내란 특별법 공포와 헌법재판관 지명에 나서야 한다"고 강조했다.

 윤 대통령이 수사기관의 출석 요구와 압수수색, 헌법재판소의 문서 송달에 전부 불응하고 있는 가운데, 한 대행은 이에 대해 별다른 대응을 하지 않고 있다. 내란사태에 대해 국민의힘의 사과 또한 없었다. 행진에 참여한 김아무개(52)씨는 "탄핵안 가결이 된 상황에서도 수사에 불응하는 모습을 보면서 여전히 자신이 무엇을 잘못했는지 모르는 것 같아 화가 더 난다"고 했다.

 박아무개(53)씨는 "자신들이 만든 대통령의 벌인 일에 사과는커녕 아직도 이해득실만 따지는 국민의힘에도 화가 난다"며 "이 기회에 보수 세력이 재정비해서 민주주의를 함께 지켜주길 바란다"고 했다. 다양한 모습으로 거리에 나선 시민들은 이날도 간식과 먹거리, 방한용품, 공간을 나누며 거리에 함께 서 있다는 사실을 체감했다.

 집회 현장에는 여지없이 '방구석 베짱이 연합', '후딱 탄핵하고 잠이나 자고 싶은 시민 연합' 등 다채로운 깃발이 나부꼈다. '마스크 무료나눔' 손팻말을 든 김아무개(25)씨는 "춥고 독감이 유행하는 데다 얼굴을 가리고 싶은 젊은 여성들에게도 필요할 것 같아 마스크를 나누러 나왔다"며 "윤 대통령이 서둘러 탄핵돼 민주주의가 바로잡혔으면 좋겠다"고 말했다.

성소수자를 지지하는 교사들은 '무지개떡'을 나눴다. 산타 복장을 한 청년 노동자들은 과자가 담긴 선물 꾸러미를 전했다. 이태원 유가족들은 적선현대빌딩 1층에 있는 추모공간 '별들의 집'을 이날 영·유아와 보호자들의 쉼터로 꾸몄다.

"각자의 자리에서 내란의 밤 느낀 공포, 그 앞에 함께 싸운 시민 모습을 떠올리며 '탄핵 이후'에도 이어져야 할 민주주의 모습을 생각했다는 이들도 많았다"고 한다. 한국옵티컬 농성장에서 고공 농성을 했던 소현숙씨는 "계엄선포를 보고 당장 끌려내려갈지 모른다는 생각에 두렵고 무서웠다"며 "윤석열을 탄핵하는 건 모든 노동자의 생명과 존엄을 지키는 것이라고 생각한다"고 했다.

장애인 위유진씨도 집회 무대에 올라 "국가에 의한 갑작스런 폭력은 중증 장애여성인 나에게 커다란 위협이었다. 그날 밤 망설임 없이 국회 앞 달려간 시민들 덕분에 나는 지금 여러분과 함께 여기 살아있다"며 "탄핵은 경유지이지 종착지가 아니다. 모든 존재가 지워지지 않는 민주주의 사회를 위해 싸우자"고 했다.

행진 대열은 저녁 6시께 헌법재판소를 지나 명동에 도착했다. 어둑해진 거리에서 집회 참여 시민과 거리를 지나가던 시민의 경계도 허물어졌다. 응원봉이나 손팻말을 준비하지 못한 채 행진 대열을 만난 시민들은 휴대전화 손전등을 켜고 '파이팅해야지' 등 케이팝 노래에 맞춰 몸을 흔들며 윤 대통령의 탄핵, 그를 통한 다채로운 민주주의 회복을 함께 요청했다.

전국 곳곳에서 윤 대통령 퇴진을 촉구하는 집회가 열리기도 했다. 강원지역 시민단체와 정당 등으로 꾸려진 윤석열 정권퇴진 강원운동본부는 이날 오후 3시 강릉시 교동 권성동 국민의힘 원내대표 사무실 앞을 비롯해 18개 시·군에서 강원도민대회를 열어 윤 대통령 탄핵과 즉각 체포, 국민의힘을 비롯한 내란동조자 처벌, 국민의힘 해체와 내란세력 청산을 촉구했다.

참석자들은 국민의힘 장례식과 행진을 하며 "국민의힘은 내란에 동조한 위헌 정당으로 해체해야 한다. 권성동 원내대표도 국회의원에서 물러나라"고 주장했다. 이날 대회는 각계 시민 발언과 문화 공연은 물론 깃발·손팻말 만들기, 퇴진 이후 바라는 세상 소개하기 등 다양한 행사장도 운영해 호응을 얻었다.

이날 오후 4시 대전 서구 둔산동 은하수네거리에선 '윤석열 구속 파면! 국민의힘 해체! 사회대개혁' 17차 시민대회'가 열렸다. 시민은 국민의례를 하고 '윤석열 탄핵 좋지 아니한가' 영상을 보며 윤석열 정권퇴진을 요구하는 목소리를 하나로 모았다.

대학생 구김본희씨의 발언 등이 이어지는 동안 참석자들은 "내란수괴 윤석열을 즉각 체포 구속하라", "거부권 행사 웬 말이냐 한덕수는 물러가라", "내란비호 시간 끌기 국민의힘 해체하라" 등 구호를 외쳤다. 이들은 방죽네거리~큰마을네거리 구간을 행진한 뒤 오후 6시께 해산했다.

175개 단체가 모여 꾸린 윤석열정권 즉각 퇴진·사회대개혁 광주비상행동은 이날 광주 동구 5·18 민주광장에서 7차 광주시민총궐기대회를 개최하고 내란수괴 윤석열 처단과 내란공범 국민의힘 해체를 거듭 촉구했다. 전북 전주시 충경로, 울산 남구 롯데백화점 앞 광장, 부산 서면 놀이마루, 청주 충북도청, 대구·제주에서도 윤석열 즉각 퇴진을 바라는 응원봉이 불을 밝혔다.

충남에서도 이날 오후 6시 내포시 충남교육청 사거리에서 예산홍성시민대회가 열렸다. 김미선 충남환경운동연합 사무처장은 "탄핵소추안은 가결됐지만 윤석열은 탄핵심판 서류와 국가수사본부의 출석요구서 수취를 거부하고 국민의힘 국회의원들은 탄핵을 정치쟁점화하고 있다"며 "윤석열 탄핵과 헌법재판소의 탄핵 인용, 수사 당국의 내란 조사가 제대로 이뤄질 때까지 투쟁할 것"이라고 말했다.

〈2024. 12. 23.〉

전봉준투쟁단 트랙터 상경 시위

윤석열 대통령 체포·구속을 촉구하며 트랙터를 타고 상경 시위에 나선 '전봉준투쟁단' 행렬이 남태령 고개에서 막혀 경찰과 밤샘 대치를 이어가고 있다는 소식이 전해졌다. 이 소식은 사회관계망서비스(SNS)로 빠르게 공유됐다. 시민 수천 명이 가세하면서 사실상 대규모 집회로 발전한 양상이었다.

12월 22일 전국농민회총연맹(전농)은 전국여성농민회총연합 등 농민들이 모인 '전봉준투쟁단'의 트랙터 행렬이 서울지하철 4호선 남태령역 부근에서 경찰 차벽에 가로막혀 밤샘 대치를 이어가고 있다고 밝혔다. 하원오 전농 의장은 이날 오전 열린 기자회견에서 "전국을 돌고 서울에 입성했지만 남태령에서 막혀 있다. 전날 12시(정오) 이후부터 지금까지 한시도 쉬지 않고 함께 투쟁해주신 시민들에게 깊은 감사를 드린다"고 말했다.

전봉준투쟁단은 '내란수괴 윤석열 체포·구속, 내란동조 국민의힘 해체, 개방농정 철폐, 사회대개혁 실현'을 내걸고 12월 16일부터 전남과 경남에서 각각 트랙터 행진을 시작했다. 전날 오전 9시 경기 수원에서 모인 행렬은 남태령 고개를 지나 서울 용산구 한남동 '대통령 관저'로 향하려 했으나 도로 전차선을 통제한 경찰 차벽에 가로막혔다.

행진 신고를 했지만 경찰은 트랙터 행진이 극심한 교통 불편을 야기할 수 있다는 이유로 '제한 통고'를 한 바 있다. 경찰과 대치 중인 트랙터는 30여 대, 화물차는 60여 대였다. 당초 서울로 넘어갔던 트랙터 4대 가량도 남태령으로 복귀해 22시간 넘게 농성을 이어갔다.

그런데 트랙터 행렬이 경찰에 막혀 서울에 진입하지 못하고 있다는 사실이 소셜미디어를 통해 확산하면서 시민들도 힘을 보탰다. 주최 쪽 추산 3천 명이 응원봉을 들고 남태령역 인근에 모여 "차 빼라"는 구호를 외쳤다. 전농 관계자는 "첫차 시간 이후로 더 많은 시민이 끊임없이 모이고 있어 정확한 인원 추산이 어려울 정도"라고 전했다.

시민들은 무대에 올라 마이크를 잡고 "쌀밥 없이 어떻게 우리가 있을 수 있겠나", "우리가 가장 아끼는 응원봉을 들고 집회에 참여했듯이 농민들도 가장 아끼는 트랙터를 몰고 서울에 온 것이다"라고 말하는 등 연대 발언도 밤새 이어졌다.

영하로 떨어진 강추위에 시민들은 따뜻한 죽이나 음료 등을 서로 나누었다. 현장에 참여하지 못한 시민들도 물품을 지원하며 긴 동짓날 밤을 버텼다. 김재연 진보당 상임대표는 기자회견에서 "춥고 어수선한 심야 시간에도 이곳은 정말 질서정연하고 뜨거웠다. 밤새 이곳으로 달려온 분들이 마스크·가글 등 수많은 물품을 가져왔고 행여나 동날까 봐 아끼고 나누고 정리하며 밤을 지새웠다"고 했다.

전봉준투쟁단은 기자회견문을 통해 "여기 남태령이 2024년의 우금치다. 오늘은 반드시 이 고개를 넘어 대통령 관저로 향할 것"이라며 "내란부역자 경찰은 막지 말라. 평화적 시위를 보장하고 폭력으로 연행해간 시민들을 즉각 석방하라"고 주장했다.

한편 더불어민주당과 조국혁신당·진보당 야당 의원들도 협상 중재를 위해 남태령 현장으로 합류했다. 이날 이언주 최고위원과 국회 행정안전위원회 소속 민주당 김성회·모경종·채현일 의원, 이소영·강선우·임호선·이재정·문금주·양문석·김준혁 의원 등 10

여 명은 남태령 현장으로 이동해 경찰과 협상을 벌였다.

조국혁신당 대외협력위원장을 맡고 있는 신장식 의원과 진보당 김재연 대표 등도 남태령에서 현장을 지켰다. 채현일 의원은 한겨레와 한 통화에서 "전농(전국농민회총연맹)은 30대 가량 트랙터를 몰고 가 한남동에서 집회하겠다고 하나 경찰은 광화문에서 5대 정도 가능하다며 막아서는 상황"이라며 "절충점 찾아 내일 교통대란이 벌어지지 않도록 조율하고 있다"고 말했다.

김성회 의원은 "경찰이 트랙터 시위대를 무작정 막아서야 되겠느냐"며 "오후 중으로 해결할 수 있도록 경찰과 협상하고 있다"고 말했다. 결국 경찰은 이날 오후 4시 경, 여론에 밀려 차벽을 열었다. 오후 5시경에는 선두 트랙터가 사당역 사거리에 도착했다.

전봉준투쟁단 등 트랙터 행진단은 오후 6시 40분께 마지막 목적지인 윤 대통령이 있는 한남 관저 앞에 도착했다. 이들은 전국 농민들의 '윤석열 즉각퇴진·사회대개혁'을 요구하는 여론을 전달하고 이날 오후 7시가 넘어 해산했다. 경찰은 밤샘 농성 도중 경찰관과 충돌한 시위 참가자 2명을 연행해갔다.

12월 23일 열린 국회 행정안전위원회에서 전봉준투쟁단 트랙터를 막은 경찰의 조치가 과도했다는 지적도 나왔다. 김성회 민주당 의원은 "지금은 대통령이 탄핵된 상태이고 매우 엄중한 시국"이라며 "경찰이 현재 권력을 지키기 위해서 그 권력이 바라는 방향대로 공권력을 무리하게 집행한다면 시민들로부터 지대한 지탄을 받게 될 것"이라고 경고했다.

〈2024. 12. 23.〉

제2부

국민의힘만이 할 수 있다1
국민의힘만이 할 수 있다2
3년은 너무 길다
윤석열 퇴진 김건희 특검 촛불대행진
조국혁신당의 대통령 탄핵 추진
윤석열 퇴진 김건희 특검 115차 촛불집회
윤석열 정권 퇴진 1차 총궐기
윤석열 퇴진 김건희 특검 116차 촛불집회
윤석열을 거부한다 2차 시민행진
윤석열을 거부한다 3차 시민행진
장례식 당한 국민의힘1
장례식 당한 국민의힘2
흑역사 쓰고 있는 국민의힘
12월 14일 국민의힘 의원총회
국민의힘 의원총회 이후
국민의힘 어쩌자고 이러나

국민의힘만이 할 수 있다1

22대 총선은 야권 192석, 여당 108석으로 끝났다. 여당 참패로 끝났는데도 윤석열 대통령이 밝힌 입장문을 보면 확 변할 것 같지 않다. 총선 전 '뭐 저런 당이 다 있나1~3', '뭐 저런 대통령이 다 있나 1~5'(장세진 에세이 '뭐 저런 대통령이 다 있나' 수록) 등 윤 대통령과 국민의힘을 비판한 바 있는데, 그렇게 된 셈의 총선 결과라 할까.

가령 "심상정 의원은 정의당 후보였던 지난 대선 정국에서 문재인 정부의 최대 실책은 국민의힘을 다시 살려내고 윤석열을 제1야당 후보로 만든 것"이라고 말했다. 100% 맞는 말이다. 어느새 그렇게 만들어진 윤석열 대통령 당선 1년이다. 안보거나 겪지 않아도 될 것들 천지인, 그래서 뭐 저런 당이 다 있나 싶은 국민의힘이라고 일침을 가한 식이다.

하나 더 들어보자. 윤 대통령은 3년 반쯤 지나면 물러나지만, 국민의힘은 아니다. 박근혜 탄핵으로 새누리당이 풍비박산났을 때도 역사 속으로 사라지지 않고, 존속을 이어왔다. 그 후유증으로 문재인 정부 검찰총장을 대통령 후보로 맞아들였고, 집권 여당이 되기에 이르렀다. 그런데도 대통령 눈치나 보며 스스로 존재가치를 깎아내리는 행보에 열을 올린 국민의힘이다.

이언주 민주당 당선인은 국민의힘 소속이었던 그 무렵 "보선 패배의 책임은 첫째 국정지지 획득에 실패하고 명분 없는 공천을 밀어붙인 대통령과 대통령실·정부에 있고, 둘째 그걸 바로잡지도 못하고 선을 긋지도 못한 채 앞장서 맹종한 당 지도부에 있으며, 셋째 문제의식이 없었거나 있어도 권력과 공천이 두려워 아무 말도 못 하고 끌려다닌 의원들과 핵심 당직자들에게 있다"고 주장했다.

이 당선인은 "이런 원인들을 바로잡지 않으면 총선 과반은커녕 지금 의석 유지도 힘들다"며 "대통령의 인식이 바뀌거나, 당이 대통령과 다른 노선을 가지 못하면 희망이 없다"고 잘라 말했다. "그런데도 국민의힘은 제대로 짚은 이런 이 전 의원을 징계나 하고 있으니 더 말해 무엇하랴!"라며 개탄하고 있는데, 거의 그렇게 된 셈의 총선 결과이기도 하다.

대통령이 변하지 않는다면 집권 여당인 국민의힘의 변화가 앞날을 환히 밝히는 길이 될 수 있다. 그런데도 국민의힘은 화끈한 변화 내지 쇄신책을 내놓지 못하고 있다. 실감나게 신문 사설을 보자. 동아일보는 4월 13일자 사설에서 "중요한 건 친윤이건 비윤이건 당내 권력투쟁이 아니라 권력자의 눈치부터 살피는 당의 체질을 바꾸는 것"이라고 주장했다.

이 신문은 "친윤 주류는 '당정일체', '용산과의 혼연일체'를 내세우며 비윤 세력을 쳐내는 데 골몰했다. 정권교체 2년도 안 돼 당 대표가 5번 등장해야 하는 자중지란이 벌어졌다. 총선 민심이 확인된 지금 국민의힘은 새로운 리더십을 세워야 한다"고 강조했다.

한국일보는 4월 17일자 사설에서 "4·10 총선 참패 일주일이 지나도록 국민의힘이 반성과 변화를 보여주긴커녕 안이하고 무기력한 모습만 반복하고 있다. 그제 4선 이상 중진회의가 처절한 자성 메시지도, 위기수습 방안도 제시하지 못한 데 이어, 어제 당선자총회 역시 추상적인 결의문만 낭독했다"고 비판했다.

이어 "108명의 당선자는 기득권을 내려놓고 국민만 바라보고 한마음 한뜻으로 변화해 나가겠다고 밝혔다. 과감한 혁신, 당정소통, 의회정치 복원 등을 추진한다고 했지만 구체적으로 무엇을 잘못했는지, 어떻게 달라지겠다는 건지 눈에 잡히는 얘기는 없다"며 직격했다.

한겨레는 4월 18일자 사설에서 "국민의힘이 4·10 총선에서 역대급 참패를 당한 지 1주일이 지났다. 그러나 처절한 반성과 몸부림은 없고 안이하고 무기력한 모습으로 시간만 보내고 있다. 우선 비상대책위원회부터 꾸리기로 했다지만, '민심'과 '용산' 사이에서 갈피를 못 잡고 우왕좌왕하는 형국"임을 질타했다.

그런데 다음 비대위원장이 유력한 윤재옥 당대표 권한대행은 전혀 딴판으로 말했다. "총선 패배 원인 분석은 적절한 시기에 해보겠다"며 어물쩍 넘어간 것이다. 정말로 패인을 몰라서 그런 말을 하나. 여당 장악을 정상이라고 생각하는 윤석열 대통령의 아집과 독선을 단절하지 못하면 변화는 요원할 수밖에 없다.

4월 19일 전체 지역구 낙선자 164명 가운데 90여 명이 참석한 가운데 열린 국민의힘 22대 총선 낙선자 간담회에서도 참석자 다수가 총선의 패인이 윤석열 대통령과 용산이었고, 당이 이에 잘못 대처한 탓이라고 한 것으로 전해졌다. 혁신과 변화를 요구하는 목소리가 이어진 가운데 나온 총선 패인 분석이다.

이렇듯 총선 참패에 대한 답이 명명백백 나와있다. 의원들 입장에선 앞으로 공천받을 일도 없어진 지금 국민의힘만이 윤 대통령의 독선과 오만, 불통과 고집을 제어할 수 있다. 단적인 예로 야권이 요구하는 '채상병 특검법'을 받아들이는 것이다. 아님 야당 단독으로 국회를 통과한 법안의 거부권 재의결시 찬성표를 던져 대통령의 잘못된 권한을 제어하는 식이다.

　여당이 매섭거나 무서운 줄 알면 대통령도 변하지 않을 수 없지 않겠는가? 앞에서 말했듯 윤 대통령은 3년쯤 지나면 물러나지만, 국민의힘은 아니다. 내가 보기엔 국민의힘만이 할 수 있다. 윤 대통령의 변화를 이끌어내는 일 말이다. 국민의힘이 윤 대통령 퇴임과 함께 문을 닫으려 하는 게 아니라면 지금이야말로 환골탈태할 때임을 명심하고 움직이기 바란다.

〈전북연합신문, 2024.5.31.〉

국민의힘만이 할 수 있다2

'국민의힘만이 할 수 있다1'(전북연합신문, 2024.5.31.)라는 글에서 "여당이 매섭거나 무서운 줄 알면 대통령도 변하지 않을 수 없을 것이다. 앞에서 말했듯 윤 대통령은 3년쯤 지나면 물러나지만, 국민의힘은 아니다. 윤 대통령의 변화를 이끌어내는 일은 국민의힘만이 할 수 있다. 국민의힘이 윤 대통령 퇴임과 함께 문을 닫을 게 아니라면 지금이야말로 환골탈태할 때다"고 지적한 바 있다.

그렇다. '국민의힘만이 할 수 있다1'는 지난 5월 28일 21대 마지막 국회 본회의 재의결에서 '채상병 특검법'이 부결된 데 대해 개탄스러운 일이라고 성토한 글이다. 이후 국민의힘은 한동훈 대표 취임 등 새 지도부가 들어섰다. 국민의힘은, 그러나 새 지도부라는 말이 무색하게 '김건희 특검법' 등 여러 법안들에 대해 대통령 거부권 건의로 일관해왔다.

잇따르는 교수들의 시국선언이라든가 주말마다 열리는 '윤석열 퇴진 김건희 특검'을 외치는 시민단체들의 도심 집회가 서울을 비롯 전국 각지에서 열리고 있는데도 논란의 중심에 선 윤 대통령에 부화뇌동하는 꼴에서 한 치도 벗어나지 못하고 있는 모습이다.

실제로 윤 대통령은 자신이 거부권을 행사한 '김건희 특검법'이 국회 재표결에서 부결된 것에 대해 "특검과 검찰 수사는 객관적 혐의와 단서가 있어야 하는 것인데, 정치적 의혹만으로 믿고 싶다고 진행하는 것은 아니다"라며 "여당이 위헌 그리고 헌정을 유린하는 법에 브레이크를 걸어서 다행이고 감사하다"(한겨레, 2024.10.23.)고 말했다.

10월 21일 윤 대통령과 한 대표의 면담이 있었다. 이에 대해 성한용 한겨레 선임기자는 "우리 정치사에서 매우 중요한 전환점으로 기록될 것입니다. 윤석열 대통령과 한동훈 대표가 결별을 시작한 날이기 때문입니다. 여권이 친윤석열과 친한동훈으로 분열하기 시작한 날이기 때문입니다"라는 평가를 내놨지만, 거기서 내가 캐치한 건 따로 있다.

윤 대통령이 한 대표와 한 '81분 면담'에서 '김건희 특검법'을 두고 "우리 (국민의힘) 의원들이 헌정을 유린하는 야당과 같은 입장을 취할 경우 나로서도 어쩔 수 없겠지만, 우리 당 의원들을 믿는다"고 말한 대목이 그것이다. 이는 한 대표가 면담에서 '이대로는 이탈표를 막기 어렵다'는 취지로 말한 것에 대한 윤 대통령 답변이라 할 수 있다.

바꿔 말하면 국민의힘 의원들이 마음만 먹으면 '김건희 특검법' 등 법안들을 윤 대통령 거부권 행사에 의해 국회로 돌아온 재표결에서 얼마든지 통과시킬 수 있다는 얘기가 된다. 그런데도 국민의힘은 민심보다 '윤심'(윤 대통령 마음)에 지극정성으로 충성을 다하고 있는 행태를 보여왔다.

가령 11월 14일 국회 본회의에서 여당이 불참한 가운데 재석의원 191명 전원 참석으로 통과한 '김건희 특검법'을 두고 연일 반대 주장을 쏟아내는 식이다. 오죽했으면 "민심에 민감해야 할 여당이 국민 대다수가 지지하는 특검을 이토록 집요하게 반대하는 것 자체가 비정상이다"(한겨레사설, 2024.11.14.)란 비아냥을 들어야 했을까!

한겨레는 다음날 사설에서도 윤 대통령이 세번째 거부권을 행사할 예정인데다가, 국민의힘도 민심보다 '윤심'을 택한 국민의힘을 향해 쓴소리를 날렸다. "소수 집권세력이 압도적 국민 다수의 여망을 틀어막고 묵살해온 행태가 또다시 반복될 가능성이 큰 것이다. 이번에도 여권은 특검법을 거부하고 기어이 김건희 여사 방탄을 택하려 하고 있다. 윤 대통령과 국민의힘은 더 늦기 전에 겸허하게 민심을 따르기 바란다"고 주문했다.

어쩌다 국민의힘이 이렇게까지 망가졌는지 박근혜 전 대통령 탄핵이 다시 떠오를 법하다. 다만, 그런 국민의힘에 이상 기류가 감지되기도 해 그나마 다행이라 할까. 한겨레(2024.11.13.)에 따르면 "나 친윤석열계 아니야. 내 이름 앞에 친윤계라고 붙이지마"라는 얘기가 들린다고 한다. 윤 대통령의 지지율이 10%대까지 떨어지면서 '한때' 친윤석열계라고 불렸던 의원들에게서 심심찮게 나오는 얘기란다. 이런 얘길 하는 이들 중에는 지난해까지만 해도 '친윤 핵심'을 자처하던 의원도 있다.

'친윤 호소인', '윤초선'(친윤석열계 초선)이라는 말까지 등장했던 정권 초반과는 사뭇 다른 분위기다. 지난해 3·8 전당대회까지만 해도 친윤을 자처하는 이들이 차고 넘쳤다. 당시 '용산'의 지지를 받지 못했던 나경원 의원의 전당대회 출마를 막기 위해 연판장에 서명했던 국민의힘 초선 의원만도 48명에 달했다. 친윤계가 아니라고 말하는 사람을 찾기 어려웠을 정도다.

하지만 당의 이런 분위기는 윤 대통령이 임기 반환점을 돌기도 전에 180도 달라졌다. 윤 대통령의 지지율이 10%대까지 추락하자, '범친윤계'로 범위를 넓혀도 30명 남짓밖에 되지 않는다는 말이 나온다. 그렇다고 '탈친윤'한 의원들이 한동훈 대표 쪽으로 옮겨갔다고 보기는 어렵다. 당 안에선 국민의힘 의원 108명 가운데 '친한동훈계'라고 불리는 의원을 대략 20여 명 정도로 보고 있다.

한 대표와 윤 대통령이 '81분 면담'을 한 다음날(10월 22일) 이뤄진 친한계 '번개 만찬'에 참석한 의원 수가 21명이었다. 한국갤럽이 정례적으로 실시하는 '장래 정치 지도자 선호도' 조사에서 한 대표가 보수 진영 인사 중 가장 높은 지지율을 얻고 있는 걸 감안할 때, 친한계가 크게 늘고 있진 않은 것이다. 가장 큰 이유는, 다음 대선까지 2년 반이라는 긴 시간이 남았기 때문이다.

영남의 한 중진 의원은 "정치라는 게 내일 일도 예측 못하는데, 2년 반 뒤 일을 어떻게 예상하냐"며 "그때 국민이 어떤 리더십을 요구할지는 아무도 모르는 것"이라고 말했다. 미래 권력의 추가 어디로 이동할지 모르는 만큼 일단 '중립지대'에서 상황을 지켜보는 게 안전하다는 얘기다.

현재 국민의힘에선 어느 편에도 서지 않은 '관망파'가 50여 명으로 다수란 분석이 있다. 이들은 어느 편에도 서지 않고 지켜보고만 있다. 물론 직접 만나거나 전화를 걸면 속내를 들려주긴 하지만, 이름을 내걸고 발언을 하진 않는다. 영남 한 재선 의원은 "우리라고 왜 할 말이 없겠냐. 그런데 굳이 나섰다가 찍힐 수도 있으니 일단은 묵언수행을 하고 있는 것이다"라고 말했다.

바로 그것이다. 이제 '용병' 대통령의 쓸모가 다한 상황이라 해도 과언이 아니다. 한 대표가 과감한 깜짝쇼처럼 총대를 맨 채 국민의힘에 쇄신의 바람을 일으킬 수도 있지만, 그건 더불어민주당 박지원 의원의 전망처럼 기대난망(期待難望)한 일이다. 많이도 필요없다. 국민의힘 의원 8명만 정신을 차려도 역사를 새로 쓰게 된다. 대통령이 바뀌지 않는다면 여당이라도 제대로 변해야 살아남을 수 있다.

〈2024. 11. 25.〉

3년은 너무 길다

4·10 총선에서 "3년은 너무 길다"며 '정권 조기종식론'을 앞세워 돌풍을 일으킨 조국혁신당이 원내 3당으로 22대 국회에 입성했다. 조국혁신당의 정당득표율은 24.3%로 집계됐다. 국민의미래(36.7%), 더불어민주연합(26.7%)에 이어 세 번째로 많다. 이로써 조국혁신당은 22대 국회 의석수 12석을 차지해 제3정당이 됐다.

제3정당이 10석 이상을 확보한 건 2016년 국민의당(38석) 이후 8년 만의 일이다. 비례 순위 2번에 이름을 올렸던 조국 대표도 5월 30일부터 국회의원이 됐다. 참 세상 일 알 수 없게한 조국혁신당의 원내 3당 입성이다. 그도 그럴 것이 조국 대표가 자녀 입시비리와 청와대 감찰무마 혐의로 항소심에서 징역 2년을 선고받은 '예비 죄인' 신분이기 때문이다.

내가 '조국 사태의 교훈'(전북연합신문, 2021.6.24. 장세진 에세이 '뭐 저런 검찰총장이 다 있나' 수록.) 이후 약 3년 만에 조국 이야기를 다시 하는 이유다. '조국 사태의 교훈'에는 "개혁의 아이콘으로 상징되던 조국 전 장관이 어쩌다가 이리 되었나 생각해보면 짠하기 그지없다. … 윤석열 검찰이 조국 전 장관 일가를 사지로 몰아넣은 것은 사실"이라는 내용이 있다.

"윤석열 전 총장의 '확증편향'과 먼지떨이 수사에 조국 일가가 멸문지화를 당했다고 확신한다. 딱히 틀린 인식도 아닐 것이다"(한겨레, 2021.6.3.)는 주장에 동의하는 게 있기도 하다. 그리고 보면 조국 일가의 멸문지화급 까발리기 수사로 핍박받은 것에 대한 동정 여론이 이번 총선에서 조국혁신당 돌풍으로 이어진 게 아닌가 싶기도 하다.

지난 3월 3일 신당 창당대회 무렵만 해도 "정권 심판을 명분으로 조 대표가 정치적 면죄부를 받으려 한다", "정권 심판론이 조국 심판론에 희석될 수 있다"는 비판과 우려, 외면이 적지 않았던 게 사실이다. 막상 등판하니 그런 비판적 예상과 달리 당 지지율은 고공행진했다. 여러 여론조사에서 민주당을 제치고 2위로 수직상승했다.

1위에 오르기까지 했다. 가령 뉴스토마토의 의뢰로 미디어토마토가 3월 23일부터 24일까지 이틀간 만 18세 이상 전국 성인남녀 1005명을 대상으로 실시한 정기 여론조사가 그렇다. '내일이 선거일이라면 비례대표 투표는 어느 정당에 하겠는지'를 묻는 질문에 응답자의 29.1%는 조국혁신당이라고 답했다. 국민의미래 28.1%, 더불어민주연합 21.6%를 모두 제낀 1위다.

조국혁신당의 돌풍은 여론조사에 그치지 않았다. 실제로 조국혁신당은 특히 호남 3곳에서 모두 1위를 차지했다. 그야말로 돌풍을 넘어 광풍을 일으킨 조국혁신당 바람몰이라 할만하다. 호남 3곳의 득표율은 광주 47.72%(더불어민주연합 36.26%), 전북 45.53%(더불어민주연합 37.63%), 전남 43.97%(더불어민주연합 39.88%)다.

윤석열 정부에 실망해 윤 정권 심판 여론이 강했던 호남 유권자들이 전략적으로 조국혁신당에 비례대표 투표를 몰아준 것이란 분석이 나오는 이유다. 광주·전남·전북에서 일당 독점 기득권을 유지해 온 민주당에 대한 회초리 성격도 가미됐다는 일각의 분석도 있다. 상당수 유권자들이 정권을 내주고도 안일한 민주당에 대한 실망감을 조국혁신당 지지로 표시한 것이란 얘기다.

광주 CBS(2024.4.11.)에 따르면 "정권 심판에 힘을 싣기 위해 민주당 후보에게 표를 줘야 하지만 비례대표 투표까지 민주당에 몰아주기에는 민주당도 잘한 것은 없다는 입장이"라는 것이다. 조국혁신당이 조국 대표에 대한 '짠함'과 민주당이 못하는 '윤석열 정권 조기 종식'을 내건 게 결국 유권자들의 표심을 얻은 것이라 할 수 있다.

또한 한겨레(2024.4.11.)에 따르면 "3년은 너무 길다"는 선명한 슬로건은 출구를 찾지 못하던 정권 심판론에 불을 질렀고, 투표를 포기하려던 야당 지지층까지 돌려세우며 전체 야당 판을 키웠다. 신율 명지대 교수(정치외교학)는 "'이재명의 민주당'을 찬성하지 않는 사람들이 다수 조국혁신당 지지로 넘어간 것으로 보인다"고 말했다.

조국혁신당의 투표 전략은 '지민비조'(지역구는 민주당, 비례대표는 조국혁신당)였다. 이에 대해 조국혁신당의 정치적 공간을 더욱 넓힌 배경이라는 평가가 있다. "조국혁신당은 '준연동형 비례대표제'라는 선거제도의 틈새를 십분 활용해, 민주당의 '지역구 몫'은 건드리지 않는 것은 물론 더 챙겨주는 모양새를 취하면서도 자기 당의 입지를 탄탄하게 다졌다"(앞의 한겨레)는 것이다.

'조국 사태의 교훈'에서 "조국을 감싸고 돌 때가 아니다. 대선 승리를 위해서 떠나간 민주당 이탈층, 특히 2030의 마음을 돌려야 한다. 본격적인 '민주당의 시간'을 가져도 대선 승리를 장담할 수 없는 지경임을 명심하기 바란다"고 끝을 맺었던 나도 조국혁신당의 '지민비조'에 따른 유권자였다. '3년은 너무 길다'에 반해 기꺼이 표를 준 셈이라 할까.

총선 참패후 처음 입장을 밝혔을 때나 50일 넘게 지난 지금 윤 대통령을 보면 지난 2년과 크게 달라지지 않은 것으로 보인다. 크게 달라진 것은 조국혁신당의 원내 3당 입성이다. 조국혁신당이 '뭐 저런 대통령이 다 있나' 탄식이 절로 나오게 하는 '검찰정권'을 3년은 너무 길다는 총선 구호대로 조기 종식시킬 수 있을지 관심이 모아진다.

〈전북연합신문, 2024.6.27.〉

윤석열 퇴진 김건희 특검 촛불대행진

윤석열 대통령의 공천 개입 정황이 담긴 명태균씨와의 통화 녹취가 공개된 뒤 첫 주말인 11월 2일 저녁 서울 중구 시청역 7번 출구 앞에서 '윤석열 퇴진 김건희 특검 113차 촛불대행진'이 열렸다. 숭례문 방향 4차선 도로 300m가량을 메운 시민들은 김건희 여사 수사와 윤 대통령 퇴진을 촉구하는 구호를 외치며 갑갑함을 토로했다.

집회를 주최한 촛불행동 쪽은 이날 집회에 연인원 2만여 명이 참여한 걸로 추산한다고 밝혔다. 이날 오후 30만 명(주최 쪽 추산)이 참여한 더불어민주당의 '김건희 윤석열 국정농단 규탄·특검 촉구 국민행동의 날'에 이어, 저녁까지 서울 도심에서 정부를 비판하는 대규모 시민 행동이 이어진 것이다.

한겨레(2024.11.4.)를 보면 이날 촛불대행진에 참여한 시민들은 거리에 나온 이유로 윤 대통령과 명씨의 통화 녹취록을 주로 언급했다. 대전에서 온 김무성(46)씨는 "녹취록까지 공개되고 김 여사의 국정 개입이 서서히 정체를 드러내고 있는데도 잘못을 인정하지 않는 행태를 보고 너무 답답하다"고 말했다.

강주영(47)씨도 "이전에는 김 여사가 국정 개입을 하는 것에 대해 긴가민가 했는데 최근 녹취록을 듣고 확신하고 집회에 나왔다"며 "김 여사에 대해서는 주가조작 의혹 등 비리가 계속해서 드러나고 있는데 아무것도 하지 않는 검찰에 대해서도 불만이 크다"고 했다.

정부의 우크라이나 전쟁 전황분석팀 파견 검토와 관련해서도, 사실상 파병 수순이라는 불안감이 컸다. 남편과 강릉에서 왔다는 안아무개(52)씨는 "아들이 곧 입대할 나이인데 윤석열 정부가 들어서고 나서 북한과의 관계도 악화되고, 최근 우크라이나 파견까지 언급하는 걸 보고 불안해서 집회에 참여하게 됐다"고 했다.

젊은 층 참여도 눈에 띄었다. 서울 서초구에서 온 홍가영(30)씨는 "국민이 뽑은 건 윤 대통령인데 부인이 모든 이권에 연결돼 있다는 게 말이 안 된다"며 "모든 권력기관이 윤 대통령과 김 여사를 감싸는 것도 부당하다고 생각한다"고 지적했다. 약속이 있어 나왔다가 집회에 참여하게 됐다는 박아무개(24)씨도 "대통령이 법을 자신과 부인에게 유리한 쪽으로 이용하는 것 같아 평소 불만스러웠는데 마침 집회가 열려 친구와 참여하게 됐다"고 밝혔다.

이날 촛불집회 무대 발언에 나선 박은정 조국혁신당 의원은 "명태균-윤석열 게이트가 대한민국을 완전히 집어삼키고 있다"며 "윤 대통령은 스스로 내려오든지, 국민에 의해 끌려 내려오든지 두 가지 선택지밖에 없다는 걸 알아야 한다"고 경고했다.

이언주 더불어민주당 의원도 "바로 8년 전 윤석열 검사는 국정농단을 수사하겠다며 청와대 압수수색을 벌이면서 공정과 상식을 말하고, 정의로운 검사로 떠올랐다"며 "그런데 지금 각종 비리에 휩싸인 부인과 처가 지키기에 앞장서고 있다"고 비판 목소리를 높였다.

촛불행동은 이날 시청역을 시작으로 청계광장, 을지로 일대를 거쳐 다시 본 행사장으로 돌아오는 도심 행진을 펼쳤다. 이들은 "우크라참전 한반도전쟁 윤석열을 타도하자", "공천개입 국정농단 김건희를 몰아내자" 등의 구호를 외쳤다.

서울에서만 집회가 열린 게 아니다. 가령 11월 3일 오후 4시 대전시 서구 둔산동 갤러리아타임월드 건너 국민은행 앞에서 '윤석열 탄핵 대전유권자대회'가 열렸다. 이 대회는 시민·사회·종교 단체 등으로 꾸려진 대전촛불행동·대전충청대학생진보연합·더불어민주당대전시당 평당원협의회 등이 주최했다.

"청년의 외침이다. 윤석열을 탄핵하라."

소리꾼 안산하씨가 '그런 세상 너에게'를 부른 뒤 주먹을 불끈 쥐고 구호를 외쳤다. 300여 참석자들이 따라 외치자 집회 현장이 후끈 달아 올랐다. 윤석열정권퇴진 충남운동본부도 성명을 내어 "윤석열은 대통령직에서 손 떼고 퇴진하라"고 촉구했다.

윤석열 탄핵소추안 즉각 발의 국민 명령서를 발표한 대전촛불행동 김한성 대표는 집회를 여는 발언에서 "나라 꼴이 말이 아닙니다. 윤석열 정권의 추악한 범죄행위가 끊이지 않고 있다. 자신의 통치위기를 모면하려고 국민 생명과 안전을 담보로 전쟁을 추구하고 있다"고 비판했다.

시민들은 "끌어내립시다"라며 화답했다. 집회 참가자들 가운데 20~30대 젊은 층이 많았다. 국민 명령서에서 시민들은 "윤석열 정권이 들어선 뒤 민생·경제·안보·외교 등 대한민국의 모든 분야가 파괴돼 탄핵 민심이 폭발하고 있다. 국회는 민심에 따라 윤석열 탄핵소추안을 즉각 발의해 올해 안에 윤석열을 기필코 탄핵해야 한다"고 주장했다.

한 초등학생은 "지나다가 집회가 열리기에 참석했다"며 "대통령하고 같은 성씨인데 너무 욕을 많이 먹는 것 같다. 학교에서 반장도 못하면 그만둔다"고 말했다. 초등학생이 그런 말을 하는 게 놀랍지만, 윤 대통령이 국민을 너무 만만하게 본 대가(代價)를 치르는 것이라 생각한다. 그렇다. 일찍이 이런 대통령은 없었다.

장종태 국회의원(대전서구 갑)이 단상에 서서 최근 녹취 파일 관련한 정치권 동향 등을 전하자 시민들의 분노는 거세졌다. 대학생 이상협(24)씨는 "녹취 파일이 공개돼 윤석열 정권의 추악한 뒷거래, 공천거래를 해 선거법을 위반한 정황이 만천하에 드러났다. 이 정권이 출범한 뒤 대한민국 국민으로서 자존감이 바닥을 친다"고 한탄했다.

시민들은 윤석열 탄핵·김건희 특검을 촉구하며 펼침막을 찢기도 했다. 이들은 집회를 마친 뒤 "유권자가 명령한다. 윤석열을 즉각 탄핵하라", "웬만해야 집에 있지 윤건희(윤석열+김건희)를 몰아내자", "윤석열 탄핵, 김건희 특검" 구호를 외치며 촛불을 들고 둔산동 일대를 행진한 뒤 자진 해산했다.

〈2024. 11. 6.〉

조국혁신당의 대통령 탄핵 추진

 10월 26일 마침내 조국혁신당이 윤석열 대통령 탄핵 장외집회를 열고 정권 퇴진을 주장하고 나섰다. 조국 대표를 비롯한 조국혁신당 의원들은 이날 오후 서울 서초역 8번 출구 앞에서 '검찰해체·윤석열 대통령 탄핵 선언대회'를 열었다. 최강욱 전 더불어민주당 의원과 한창민 사회민주당 의원도 함께 한 가운데 주최 측 추산 3000명이 참가한 것으로 전해졌다.

 이들은 "더는 지체할 수 없다는 절박한 마음으로 헌법 질서를 수호하고자 탄핵의 길, 검찰 해체의 길에 나섰다"고 밝혔다. 조 대표는 "그동안은 우리가 선출한 대통령이기 때문에 참고 기다렸으나 윤석열·김건희 부부는 우리 바람과 국민 바람을 철저하게 외면했다"며 "국민 목소리를 듣기는커녕 천공·명태균의 목소리를 들었다"고 주장했다.

 조 대표는 "지금 윤석열 정권을 끌어내려서 얻는 국익이 이들이 앞으로 2년 반 동안 나라를 망치는 손실보다 크지 않나"라며 "2년 반 동안 윤석열·김건희 부부의 국정농단을 더 참을 건가?"라고 물었다. 그는 "국민은 이미 정권을 심리적으로 탄핵했다. 그렇다면 정당과 정치인, 국회의원은 한 걸음 더 나아가야 한다"며 "조국혁신당은 윤석열·김건희 공동정권 퇴진과 윤석열 대통령 탄핵을 추진할 것"이라고 강조했다.

 한창민 사회민주당 의원도 "역대 최악의 정권, 윤석열·김건희 정권을 이제 끝장 낼 때가 되지 않았나"라며 "첫 번째 탄핵은 우리 국민들이 광장을 열었지만 두 번째 탄핵은 정치가 시민들 앞에 앞장서야 한다"고 주장했다. 이어 "탄핵은 더 많은 국민 절대다수가 함께해야 성공한다. 더 넓고 뜨거운 광장이 열려야 이 정권을 끝장낼 수 있다"고 덧붙였다.

김건희 여사 도이치모터스 주가조작 사건 고발인인 최강욱 전 의원은 "대한민국에서 가장 유명한 여성이 한 명 있다. 박사 학위를 획득한 분이고 구약을 다 외우시는 분인데 자기 오빠가 누군지는 정확히 모른다"며 김 여사를 비꼬았다.

이들은 탄핵선언문 낭독을 통해서는 "3년은 너무 길다는 말은 이제 유효하지 않다. 3개월도 너무 길다"며 "무도하고 폭압적이며 무능한 윤석열 대통령은 탄핵시켜야 하고 윤석열·김건희 서자로 전락한 검찰을 해체해야 한다"고 강조했다. 조국혁신당은 11월 16일 서울 서초동 대검찰청 앞에서 2차 '검찰해체·윤석열 대통령 탄핵선언대회'를 열 계획이다.

한편 조국 조국혁신당 대표는 10월 28일 취임 100일 기자간담회에서 당내 법률가들을 중심으로 윤 대통령 탄핵소추안을 작성하고 있다고 밝혔다. 조 대표는 "결정적인 시기가 오면 안을 완벽하게 만들 텐데 조만간 초안이라도 공개할 생각"이라고 밝히기도 했다.

반면 거대 의석의 제1야당인 더불어민주당은 10월 29일 조국혁신당의 윤석열 대통령 탄핵소추안 발의 준비와 관련해 "탄핵은 민주당이 독자적으로 판단할 문제"라며 거리를 두는 모습을 보였다. 윤종군 민주당 원내대변인은 이날 원내대책회의를 마치고 취재진과 만나 조국혁신당의 윤 대통령 탄핵소추안 발의 계획과 관련해 "민주당은 지금 탄핵과 관련해 계획을 세우고 있지 않다"고 말했다.

윤 원내대변인은 "탄핵 등 조국혁신당이 추진하는 것에 대해 민주당이 발 맞춰갈 문제는 아니라고 본다"며 "탄핵 문제는 민주당이 독자적으로 정국 상황 등 여러가지 지표를 보면서 판단할 것"이라고 선을 그었다. 조국혁신당은 민주당 지도부가 탄핵 방침에 거리를 두는 데 대해 "민주당이 탄핵에 소극적"이라며 국민 여론을 함께 모아가야 한다고 주장했다.

황운하 원내대표는 이날 라디오 '김태현의 뉴스쇼'에서 "민주당은 지난 박근혜 대통령 탄핵 때도 가장 늦게, 광장 민심보다 늦게 (나섰다)"며 "(박 전 대통령 탄핵에) 굉장히 소극적이었고 탄핵 집회에 참석하는 것 자체를 굉장히 망설였다. 그때 선명하게 탄핵 주장을 한 사람은 이재명 대표였다"고 말했다.

그러면서 "지금은 그 민주당이 역시 가장 소극적이고 망설이고 있는 상황이다. 역시 국민 여론을 보는 것 같다"고 덧붙였다. 황 원내대표는 "지금은 (윤 대통령 탄핵소추안이) 발의되지 않는다. 김건희 특검법 통과가 우선"이라고 강조했다.

그는 "11월 말경 김건희 특검 재의결 때 여권에서 김건희특검법 찬성표가 나와서 특검법이 통과될 것"이라며 "그때부터 선출되지 않은 권력인 김건희 여사의 도이치모터스 주가조작, 명태균 게이트에서 비롯된 여러 가지 국정 개입과 당무 개입 등이 나오면서 탄핵 발의가 이루어질 것"이라고 말했다.

실제 윤 대통령 탄핵으로 이어질지 지켜볼 일이지만, 이런 뉴스 자체가 정상이 아니다. 비극(悲劇)이다. 도대체 언제까지 임기가 절반도 되지 않은 대통령 탄핵 운운하는 이런 뉴스를 대하며 살아야 하는지 분통이 터진다. 도대체 언제까지 뭐 저런 대통령이 다 있나, 탄식하며 살아야 하는지 지난 대선 당시 정권교체에 혈안이 된 국민의 힘과 그 지지층이 원망스러울 따름이다.

〈전북연합신문, 2024.11.13.〉

윤석열 퇴진 김건희 특검 115차 촛불집회

촛불행동 주최 '윤석열 퇴진-김건희 특검 115차 촛불집회'(전국 집중 촛불집회)가 11월 16일 오후 3시 서울시청역 7번 출구 주변 대로에서 열렸다. 오마이뉴스 보도 내용을 자세히 들여다보자. 이날 촛불집회에서 첫 발언을 한 김민웅 촛불행동 상임대표는 "윤석열 정권이 대국민 선전포고를 했다"며 "국민을 상대로 전쟁을 벌이겠다는 것"이라고 규정했다.

이어 "지난주 우리는 전투경찰이 국민과 국회의원을 무자비하게 폭행하는 현장을 똑똑히 봤다"라며 "심지어 갈비뼈까지 부러뜨리는 만행까지 저질렀다"고 짚었다. 특히 "정권이 위기에 몰리자 전쟁 획책을 하고 계엄 작전을 쓰겠다는 것이 아니겠냐"며 "윤석열 탄핵이 전쟁과 계엄을 막는다"고 강조했다.

김 상임대표는 "급기야는 제1야당의 대표인 이재명 대표를 범죄자로 만들기 위해 유죄판결을 조작하는 사법 공작까지 자행했다"며 "정적 제거를 노린 이러한 야당 탄압은 계엄 시도와 다를 바 없다"고 주장했다. 이어 "이재명 대표에 대한 재판은 재판이 아니라 개판이다. 이런 사법부는 박살을 내야 한다"며 "정적 제거 정치공작의 도구가 된 사법부는 정치검찰과 함께 해체해 버려야 한다. 그래야 진정한 법치가 살아날 수 있다"고 강조했다.

특히 "최근 대학가에서 시국선언이 봇물처럼 터져 나오고 있다. 대학가 시국선언의 핵심주제는 분명하다"며 "주권자인 국민의 힘으로 윤석열을 직접 파면시키자이다. 이들 지식인들의 용기와 행동에 뜨거운 박수를 보내주시기 바란다"고 피력했다. 김 상임대표는 '단결한 민중은 패배하지 않는다'란 구호를 외치며 발언을 마무리했다.

11월 13일 출범한 윤석열탄핵국회의원연대 공동대표인 박수현 더불어민주당 국회의원도 무대에 올라 마이크를 잡았다. 먼저 그는 "115번의 촛불 광장을 열어주신 여러분에게 무한한 존경을 표한다"며 "윤석열탄핵국회의원연대는 오늘부터 공식적으로 여러분과 함께 할 것"이라고 피력했다.

그는 "참으로 비분강개한 날이다. 하늘도 우리 국민의 분노를 아시고 분노의 눈물을 비로 이렇게 뿌려주시고 계신 것 같다"며 "저는 청와대 수석비서관을 지내, 그렇기 때문에 대통령직이 얼마나 엄중한 직인지, 어떤 자세로 직무에 임해야 하는지를 일찍이 눈으로 보고 가슴에 새겼다"고 말했다.

이어 "그런 눈으로 볼 때 윤석열은 더 이상 대통령이 아니다. 윤석열을 자리에 더 놔두면 대한민국을 망치는 길"이라며 "윤석열을 빨리 끌어 내리지 않으면 윤석열 부부에게 범죄를 범할 시간을 벌어주는 것"이라고 말하기도했다.

박 의원은 "국회가 촛불국민 여러 분보다 앞장서서 윤건희 정권을 끝장내겠다고 이렇게 다짐한다"며 "윤석열을 끌어 내리는 것만이 이 대한민국을 더 위대하게 만드는, 그래서 자랑스럽게 후손들에게 물려줄 길이라고 생각하기에, 윤석열 탄핵은 진정한 애국운동이고 민주운동이라고 생각한다"고 강조했다.

그는 "윤석열 탄핵은 친일 뉴라이트의 지배로부터 대한민국을 지켜내는 국권수호운동이고 독립운동이라고 생각한다"며 "윤석열 탄핵은 유럽의 전쟁을 한반도로 끌어들이는 것을 단호하게 배격하는 반전운동이고 평화운동"이라고 역설하기도 했다.

이어 "대한민국 국회의원들이 스스로 윤석열탄핵연대에 한 분 한 분 가입해주고 있다"며 "이제부터 탄핵을 발의할 국회의원 150명을 채우고, 더 나아가 국민의힘 국회의원까지도 동참을 이끌어 내서 마침내 200명이 동참하는 윤석열탄핵연대로, 국민의 이름으로 만들어 내겠다라는 약속을 한다"고 다짐했다.

마지막으로 그는 "윤석열의 고향 충남 공주시에서 윤석열의 비서실장 정진석을 이긴 그 유명한 박수현"이라며 "그래서 언론에서는 지난 총선에 윤석열의 고향에서 박수현이 윤석열을 이겼다는 이런 기사도 났다. 그 박수현이 윤석열을 끝장내는 탄핵연대에 참여하는 것은 당연한 것이고, 탄핵연대 대표가 되는 것도 운명이라 생각한다"고 강조했다.

윤석열탄핵국회의원연대 회원인 김재원(가수 리아) 조국혁신당 의원은 "김건희 여사의 치마폭 국정농단 행태와 함께 국민에게 실망에 실망을 더한 결과 오늘의 상황은 레임덕을 넘어선, 심리적 탄핵을 넘어선, 배가 넘어지기 일보직전"이라며 "아직도 정신 못차리고 야당의 맏형을 죽이겠다고 안간힘을 쓰고 있다"고 비판했다.

이어 "윤석열 대통령은 하루 빨리 모든 죄를 인정하고 특단의 대책을 세워 그 자리에서 내려오는 결단을 하기 바란다"며 "그렇지 않으면 더 이상 선택지가 없을 것"이라고 전했다.

박준의 국민주권당 상임위원장은 "사법부가 민주당 이재명 대표에게 유죄를 선고했다. 이미 예견된 일이었다. 윤석열 정권은 언론사를 탄압하고 촛불행동을 압수수색하고, 지난주 집회에 경찰을 투입해

노동자들을 체포했다"며 날을 세웠다.

이어 "국힘당과 조중동, 극우단체들이 총동원돼 이재명 구속을 부르짖었다. 윤석열 정권, 이 정도면 입틀막에 공안탄압, 야당탄압으로 국민과 전쟁하겠다고 선포한 것이 아니겠냐. 이럴수록 더 빨리 몰락하는 것은 윤석열이다. 더 빨리 강력하게 응징하자"고 호소했다.

이태원참사 희생자 고 송채림씨의 아버지 송진영씨는 "매순간 자식을 먼저 보내 몸부림을 친다. 우리는 10·29의 고통 속에서 한 발짝도 벗어나지 못했다"며 "국가의 존재 이유는 국민의 생명과 재산 보호라고 한다. 하지만 정부는 10월 29일 최소한의 조치도 하지 않았다. 지금까지도 우리 유가족에게 정부는 없다"고 말했다.

이어 "그 누구도 책임지지 않고 사과하지 않는 5년짜리 정권은 도대체 누구를 위한 정권이냐. 김건희 보호만을 위한 정권이냐"며 "아무도 책임지지 않고, 아무도 처벌받지 않은 참사는 또다시 반복될 것이다. 참사를 끝내기 위해서라도 윤석열 정권에게 반드시 책임을 물어야 한다"고 강조했다.

이날 촛불집회 참가자들은 '경찰폭력 공안탄압 윤건희를 몰아내자', '군대파견 전쟁폭주 윤건희를 몰아내자', '윤건희의 사병노릇 폭력경찰 물러가라', '이재명 대표에 대한 치졸한 정치공작 박살내자', '야당탄압 계엄음모 윤석열을 탄핵하라', '국회는 즉각 윤석열을 탄핵하라', '국민이 명령한다 윤석열을 탄핵하라', '애국으로 단결하여 윤석열을 몰아내자' 등의 구호를 외쳤다.

〈2024. 11. 17.〉

윤석열 정권 퇴진 1차 총궐기

　11월 9일 민주노총·전국민중행동·진보대학생넷 등이 참여하는 윤석열정권퇴진운동본부(퇴진운동본부)는 '윤석열 정권 퇴진 1차 총궐기'(총궐기)대회를 열었다. 정부 비판과 윤석열 대통령 퇴진 요구를 본격화한 셈이다. 더불어민주당은 이날 저녁 7시부터 같은 장소에서 '2차 국민 행동의 날'을 열어 김건희 여사에 대한 특검 수용 요구를 이어갔다.
　"더 이상은 못 참겠다. 윤석열 정권 몰아내자!"
　"대통령 자격 없다. 윤석열은 물러나라!"
　보도를 종합해보면 서울 숭례문부터 시청역까지 세종대로 차로와 인도를 가득 메운 시민들의 '퇴진' 외침이 주말 서울 도심에 울려 퍼졌다. "윤석열 대통령과 김건희 여사를 둘러싼 논란과 윤 대통령 대국민 담화에 대한 실망감, 그간 억눌린 사회적 문제 해결에 대한 요구 등 시민들이 저마다 구호에 담은 의미는 다양했다"는 게 기자의 전언이다.
　이날 집회에는 노동조합 소속 노동자들과 당원 참여가 집중됐는데, 일반 시민 참여도 적지 않았다. 민심 파악 차원에서 한겨레(2024.11.11.)가 보도한 내용을 자세히 들여다보자. 먼저 주부 신은숙(68)씨는 "담화를 보니까 꼭 나와야겠다 싶었다. 사람에 충성하지 않는다더니 김건희 여사에 대해선 감싸는 태도로만 일관했다"고 꼬집었다.

윤 대통령 퇴진 집회에 처음 참여한다는 하강산(23)씨는 "명태균 게이트 때문에 화가 나서 나왔다. 국정농단, 김건희 공천개입, 채상병 수사 외압 해명이 필요한데 무제한으로 한다고 해놓고 2시간만 했다. 대국민담화에 대해선 솔직히 말해서 욕 아니면 할 말이 없다"고 말했다.

부인과 함께 인천에서 왔다는 이계성(59)씨는 "공정을 말하던 대통령이 가족을 위해서만 권력을 행사하는 모습을 이번 담화에서도 확인했다"며 "국민으로서의 자존심이 무너졌고 나라가 망해가고 있다는 생각이 들었다"고 토로했다.

경기 고양에서 온 백승헌(61)씨는 "국민 대다수가 요구하고 있는 특검을 위헌이라고 한 대통령 발언이 가장 충격적이었다. 국민을 어리석은 바보로 여기는 것이 적나라하게 드러났다"고 했다. 주부 백옥경(56)씨는 "우크라이나 전쟁을 끌어들이는 걸 보며 공포심을 느꼈다. 나서지 않으면 국민이 무엇을 바라는지 모를 것 같았다"고 말했다.

부인과 4살, 6살 아이까지 온 가족이 함께 집회 현장을 찾은 현대차 비정규직 노동자 유홍선(46)씨는 "노동자 탄압이 거세진 분위기가 특히 체감된다. 올해 처음으로 울산의 현대차 외주 업체들 임금단체협약이 전혀 체결되지 않아 갈등이 크다"고 전했다. 아이 엄마인 이찬미(39)씨는 "5년짜리 공무원이 백년대계 교육을 마음대로 손대고 있다. 아이들이 그런 세상에 살아야 한다니 참담하다"고 했다.

양경수 민주노총 위원장은 무대에 올라 "시민들은 도대체 이 나라의 대통령이 김건희인지 명태균인지를 묻고 있다"고 외쳤다. 이재명 더불어민주당 대표도 "국가권력의 원천은 국민인 만큼 위임된 권력을 갖고 있는 그들에게 책임을 물을 때가 되었다"고 말했다. 이날 집회에 퇴진운동본부는 10만 명, 민주당은 20만 명이 참여했다고 각각 추산했다.

그런데 경찰이 11월 9일 열린 총궐기를 불법 집회로 규정하고 전국민주노동조합총연맹 조합원 등 집회에 참여한 시민들의 구속영장을 신청했다. '알아서 기는' 경찰의 공권력 집행 등 정부의 '입틀막' 공세가 본격화하고 있는 형국이라 할까.

서울경찰청은 11월 11일 총궐기 참여자 6명에 대해 공무집행방해 혐의 등으로 검찰에 구속영장을 신청했다. 서울중앙지검은 이 중 4명의 구속영장을 청구했다. 집회가 애초 사전 신고 범위를 넘어 세종대로 전 차로로 확대됐고, 참여자들이 이를 막으려는 경찰관을 폭행하는 등 '불법 집회'로 변질됐다는 게 경찰 쪽 주장이다.

당시 다른 곳에서 사전 집회를 마치고 온 참여자들이 본집회로 합류하면서 세종대로 2개 차로에 사람들이 추가로 통행하게 됐는데 경찰은 이를 '기획된 불법행위'로 보고 있다. 경찰 관계자는 이날 "민주노총 집행부가 집회의 불법행위를 사전에 기획한 것으로 보인다"며 집회를 주최한 양경수 민주노총 위원장 등 집행부 7명에 대한 내사에도 착수한 것으로 전해졌다.

경찰과 시민 간의 물리적 충돌로 시민 10여 명이 부상을 당했고, '과잉 진압' 논란이 일었다. 경찰은 이를 인정하지 않았다. 11월 11일 열린 국회 행정안전위원회 전체회의에서 야당은 경찰이 애초부터 강경 진압을 준비했다는 의혹도 제기했다. 경찰은 "충돌을 유도한다는 것은 동의할 수 없다"고 선을 그었다. 경찰은 야당 의원들의 사과 요구도 일축했다.

총궐기를 '불법'으로 기정사실화하며 진압의 정당성만 강조한 것이다. 이 대표는 이날 최고위원회의에서 "경찰의 폭력적인 진압이 있었다"며 "1980년대 백골단이 시위대를 무차별 폭행하던 현장이 떠올랐다"고 말했다. 참여연대도 이날 성명을 내어 "경찰은 지지율 17%로 간신히 버티고 있는 윤석열 정권의 보위가 아니라, 집회 시위에 나설 수밖에 없는 극한 상황에 내몰린 국민들을 보호해야 할 것"이라고 밝혔다.

〈전북연합신문, 2024.11.19.〉

윤석열 퇴진 김건희 특검 116차 촛불집회

'거부권을 거부하는 전국 비상행동'이 주최한 '김건희-채상병 특검 추진! 국정농단 규명! 윤석열을 거부한다 2차 시민행진'(윤석열을 거부한다 2차 시민행진)이 열리기 전인 11월 23일 오후 4시, 지하철 2호선 시청역 인근에서 '윤석열 퇴진 김건희 특검 116차 촛불대행진'이 열렸다.

보도에 따르면 촛불행동이 주최한 이날 윤석열 퇴진 김건희 특검 116차 촛불대행진에는 주최 측 추산 1만 2천 명이 참석해 시청역 세종대로 4개 차로를 가득 메웠다. 참석자들은 '탄핵이 평화다!', '정적제거 국민억압 윤건희를 타도하자!', '반민중적 반노동적 행태를 일삼는 윤석열 검찰독재 정권을 탄핵하자!', '정치공작 사법살인 윤석열을 탄핵하라', '민주압살 공안탄압 윤건희를 타도하자' 등의 구호를 외치며 윤석열 대통령 탄핵을 촉구했다.

권오혁 촛불행동 공동대표는 "윤건희(윤석열·김건희) 정권은 불법비리, 국정농단의 증거들이 쏟아져 나와도 사죄는커녕 대대적인 공안 탄압과 정치공작, 권력기관을 총동원하고 있다"며 "제1야당 대표에 대한 정치공작으로, 노동자들을 폭력 집단으로 몰아가는 여론공작으로 윤석열 탄핵 여론을 잠재우려고 발악하는 것"이라고 했다.

권 대표는 이어 "각계각층이 윤석열을 몰아내기 위해 거리로 쏟아져 나오고 있다"라면서 "촛불행동은 윤석열의 분열 공작에 단결 전략으로 맞서 싸우겠다. 윤석열을 올해 안에 탄핵하자"라고 목소리를 높였다. 이어 정종훈 연세대학교 교수, 홍덕진 목사 등 민주사회를 위한 지식인·종교인 네트워크 소속 인사 10여 명이 시국선언을 했다.

김영 민주사회를 위한 지식인·종교인 네트워크 공동대표는 "우리 국민은 단 하루도 마음 편할 날이 없었다, 이태원 참사와 채 해병 순직 등 반생명적인 사건·사고, 노동자를 조폭처럼 대하는 반노동 정책, 윤석열 정권의 하수인으로 전락한 정치 검찰의 선택적 수사 등의 상황 속에서 나라의 앞날을 걱정하지 않을 수 없다"고 말했다.

김 공동대표는 "언론의 비판을 '입틀막'(입을 틀어 막다)하며 버텨 온 윤석열 독재 정권의 명백한 무능과 무도한 한계가 드러나고 있다, 70개 대학에서 시국선언을 했다. 이것은 조종(弔鐘)의 신호"라면서 "김건희의 온갖 죄는 눈감아주면서 야당 지도자와 비판적 언론인을 끊임없이 괴롭히는 무도한 시대의 검찰 독재 부패 정권을 그냥 둬서 되겠나, 윤석열 검찰 독재 정권을 탄핵해야 한다"고 강조했다.

박은정 조국혁신당 의원은 "윤석열·명태균·김건희 게이트가 매일 쏟아지는데도 윤석열 검찰은 제대로 움직이지 않는다. 검건희 명품백, 도이치모터스 주가 조작 등에 대해 불기소를 밀어붙인 게 검찰"이라면서 "그런데 지금 야당 대표에 대해 사법살인을 자행하고 있다"라고 했다.

박 의원은 "지난 2년 반 동안 국가는 존재하지 않았다. 국민이 거리로 뛰쳐나와 탄핵과 퇴진을 외쳐도 온갖 위법행위 의혹이 꼬리에 꼬리를 물어도, 검찰은 꿈쩍하지 않았다"라면서 "몰상식한 윤석열 검찰에 대해 국민 여러분께서 철퇴를 내려달라, 이번 겨울에는 윤석열 정권 끝장내야 한다"고 강조했다.

이날 집회에선 박정훈 대령에게 항명죄 법정 최고형인 징역 3년을 구형한 군검찰에 대한 비판도 쏟아졌다. 박 의원은 "국민의 진실 앞에 항명한 사람은 윤석열 대통령"이라며 "박 대령은 무죄"라고 외쳤다. 박 의원은 "'수사권으로 보복하면 깡패지 그게 검사냐'라고 말했던 사람이 윤석열"이라며 "지금 누가 박정훈 대령에게 수사로 보복하고 있는가. 윤석열 대통령이다"고 힘주어 말했다.

"윤석열 검찰은 박정훈 대령 그리고 촛불 시민들의 염원을 저버리고 있다"고 강조하기도 한 박 의원에 이어 한국대학생진보연합 안정은 상임대표도 "박정훈 대령같이 양심적인 군인은 반역으로 몰면서 군인들을 죽음으로 내몰고 있는 게 윤석열 정권이다"고 지적했다.

한편 이날 서울 도심에서는 촛불행동 이외에도 더불어민주당이 주최한 '제4차 국민행동의 날' 집회가 열렸다. 더불어민주당은 이날 오후 5시 30분 서울 광화문 광장 앞 도로에서 장외 집회를 열고 '윤석열 거부!', '김건희 특검!' 등의 구호를 연이어 외쳤다.

민주당 박찬대 원내대표는 "윤석열·김건희 부부의 폭정은 대한민국의 불행"이라며 "윤 정권 2년 만에 국가 시스템이 완전 고장이 났고 민주주의·민생경제·외교안보 어느 것 하나 성한 데가 없다"고 지적했다. 이어 "들불처럼 번지는 시국선언을 엄중하게 받아들이고 광장에 모이는 시민들의 분노를 두려워해야 한다"고 말했다.

이날 민주당은 약 20분간 집회를 진행한 뒤 '윤석열을 거부한다 2차 시민행진'에 합류했다. 또한 윤석열 퇴진 김건희 특검 116차 촛불대행진을 마친 시민들도 시청역에서 무교로·세종대로 사거리를 지나 광화문 광장까지 약 2km를 도보로 행진한 뒤, '윤석열을 거부한다 2차 시민행진' 집회에 합류했다.

〈2024. 11. 24.〉

윤석열을 거부한다 2차 시민행진

11월 23일 오후 6시 참여연대와 민주사회를위한변호사모임, 전국민중행동 등 주요 시민사회단체들이 결성한 '거부권을 거부하는 전국 비상행동'은 지난주에 이어 이날 '김건희-채상병 특검 추진! 국정농단 규명! 윤석열을 거부한다 2차 시민행진'을 개최했다. 언론 보도를 종합해 내용을 자세히 살펴 되새겨보자.

땅거미가 짙어진 서울 광화문 광장 앞 도로는 촛불 행렬로 환하게 밝혀졌다. '윤석열 퇴진'을 외치며 '김건희, 채상병 특검'을 요구하는 10만 명 시민(주최 측 추산)들이 치켜든 촛불들이었다. 시민 촛불 행렬은 경복궁역-광화문-동십자각까지 800여 미터 구간 도로를 가득 메웠다. 지난 2017년 박근혜 탄핵 정국 당시 촛불집회와도 사뭇 비슷한 광경이었다.

이날 집회에는 이재명 더불어민주당 대표와 박찬대 원내대표 등 민주당 지도부도 참석했다. 이들 의원들은 집회 연단에 나서진 않았지만, 집회가 끝날 때까지 자리를 지켰다. 이날 집회에선 윤 대통령의 실정이라며 '채상병 사건 수사 외압', 'KBS 사장 임명 강행', '자영업 파탄', '양곡법 거부권' 등이 적나라하게 언급됐다.

김형남 군인권센터 활동가는 "(박정훈 대령에 대한 검찰의 구형은) 채상병 사망 사건의 진실을 틀어막기 위한 '입틀막'(입으로 틀어막는) 구형이었다. 그러나 확신한다. 박정훈 대령은 무죄"라며 "불법 명령을 따르지 않은 것이 항명이라면 그것이야말로 국어사전을 다시

정리하는 일 아니겠나, 항명이 아니라 양심이다. 양심에는 죄를 물을 수 없다"고 말했다.

김 활동가는 "채 상병 사망으로부터 1년 4개월, 타락한 정권의 어두운 터널을 뚫고 우리가 함께 여기까지 왔다. 박정훈 대령 선고 기일은 2025년 1월 9일"이라며 "무죄 판결문을 들고 돌아올 박정훈 대령과 함께 집단 외압의 수괴 대통령 윤석열에게 함께 힘찬 반격을 합시다"라고 강조했다.

망원동에서 두부 장사를 한다는 김진철씨는 "자영업자 100만 폐업 시대를 맞이하고 있다. 자영업자들이 최악의 상황을 맞이했다. 소비자들의 주머니가 텅텅 비어 있어 소비가 살아날 기미가 보이지 않는다"며 "자영업자들은 지속해 지역화폐 예산을 늘려달라, 긴급 민생 회복 지원금을 바로 지급해 달라 요청했지만, 현 정부는 거부했다"고 울분을 터트렸다.

김씨는 이어 "공정과 상식에 어긋나는 거부권을 남발하면 이제 시민들이 대통령을 거부할 수밖에 없다. 우리 자영업자들도 시민과 함께하겠다"라고 말했다. 지난주 대학수학능력시험을 치른 뒤 처음 집회에 왔다는 고등학생도 있어 눈길을 끌었다.

김봄빛나래 민주언론시민연합 활동가는 "윤석열 대통령은 기자회견에서 명태균 게이트라 불리는 국민의힘 공천 개입 의혹을 부정했다. '언론이 갈등을 부추긴다', '김건희 여사를 의도적으로 악마화하고 또 가짜 뉴스, 가짜 뉴스를 만든다'라고 말했다"라면서 "대통령 발언에서 정권을 견제하고 감시해야 할 언론 본연의 역할을 못 하게 하려는 입틀막 면모를 다시 한번 발견한다"고 말했다.

그는 "윤석열 정권은 이런 중대한 민주주의 파괴 실태를 시민이 모르게 하기 위해서 어떻게든 언론을 장악하려 한다. 공영방송 KBS를 망가뜨리는 데 혈안이 돼 있다"라면서 "국민의 방송이 윤석열 대통령 또는 김건희 여사 입맛에 따라 움직이는 지금 이 현실이 너무나도 참담하다. 언론 농단을 넘어 공영방송 장악을 통한 국정농단을 획책한 중대 의혹을 명명백백하게 제대로 진상 규명해야만 한다"고 강조했다.

농업을 한다는 정영이씨는 "윤석열이 거부한 법안을 제가 23~24번째 세다가 잊어버렸다. 첫 번째로 거부한 법안이 양곡관리법이다. 이 법은 국민의 식량 주권을 지키는 법안이었다"라면서 "양곡관리법을 거부하며 윤석열은 농업·농촌·농민을 내팽개쳤다. 국민의 먹거리와 식량 주권에 대한 천박한 인식을 적나라하게 보여준 것"이라고 비판했다. 이어 "농민들이 윤석열 퇴진을 외칠 이유가 천만 가지쯤 된다"라며 "윤석열을 끌어내리고 우리가 꿈꾸는 세상, 사회 대전환을 함께 만들어 갑시다"라고 외쳤다.

정세은 충남대학교 교수는 "윤석열 정부는 국정농단 그리고 전쟁 위협은 말할 것도 없고 민생을 고통에 빠뜨릴 4대 개혁을 밀어붙이고 있다"면서 "저희 교수들이 시국선언에 나서고 있는 것은 이렇게 대형 무도한 정치 집단에 나라를 맡길 수 없기 때문이다. 우리 청년 학생들의 미래는 달라야 하기에 교수들도 목소리를 내고 함께하겠다"고 강조했다.

'탄핵'이 될 때까지 집회에 참석하겠다는 참가자도 적지 않았다. 경기 화성시에서 왔다는 직장인 박정수(55)씨는 "국기 문란에 경제 패망에 참을 수가 없다. 국민의힘이 이렇게 나라를 끌고 가는 것을 용인할 수 없다"며 "대통령이 정치하라고 뽑아줬더니 왜 김건희가 정치를 하냐. (윤 대통령을) 끌어내릴 때까지 올 것"이라고 말했다.

"정적 죽이기 스탑, 검찰 독재 규탄"이라고 적힌 손팻말을 든 박강훈(73)씨는 "검찰이 편파적이다. 공정한 수사는 땅속으로 들어갔다. 윤 대통령을 끌어내려야 온 국민이 행복하다"고 했다. 윤 대통령과 보수 지지층으로 알려진 70대 시민의 목소리여서 더 의미있게 다가온다.

〈2024. 11. 24.〉

윤석열을 거부한다 3차 시민행진

'거부권을 거부하는 전국비상행동(비상행동)'은 11월 30일 오후 5시 30분 서울 종로구 광화문 북측광장 앞 도로에서 '윤석열을 거부한다 3차 시민행진'을 열었다. 비가 내리는 등 날씨가 좋지 않은데도 시민들의 열기는 끓며 넘치는 주말 집회라 할만하다. 더불어민주당은 같은 장소에서 오후 5시 '거부권 거부 대회'를 열고 행진에 합류했다.

촛불행동도 '윤석열 퇴진, 김건희 특검 117차 촛불대행진'을 서울 지하철 시청역 인근에서 오후 3시부터 열고 시민행진 대열로 향했다. 지난 주와 마찬가지로 3개 집회가 열렸다. 주최 측 추산 10만 명이 비를 맞으며 이날 집회에 참석했다는데, 언론 보도를 종합해 '윤석열을 거부한다 3차 시민행진'을 되새겨보자.

서울 영등포구에 사는 최근씨(24)는 이날 서울 도심에서 열리는 집회에 처음 나왔다. 날씨가 부쩍 추워진데다, 정치에 관심이 없는데도 가족들과 최씨가 집회에 나온 이유는 "채 상병 사건" 때문이라 했다. 2021년 해병대를 전역한 최씨는 "채 상병과 근무 지역은 다르지만, 병과가 포병으로 같아 남 일 같지 않았다"라며 "나라가 잘못되고 있다고 생각해 나왔다. 앞으로도 일정이 없으면 나올 것"이라고 말했다.

이날로 단식 11일차를 맞은 김형수 전국민주노동조합총연맹(민주노총) 금속노조 거제·통영·고성 조선하청지회장은 발언자로 나서 "'이대로 살 수는 없다'며 투쟁에 나섰던 대우조선 조선소 노동자들을 탄압한 일에 명태균씨가 개입돼 있다는 보도가 나왔다"며 "최순실은 약과인 국정농단"이라고 주장했다.

경기 파주시에 사는 접경 지역 주민 이재희 평화위기파주비상행동 대표는 "윤 대통령은 9·19 군사 합의를 무효화하고 '대북 전단 대유행'을 만들어 전쟁 위기를 부추기고 있다"고 비판했다. 지난 11월 8일 시국선언을 발표했던 서울대민주동문회도 집회에 참가해 '윤석열은 즉각 퇴진하라!'는 현수막을 들고 행진했다.

앞에서 말했듯 '올해 들어 처음 집회를 찾았다'라는 시민들이 적지 않았다. 휠체어를 타고온 안철환씨(62)는 "조금이라도 보탬이 되길 바라는 마음에서 안산에서 지하철 타고 3시간 걸려 왔다"며 "대통령이 어떻게 부인을 그렇게까지 감쌀 수 있나. 권력의 사유화"라고 말했다.

자녀·부인과 함께 집회에 참석한 40대 서모씨는 "'박근혜 탄핵' 집회 이후 처음"이라며 "경제·산업 경쟁력이 대단히 위험한데 대응 원칙을 세우지 못하는 윤석열 정부가 답답해 나왔다"고 말했다.

남편과 함께 집회에 참석한 최수지씨(32)도 "채상병 특검법을 통과시키지 않고, 김건희 여사를 수사하지 않는 일이 '국정농단'"이라며 "'박근혜 탄핵' 집회 때 참석하지 않아 항상 자괴감을 느꼈는데, 이번에 행동하지 않으면 후회할 것 같아서 나왔다"고 말했다.

부모와 함께 집회를 찾은 청소년·아동들도 눈에 띄었다. 구윤재 군(13)은 부모에게 먼저 '윤석열을 거부한다' 집회에 가보고 싶다고 말해 함께 집회에 참석했다. 구군은 "뉴스를 보다가 대통령이 거부권을 남발하는 모습을 보니 화가 났다. 채상병 사건에서도 사람이 죽었는데 대통령이 '책임이 없다'며 잡아뗀다고 느꼈다"며 "부모님께 집회에 같이 가고 싶다고 말했다"고 했다.

8개월 유도율군(0)을 유아차에 데리고 나온 최유리씨(33)는 추운 날씨에 대비해 유아를 위한 '패딩 우주복'을 샀다고 했다. 최씨는 "국회의원, 대학원생 입을 막는 것을 보고 국민을 폭력적으로 대한다고 느꼈다"며 "윤 대통령은 자격이 없다고 생각한다"고 했다.

집회를 마친 참가자들은 광화문에서 서울 중구 신세계백화점 본점 앞까지 행진했다. 이재명 대표와 조국 조국혁신당 의원, 박찬대 더불어민주당 원내대표 등 약 서른 여 명의 국회의원들도 시위대와 함께 섞여 행진했다. 이재명 민주당 대표 주위로 유튜버나 사진을 찍으려는 집회 참가자가 몰려들기도 했다.

행진을 향한 주변의 반응은 다양했다. 차창을 내리고 '화이팅'을 외치거나 엄지를 치켜세우는 등 긍정적인 반응을 보이는 시민들이 있었다. 반면 반대 방향으로 차를 몰고 가다 내려 중앙 분리대를 넘어와 욕설을 하며 시위대에 불만을 표시하던 한 운전자가 경찰의 제지를 받기도 했다.

비상행동은 "교수 4300여 명, 천주교 사제도 대한민국의 민주주의 붕괴하는 것을 손 놓고 지켜볼 수 없어 시국선언을 했다"며 "25번이나 거부권을 행사해 국회의 입법권을 훼손하고 자신과 배우자에 대한 수사를 받지 않기 위해 주어진 권한을 남용하고 있다"고 말했다. 이어 "12월 초 국회 본회의에서 김건희 특검법이 재의결돼야 한다"고 주장했다.

윤석열을 거부한다 3차 시민행진 참가자들은 "12월 초 국회 본회의에서 김건희 특검법이 재의결 될 수 있도록 우리가 나서자"라며 "특히 국민의힘 지역구 의원과 비례대표 의원들에게 특검법 처리 동참을 요구하는 목소리를 내고 행동하자. 12월 7일 광화문에서 다시 만나자"라고 부탁했다. 〈2024. 11. 30.〉

장례식 당한 국민의힘1

12월 14일 오후 국회 본회의에서 대통령 윤석열 탄핵소추안이 찬성 204표로 가결됐다. 탄핵소추안을 공동 발의한 야 6당 의석이 192명인 점을 감안하면 국민의힘 의원들이 그만큼 찬성표를 던졌다는 얘기다. 표결 전 공개적으로 의사를 밝힌 7명외에도 5명의 국민의힘 의원들이 찬성해 가결된 대통령 윤석열 탄핵소추안이라 할 수 있다. 다행스럽고 높이 평가할 일이다.

그러나 다들 알다시피 12월 7일 국회 본회의에서 윤석열 대통령 탄핵소추안을 표결했지만, 국민의힘 의원들은 집단 퇴장해 의원총회를 했다. 이탈표 방지를 위해서였다. 안철수·김예지·김상욱 의원만 투표에 참여했다. 결국 탄핵소추안은 의결정족수 미달로 투표함조차 열어보지 못한 채 끝났다. 투표 불성립으로 사실상 대통령 윤석열 탄핵소추안이 부결된 것이다.

국민들은 분노했다. 서울을 비롯한 전국 각지에서 국민의힘 장례식을 치르는 등 거세게 항의했다. 가령 12월 11일 윤석열퇴진을 위해 행동하는 청년들(윤퇴청)은 서울 여의도 국민의힘 당사 앞에서 국민의힘 장례식 퍼포먼스를 벌였다. 청년들은 검은 옷을 입고 탄핵안 표결에 불참한 국민의힘 의원 105명을 상징하는 105개의 국화를 준비해 헌화했다.

윤퇴청 측은 "국민의힘은 지난 7일 윤석열 탄핵 투표에 불참함으로써 내란 수괴 윤석열을 방치하고 예측불허의 후속사태를 막는 데 실패해 국민들을 불안 속에 여전히 밀어넣고 있다"며 "헌정질서를 파괴하고 공당으로서 기능을 상실한 국민의힘에 사망을 선고하며 부고 소식을 전한다"고 선언했다.

윤석열 대통령의 탄핵소추안 재표결을 하루 앞둔 12월 13일엔 국민의힘 의원들의 참여를 촉구하는 '탄핵버스'가 서울 곳곳을 누비기도 했다. 시민단체 너머서울과 전국민주노동조합총연맹(민주노총), 4개 진보정당 서울시당 등은 이날 오전 서울 영등포구 국민의힘 중앙당사 앞에서 탄핵버스 출정식을 열었다.

이날 여당 당사 앞 도로에는 탄핵버스 탑승을 기다리는 90명의 긴 줄이 이어졌다. 전날 탑승을 신청한 참가자들은 "탄핵 표결에 불참한 정당은 이제 해체돼야 한다"며 검은색 옷을 입고, 국민의힘에 대한 장례식을 진행했다. 노동당·녹색당·진보당 관계자들은 탄핵버스가 출발하기 전 국민의힘을 향한 조사를 낭독했다.

이들은 "귀 정당은 책임과 국정안정을 운운하지만 책임지는 정당도, 국정안정도 내란 주범의 탄핵 없이는 불가능하다"며 "헌정 질서와 삼권분립이 짓밟혀도 동조하고 침묵한다면 정당의 존재 기반인 민주주의를 저버린 것이다"고 말했다. 뒤이어 애도사를 준비한 김일웅 전환서울 대표는 "(여당은) 퇴진을 운운하면서 탄핵 표결에는 참여하지 않고 내란의 공범임을 인정했다"며 "당 내부에서는 계파간 정치적 유불리만 따지며 자중지란했다"고 비판했다.

전대식 전국언론노조 수석부위원장은 "마지막 기회이다"며 "국민의힘은 이제라도 탄핵에 찬성한다고 입장을 밝히길 바란다"고 당부했다. 검은색 옷을 입은 참가자들은 '근조 국민의힘' 손피켓을 들고 "내란 공범 국민의힘은 탄핵 찬성하라" 등의 구호를 외쳤다.

김진억 민주노총 서울본부장은 탄핵버스 출정선언에서 "윤석열은 지난 3일 비상계엄을 선포한 시점부터 대통령이 아니다. 국회에 난입하고 시민들에게 총부리를 겨눈 위헌·위법 내란 수괴자"라며 "윤석열이 있어야 할 곳은 대통령실이 아니라 감옥"이라고 했다.

이어 국민의힘을 향해 "끝까지 탄핵 반대 당론을 유지해 내란 공범이자 역사의 죄인이 될 것이냐"며 "우리는 그런 정당을 결코 용납하지 않을 것"이라고 말했다. 국민의힘 중앙당사 앞 거리에 '내란정당 국민의힘 퇴거명령서'를 부착하는 퍼포먼스로 출정식을 마무리한 이들은 탄핵버스를 타고 서울에 지역구를 둔 국민의힘 의원 사무실로 출발했다.

45인승 버스 2대에 나눠 탑승한 참가자들은 조정훈(마포갑)·권영세(용산)·나경원(동작을)·신동욱(서초을)·박수민(강남을)·배현진(송파을) 의원 사무실을 차례로 방문했다. 서울 송파구 신동욱 의원 사무실 앞에 모인 탄핵버스 참가자와 지역 주민들은 "신 의원을 비롯한 내란동조자들은 이미 의원의 자격을 잃었다"며 "하루 빨리 윤석열 탄핵에 동참하라"고 입을 모았다.

뉴시스(2024.12.13.)에 따르면 서울 동작구의 나경원 의원 사무실 앞은 탄핵버스를 타고 온 시민들, 동작구 주민들로 붐볐다. 자유발언에 나선 동작구민 문지현씨는 "지난 3일 계엄령 선포 이후 아침에 일어나면 어떤 일이 벌어졌을지 걱정돼 잠도 제대로 못 잔다"며 "그런 내란수괴범을 국회의원이라는 사람들이 비호하고 있다는 것이 믿기지 않는다"고 말했다.

문씨는 "지난주 토요일 국민의힘 의원들이 국회 본회의장을 나가는 모습을 똑똑히 봤고, 절대 잊지 않을 것"이라며 "내일 있을 탄핵소추안 표결에는 꼭 참석해 찬성표 던지라는 국민의 명령을 듣기 바란다"고 했다. 이런 압박이 작용했는지 알 수 없으나 탄핵소추안 가결이 국민의 승리인 건 분명하다.

한편 탄핵버스 출정식과 지역 사무실 앞 기자회견 도중 보수단체 회원들이 "이재명을 구속하라", "탄핵안 반대한다" 등을 외치며 잠시 소란이 일기도 했으나 다행히 물리적 충돌 없이 마무리된 것으로 전해졌다. 박근혜 탄핵때도 말했듯 보수단체는 계엄령 시대를 살아도 좋다는 것인지 도무지 이해가 안 되는 족속들이다.

〈2024. 12. 16.〉

장례식 당한 국민의힘2

국민의힘 장례식은 서울에서만 진행된 게 아니다. 전남·충남·제주 등 전국 각지에서 치러졌다. 심지어 보수의 심장이며 텃밭인 대구·경북은 물론 부산·울산 등지에서도 국민의힘 장례식이 거행됐다. 말할 나위 없이 경상도가 국민의힘 핵심 지지기반이란 점에서 이것은 예사로운 일이 아니다.

"고인이 가시는 길, 불편하게 해드리기 위해 모인 여러분께 감사합니다. 가시는 길 축하드리며 다음 생에는 우리와 함께하지 않길 빕니다."

12월 11일 오후 대구 수성구 국민의힘 대구시당·경북도당 앞에서 열린 '내란공범 국짐당 장례식'에서 사회자가 위와 같이 말하자 환호가 터졌다. 이날 대구 곳곳에서 국민의힘을 규탄하는 목소리가 터져 나왔다. 장례식뿐 아니라 국민의힘 의원들의 지역구 사무실 앞에서는 '내란죄 피의자 윤석열 대통령' 탄핵소추안 표결에 동참을 촉구하는 기자회견이 잇따라 열렸다.

이날 오후 5시 국민의힘 대구시당·경북도당 앞에는 근조 화환 50여 개가 길게 늘어섰다. "티케이(TK)는 국힘의 무덤이 될 것이다", "티케이(TK)를 버린 역적 내란의힘", "105인, 감방 어디까지 가봤니?", "다음 의총은 동부구치소에서", "삼가 고(故) 당의 명복…조차 빌기 싫다" 등 문구가 적혔다.

"옷차림은 최대한 화려하게"라는 조문 지침대로 이곳에 모인 300여 명 시민은 형형색색의 응원봉을 들고 발랄하게 장례식을 치렀다.

영정 사진에는 '내란의힘'이라는 문구와 국민의힘 로고를 탱크로 바꾼 사진이 걸렸다. 시민들은 저마다 향을 피우고 조문을 한 뒤, 육개장 컵라면으로 음복했다.

상복을 입고 무대에 선 진영미 대구촛불행동 상임대표는 "내란수괴 윤석열과 국민의힘 105명의 내란죄 공모자들은 이제 '내란의힘'이라 불리며 이제 그 명을 다해 장례를 치르게 됐음을 고한다"고 곡소리를 했다.

이어 "윤석열이라는 자는 민주주의를 거침없이 파괴하고 급기야 친위 쿠데타 내란을 일으켰다. 그자의 부역자 국민의힘 105명은 스스로 내란 공범이 되길 택했다. 해체돼야 마땅한 범죄 집단, 국민의힘 장례식을 신명나게 치루자. 우리는 더 가열차게 광장에 모여 대한민국의 주인은 국민이라는 것을 확인시켜주자"고 목소리를 높였다.

"국민의힘은 2024년 12월 11일 오후 1시 7분 사망하셨습니다."

12월 11일 오후 1시 부산 수영구 남천동 국민의힘 부산시당 앞에서 열린 '내란공범 국민의힘 사망선고 장례식'('윤석열정권 퇴진 부산비상행동' 주최)이 열리기도 했다. 이날 장례식에선 양미숙 부산참여연대 사무처장이 망자(국민의힘) 약력보고에 이어 사망선고를 했다. 그러자 참석자들이 함성을 질렀다.

양 사무처장은 망자 약력보고에서 "국민의힘이 배출한 윤석열이 국민에게 총부리를 겨누는 내란을 일으킨 상황까지 이르게 했다. 이런 윤석열을 멈추게 하고 대통령직에서 내려놓아야 하는 가장 큰 책임이 있는 것은 국민의힘이다"고 말했다. 그는 "윤석열이 괴물로 변해 내란을 저지르는 것을 막지 못한 것에 대한 책임과 내란 수괴 윤석열의 탄핵을 반대한 내란 공범의 책임을 물어 오늘 부산시민이 국민의힘과 국민의힘 부산시당의 사망을 선고한다"고 덧붙였다.

"죽었을 테니 보냅니다. 살아있었음 투표했겠지. 멀리 안 간다. 잘 가소. 불편하게!"

12월 11일 오전 울산 남구 삼산동 국민의힘 울산시당 앞에는 근조 화환 30여 개가 늘어섰다. 울산지역 시민사회노동단체와 야당이 모인 윤석열퇴진 울산운동본부가 마련한 국민의힘 장례식에 시민들이 보내온 꽃들이다. 화환에는 저마다 윤 대통령 탄핵소추안 표결에 불참한 국민의힘과 지역 국회의원을 향한 분노와 조롱이 적혀 있었다.

이들은 국민의힘을 '온국민의 108번뇌'라고 하고, 김기현·서범수·박성민 의원은 '대대손손 기억할 부역자들'이라고 했다. 의원 이름마다 '수괴'·'배신'·'부역'이란 단어를 붙여 '울산을 떠나라'고 비판도 하고 '썩은 동아줄을 붙잡고 있는 세 명의 정치인생을 애도한다'고도 적었다. '투표도 안 하는 자들이 역사를 논하는가'라는 글도 있었다. 울산의 2030 여성유권자 일동이 보낸 근조화환의 '이제 울 엄마아빠도 너거들(너희들) 안 뽑는대'라는 글도 눈에 띄었다.

진보당 전남도당도 12월 11일 오전 전남 나주시 국민의힘 전남도당 앞에서 기자회견을 열고 장례식 퍼포먼스를 진행했다. 진보당 전남도당은 "내란수괴가 내란공범에게 국정 운영을 위임하는 뻔뻔한 모습을 보는 국민들의 분노는 극에 달했다"며 "국민의힘 해체가 5·18 정신의 계승이자 진정한 민주주의 실천"이라고 말했다.

장동혁 의원의 충남 보령 사무실과 성일종 의원의 서산 사무실 앞에는 '선배님 부끄럽습니다', '보령을 떠나라', '서산시민이 심판한다', '내란공범 부역자' 등의 비난 문구가 적힌 근조화환이 줄지어 세워졌다. 성 의원은 앞서 SNS를 통해 "박근혜 대통령 탄핵사태 같은 역사적 비극이 되풀이되어서는 절대로 안 된다"며 탄핵 반대 입장을 밝힌 바 있다.

일부는 옹호했지만 "투표나 하고 국민 운운해라", "상식이 있는 민주시민이라면 절대 선택할 수 없는 사상 최악의 수를 뒀다"는 등 비난 댓글이 쇄도했다. 한편 제주도에서는 농민단체로 구성된 제주농민의길이 12월 13일 오후 도의회 앞에서 윤석열 대통령의 탄핵과 구속을 촉구하는 농민대회를 열었다. 농민들은 국민의힘 장례식을 치른 뒤 제주도의회와 제주도청·제주도교육청 앞을 행진했다.

이들은 "윤석열이 내란수괴인 것을 우리는 알고 있고 국민의힘이 내란의 동조자라는 것도 알고 있다"며 "윤석열의 탄핵과 구속은 물론 국민의힘도 즉각 해체돼야 한다"고 주장했다. 농민들은 "말로만 국민들을 위해 정치를 한다"면서 "자신과 기득권 세력만을 위해 정치를 해왔다"며 국민의힘을 거듭 규탄했다.

한편 국민의힘 대구시당·경북도당에는 당원들 탈당 신청이 이어지고 있는 것으로 전해졌다. 지난 12월 4일부터 대구시당에는 240여 건, 경북도당에는 500여 건 이상 탈당 신고가 들어왔다고 한다. 대구시당 관계자는 "지난 일주일 동안 탈당 신고서가 많이 들어오고 있다. 당원이 아닌데도 탈당 신고서를 내는 분들도 있다. 아무래도 우리 당에 대한 항의나 불만 표시 차원에서 보내는 것 같다"고 말했다.

〈2024. 12. 16.〉

흑역사 쓰고 있는 국민의힘

대통령 윤석열 탄핵소추안 가결 이후에도 시국선언이 끊이지 않고, 많은 시민들이 헌법재판소로 향하는 데는 '12·3 내란 사태'에 대한 국민의힘 대응과 연관돼 있다는 게 중론이다. 전국 각지에서 장례식 치름까지 당한 국민의힘에서는 친윤석열계의 가결 표 색출 움직임도 모자라 탄핵 찬성을 호소한 한동훈 전 당대표가 쫓겨난 상황이다.

아직도 정신을 못차린 걸 보여주기라도 하듯 신임 권성동 원내대표는 한덕수 대통령 권한대행이 공석인 헌재 재판관을 추가 임명할 수 없다는 주장까지 제기했다. 권 국민의힘 대표 권한대행 겸 원내대표는 12월 17일 열린 당 원내대책회의에서 "대통령 권한대행은 대통령 '궐위' 시에는 헌법재판관을 임명할 수 있지만, 대통령 '직무정지' 시에는 임명할 수 없다고 봐야 한다"고 말했다.

국회가 헌법재판관 후보 3명을 추천해도 한덕수 권한대행은 대통령이 파면돼 '궐위' 상태가 될 때까지는 재판관을 임명해선 안 된다는 주장을 뜬금없이 하고 나선 것이다. 국민의힘은 야당 몫 후보자를 추천하고 정점식 위원장 등 인사청문특별위원회 참여 명단도 확정했으나, 같은 논리로 인사청문회에도 참여하지 않는다고 밝혔다.

9명의 헌법재판관으로 운영되는 헌법재판소는 대통령 탄핵의 경우 재판관 정원의 3분의 2인 6명이 찬성해야 탄핵이 확정된다. 하지만 지금의 헌재는 임기 만료에 따른 결원 등으로 국회 몫 3명을 제외한 '6인 체제'로 운영되고 있다. 1명이라도 동의하지 않으면 탄핵은 기각되는 구조다. 이걸 노린 억지 주장을 하고 있는 것이라 할 수 있다.

더불어민주당은 권 원내대표의 주장을 "말장난"이라고 일축했다. 박찬대 원내대표는 이날 당 원내대책회의에서 "헌법 111조에 따르면 헌법재판관 3인은 국회 선출, 3인은 대법원장 추천, 3인은 대통령 추천"이라며 "공석인 3명은 국회 몫으로 대통령은 임명 절차만 맡는 것인데 직무정지 시 임명을 못한다는 것은 말장난에 불과하다"고 했다.

헌재도 대통령 권한대행의 재판관 임명에는 아무런 문제가 없다고 밝혔다. 이진 헌재 공보관은 브리핑에서 국민의힘 주장에 대한 헌재의 입장을 묻자 "대통령 권한대행의 재판관 임명에 관련해서는 예전에 황교안 권한대행이 임명한 사례가 있다"고 말했다.

권 원내대표의 그런 주장은 '이재명이 대통령이 되면 대한민국이 위태로워진다'는 논리로 헌재의 탄핵심판 지연 전술을 정당화하려는 꼼수로 보이기도 한다. "내란을 일으킨 대통령의 소속 정당으로서 일말의 반성이나 사과도 없이 오직 정치적 기득권을 지키기 위해 특정인에 대한 혐오와 공포를 동원하는 데 매달린다는 비판이 국민의힘 안에서도 나"오는 이유다.

국민의힘 비전전략실장을 지낸 김근식 서울 송파병 당협위원장은 이날 한겨레와의 통화에서 "이재명이라는 '외부의 적'을 이용해 윤 대통령을 보호하자는 건 이재명이란 인물과 친윤이 적대적 공생관계라는 걸 보여준다"며 "경쟁 정당의 유력 주자에 대한 (진영 내) 분노와 증오심을 재생산해 자기 이익을 도모하려는 것"이라고 비판했다.

그는 이어 "이재명 대표와 헌재 탄핵심판을 연결하는 것은 당내 강성 지지층의 환심을 사고, 이재명의 이름으로 자기 죄를 덮겠다는 것"이라고 잘라 말했다. 이들의 비판은 당내 친윤 그룹이 자신들의 헌재 탄핵심판 지연 전술을 정당화하기 위해 '이재명의 선거법 위반 사건 결론이 나올 때까지 헌재 결정을 늦춰야 한다'는 주장을 공공연히 펴는 것에 맞춰져 있다는 분석이 지배적이다.

12월 16일 의원총회에서 나온 "대통령의 탄핵이 이 대표의 죄를 덮어주는 '이재명 대선 출마 허가증'이 될 수는 없다"는 권성동 대표 권한대행 겸 원내대표의 발언이 대표적이다. 앞서 윤상현 의원이 탄핵안 표결을 앞두고 "이대로 당장 대통령을 탄핵해 이재명 대표와 민주당에 정권을 헌납할 수는 없다"고 한 것도 같은 맥락이다.

실제 탄핵안 가결 뒤 국민의힘 전략은 이 대표의 공직선거법 위반 혐의 사건 최종심 결과가 나오기 전에 조기 대선이 치러지지 않도록 탄핵심판 일정을 최대한 지연시키는 데 맞춰져 있다. "대통령 권한대행에겐 헌법재판관 임명 권한이 없다"거나 "탄핵소추인인 국회가 재판 주체인 헌법재판관을 정하는 것은 법적 공정성을 훼손하는 것"이란 무리한 주장을 펼치는 것도 이 때문이다.

국민의힘의 이런 행태는, 한겨레(2024.12.19.)에 따르면 '내란 우두머리'를 배출한 집권여당이 응당 져야 할 정치적 책임을 방기한 채 '혐오'와 '악마화' 메커니즘에 기댄 기득권 지키기를 '정상 행위'로 포장함으로써 정치 혐오와 허무주의를 확산시킬 뿐이란 비판을 피하기 어렵다.

채진원 경희대 공공거버넌스연구소 교수는 "적대적 공생관계에 기대어 정치적 반사이익을 취하려는 전형적인 물귀신 작전"이라며 "이

작전이 대선 때는 성공했으나 총선에선 실패했다. 그런데도 똑같은 행태를 반복하는 건 정당으로서 정상적인 모습이 아니다"라고 했다. 흑역사를 쓰고 있는 국민의힘도 직무정지된 대통령처럼 제정신인지 의아스럽다.

〈2024. 12. 20.〉

12월 14일 국민의힘 의원총회

'국민의힘만이 할 수 있다1~2'를 통해 밝힌 바 있지만, 탄핵을 거치면서 그럴 수 없는 당임이 새삼 드러났다. 탄핵 민심에 역행한 국민의힘이 구태의 수렁에서 헤어 나오지 못하고 있어서다. 국민의힘은 불법계엄 사태에 대한 대국민사과도, 탄핵 정국을 수습할 마땅한 쇄신책도 내놓지 못한 채 '딴짓'만 하고 있는 중이다.

한국일보(2024.12.21.)를 보니 탄핵 반대를 주도한 친윤석열계와 중진 의원 등 목소리 큰 다수파는 탄핵 찬성파들을 노골적으로 괴롭히며 윽박지르기 바빴다. 상식도, 이견도 용납하지 않는 폭력적 분위기 속에 당내 소장파들의 쇄신 목소리는 씨가 마르는 중이다. 그들만의 기득권에 갇혀 내부총질만 거듭하는 사이, 민심을 회복할 골든타임마저 멀어지고 있다는 비판이 나온다.

12월 14일 윤 대통령 탄핵소추안 가결이 있던 날 국민의힘 의총 상황을 자세히 들여다 보자. 윤 대통령 탄핵소추안 가결에 격앙된 탄핵 반대파들은 탄핵 찬성파들을 공개 색출하자고 겁박했다. 한 다선 의원은 "한 사람씩 자리에서 일어나 찬성표를 찍었는지, 반대표를 찍었는지 고백하자"고 분위기를 몰아갔다. 중세시대 마녀사냥을 연상케 하는 장면이 21세기 민주주의 정당에서 벌어진 것이다.

탄핵 찬성을 주도한 한동훈 당시 대표를 향해선 집단 린치에 가까운 폭력적 언행이 날아들었다. 한 친윤계 의원이 "당장 이 자리에서 그만두라"고 분위기를 띄우자, 또 다른 친윤계 의원은 한 대표 사퇴 촉구 결의 찬반투표 실시를 제안하며 사퇴를 종용했다.

원색적인 공격도 난무했다. 한 대표를 겨냥해 물병을 내동댕이치거나(영남권 재선 의원), "돌아이"라는 인신공격성 발언까지 튀어나오며 험악한 분위기가 연출됐다. 또라이(돌아이)는 윤 대통령임을 다 아는데, 무슨 사돈 남 말하는 것인지 기가 찰 일이다. '물병' 의원은 나중에 의원들한테는 사과했지만, 정작 한 대표에게는 사과하지 않았다고 한다.

탄핵 찬성파 가운데 비례대표 의원들도 주요 표적이 됐다. 한 여성 재선 의원은 찬성표를 찍은 비례대표 의원에게 손가락질을 하면서 "제명이 아닌 탈당을 시키자"고 소리쳤다. 비례 의원은 탈당 시 의원직이 박탈되는 약한 고리를 파고든 것이다. 이처럼 특정 타깃을 정한 노골적 폭력 행사는 실제 영향력을 발휘했다. 당장 친한계 장동혁·진종오 최고위원이 이런 집단 린치를 버티지 못하고 사퇴 카드를 던지면서 한동훈 지도부는 붕괴됐다.

더 큰 문제는 12월 14일 의총 상황이 담긴 녹취가 보도된 이후 국민의힘의 적나라한 민낯이 드러났는데도 의원들은 개의치 않는 분위기라는 점이다. 권성동 원내대표는 "(녹취) 유출은 명백한 해당행위 아니냐"며 녹취 유출 경위만 문제 삼고 나섰다.

지도부가 사실상 폭력행위를 방치하는 탓에 탄핵 찬성파에 대한 괴롭힘 역시 도를 넘어서고 있는 게 드러난다. 무엇보다 탄핵 찬성파들의 입에 재갈을 물리려는 움직임이 노골적이다. 한 친윤계 여성 의원은 의원 단체 텔레그램방에 "친한동훈계가 방송 패널을 독점하고 있다"는 점을 문제 삼았다고 한다. 친한계 출연자를 솎아내고 친윤계로 채우자는 뜻이다.

"배신자가 속출했다"(김승수 대구 북구을 의원), "배신자 한동훈은 당대표로서 자격이 없다"(권영진 대구 달서병 의원)와 같은 '배신자론'을 띄우는 것도 탄핵 찬성자들이 목소리를 내지 못하게 하는 '간접 협박'이란 지적이다. 대구 달서갑 유영하 의원은 찬성파 의원들이 '쥐새끼'라며 "그대들의 정치생명은 끝났다"는 인신공격까지 서슴지 않았다.

한 비윤석열계 인사는 본보에 "국민 다수에 대한 배신은 괜찮고, 불법 계엄을 한 대통령에 대한 배신은 안 된다는 주장은 민주정이 아닌 왕정에 어울리는 태도"라고 꼬집었다. 심야에 비상계엄을 선포한 윤 대통령이 국민의힘을 배신한 건데, 이 말처럼 그야말로 가관이 아닐 수 없는 친윤계 의원들의 망언·망동이라 할만하다.

억압적 분위기 속에서 쇄신 목소리는 급속도로 힘을 잃고 있다. 탄핵 찬성표를 던졌던 초선 김상욱 의원은 12월 12일 CBS라디오에서 "솔직히 말하면 살해 협박도 많고 왕따도 심하다"고 털어놨다. 또 다른 초선 의원은 본보에 "(친윤계의 왕따는) 정말 치졸한 행태이지만 반발하면 '너도 당에서 떠나라'고 할까 봐 두렵다"며 무력감을 호소했다.

영남권 초선 의원도 "친윤계와 중진 20~30명이 당을 좌지우지하는 상황에서 의총장에 나가서 얘기해 봐야 벽에 대고 얘기하는 기분"이라며 "'될 대로 되라'는 심정으로 잠자코 있다"고 토로했다. 어쩌다 이 지경에까지 이르게 됐는지 짠한 생각마저 스쳐갈 정도다.

2022년 친윤계에 의해 국민의힘 당대표 자리에서 축출당한 이준석 개혁신당 의원조차 "저를 쫓아낸다고 할 때 임기 초의 대통령이다 보고받는 서슬 퍼런 상황 속에서도 의총에서 좋은 말씀을 해주신 중진 의원들께 다시 한번 감사하다"고 페이스북에 썼다. 자신이 당했던 것보다 지금 여당 분위기가 더 심하다는 뜻이다.

〈2024. 12. 21.〉

국민의힘 의원총회 이후

　12월 14일 열렸던 의원총회 이후에도 국민의힘 의원들은 정신을 못차린 모습이다. 공개적으로 탄핵 찬성 뜻을 밝혔던 안철수·조경태 의원 등 7명외에도 5명이 더 찬성표를 던진 것으로 보이자 이들을 '색출'해 탈당시켜야 한다는 말까지 나온 상황이라 그렇다. 가령 이상휘 국민의힘 의원은 12월 15일 페이스북에 글을 올려 "신념과 소신으로 위장한 채 동지와 당을 외면하고 범죄자에게 희열을 안긴 이기주의자와는 함께할 수 없다"고 썼다.

　김승수 의원도 페이스북을 통해 "국민의힘 의원들은 '단일 대오'가 아닌 배신자가 속출하는 자중지란의 무기력한 모습을 보여드렸다"며 "당원과 지지자께 얼굴을 들 수 없는 참담한 심정"이라고 했다. 전날 윤 대통령 탄핵안 표결에서 소신대로 '찬성' 투표를 한 의원들을 '이기주의자'·'배신자'로 몰아가며 비난한 것이다.

　탄핵으로 파면된 박근혜 전 대통령의 측근 유영하 의원은 "쥐××마냥 아무 말 없이 당론을 따를 것처럼 해놓고 그렇게 뒤통수 치면 영원히 감춰질 줄 알았나? 두고 봐라. 머지않아 더럽고 치졸한 당신들 이름은 밝혀질 것이고, 밝혀져야만 한다"는 비난 글을 페이스북에 올렸다.

　당대표까지 지낸 홍준표 대구시장은 이들을 "레밍"(집단자살 습성이 있는 나그네쥐), "민주당 세작"이라고 몰아세우며 "그 12표는 정치권에서는 대강 추측할 수 있다. 비례대표야 투명 인간으로 만들면

되지만 지역구 의원들은 제명하라"고 촉구했다. 강민국 의원은 이날 의원 단체 텔레그램 대화방에 "민주당 부역자들은 (당에서) 덜어내자"는 글을 올렸다가 지우기도 했다.

대통령 윤석열 탄핵소추안 표결 직후 열린 비공개 의원총회에선 '12인의 소신파'들을 향해 "의총장에서 나가라"는 비난이 쏟아졌단다. 심지어 "한 명씩 일어나 찬반·기권 등을 밝히자"는 주장까지 나왔다고 한다. "대통령이 오죽하면 저랬을까" 부류의 탄핵 반대 목소리가 여전히 압도적 다수를 이루기도 했다.

박상웅 의원은 "탄핵안이 통과되면 한동훈 미래도 흔들리고, 지지자들이 절망하고 좌절한다. 눈물이 한반도를 적실 것"이라고 말했다. 일부 영남권 의원들은 '탄핵안 부결-대통령 임기 단축 개헌' 카드를 제시하며 "(그렇게 하는 게) 윤 대통령 내란 혐의 등 재판에도 도움이 될 수 있다"고 주장했다고 한다.

당 안팎에선 국민의힘이 정치적 셈법에만 빠져, 민심에 역행하고 있다는 비판이 나온다. 채진원 경희대 공공거버넌스연구소 교수는 "대통령이 탄핵당했는데 반성하지 않고 두둔하는 것, 국민 눈높이에 따라 탄핵에 찬성한 의원들을 반역자로 모는 것은 결과적으로 '내란 정당'임을 자임하는 위험한 행동"이라며 "민심과 상관없이 보수 지지층만 결집하면 된다는 태도는 정치 발전이나 향후 집권을 포기하는 행동이라고밖에 볼 수 없다"고 말했다.

12월 7일 1차 표결때와 달리 탄핵에 찬성한 조경태 의원은 이날 한겨레와 한 통화에서 "계엄에 찬성한 자들이야말로 내란의 부역자들이다. 계엄에 찬성하는 사람이 당을 떠나야 한다"고 비판했다. 말인즉 옳은 이야기인데, 당내에 씨알도 먹히지 않는다는 게 문제다.

한편 국민의힘은 12월 6일 '윤석열 탄핵촉구 문자행동'이라는 누리집을 개설해 여당 의원들 휴대전화 번호를 공개하고 시민들이 탄핵 촉구 문자메시지를 보내도록 독려한 민주노총을 개인정보보호법·스토킹처벌법 위반 등 혐의로 고발했다. 국민의힘은 윤 대통령 탄핵소추안이 가결된 이후인 12월 16일에도 고발인 조사에 참여해 경찰에 관련 진술을 이어갔다.

'윤석열 탄핵촉구 문자행동' 누리집은 각 여당 의원 이름을 누르면 탄핵 촉구 문자메시지를 보낼 수 있도록 마련된 것이다. 12월 5일 첫날 접속자만 42만 명에 이를 정도로 시민들의 관심이 컸다. 국민의힘의 고발에 전호일 민주노총 대변인은 "탄핵 촉구를 바라는 국민이 많아서 문자가 많이 간 것"이라며 "여당의 고발은 국회의원을 향한 시민들의 표현의 자유를 억압하고, 입을 틀어막으려는 조처로 밖에 보이지 않는다"고 반발했다.

법조계도 국회의원에 대한 유권자 의사 표현이 '스토킹'이 될 수는 없다고 지적했다. 류하경 변호사(법률사무소 물결)는 "현역 의원 연락처는 이미 유권자들에게 폭넓게 공개된 정보다. 공개된 자료를 취합해 정리한 것에 불과해 개인정보보호법 위반 혐의 적용은 어렵다"며 "스토킹 행위는 반복적으로 공포·불안을 조성하는 행동을 말하는데, 공인이 공적 목적의 유권자 항의를 받을 때 느끼는 불쾌함은 수인해야 할 범위 내에 있다"고 했다.

류 변호사는 "민주노총이 무고로 맞고소해도 될 사안"이라고 덧붙였는데, 이렇듯 윤 대통령 방탄 목소리가 큰 국민의힘은 민심을 아랑곳하지 않는다는 게 문제다. 12월 19일 발표된 엠브레인퍼블릭·케이스탯리서치·코리아리서치·한국리서치 4개 기관이 실시한 전국

지표조사를 보면 탄핵소추안 가결에 대해 '잘된 결정'이라는 답변이 78%로 나타났다. '잘못된 결정'(18%)이라는 응답을 압도했다.

　그럼에도 내란을 일으켜 국민과 소속 정당을 배신한, 천벌받을 짓을 벌인 대통령을 감싸고 도는 국민의힘을 두고 박근혜 탄핵 이후 기사회생한 경험이 오판을 부르고 있다는 지적이 나온다. 8년 전 박근혜 전 대통령 탄핵 이후 보수 궤멸 위기까지 나왔지만 5년 만에 정권을 탈환한 경험이 있다 보니, 일단은 버티면 살 수 있다는 근시안적 시각에 매몰되고 있다는 것이다.

〈2024. 12. 21.〉

국민의힘 어쩌자고 이러나

　전국 각지 시민들로부터 장례식까지 치러짐을 당하고도 정신 못차린 국민의힘에 대한 비판이 거세다. 시민들 집회에서 나오는 함성들은 말할 것도 없고 중립을 표방한 언론조차도 마찬가지다. 가령 한국일보 12월 20일자 '이준희칼럼'과 21일자 '메아리'를 보니 맘에 쏙 들어오는 내용이 있다. 아래에 그대로 옮겨 적어본다.
　"윤만큼이나 기막힌 건 국민의힘이다. 그래도 '헌법을 준수하고…국가이익을 우선으로 직무를 양심에 따라 수행'하겠다고 선서한 국회의원들이다. 석고대죄가 마땅했고 친윤이라면 더 고개를 파묻어야 했다. 그런데 도리어 탄핵 찬성 동료를 배신자로 낙인찍어 당권을 접수하곤 일로 윤 옹호로 내달린다. 딱 그 머리에 걸맞은 그 수족이다."('이준희칼럼')
　"근대 문명이 도달한 우리 헌정 질서 합의에 보수와 진보가 따로 있을 수 없다. 오직 왕당파나 군부 쿠데타, 전체주의, 공산주의 세력이나 반역할 뿐이다. 국민의힘이 윤 대통령을 옹호한 것은 그들 자신이 이런 세력의 하나라는 얘기나 마찬가지다. 결국 전두환의 정당, 민정당의 핏줄을 속이지 못한 것일까. 탄핵에 찬성한 의원들이 배신자가 아니라 바로 국민의힘이 국민을 배신했다"('메아리')
　채진원 경희대 공공거버넌스연구소 교수는 "국민의힘 주류는 사과 없이도 버티면 '이재명 사법리스크'에 의해 상황이 달라질 것을 기대하고 있다"며 "여전히 요행만 바라는 것"이라고 꼬집었다. 상대 진영의 반사이익만 노린 채 스스로 환골탈태할 의지조차 저버렸다는 지적이다.

당내에서도 비판의 목소리가 높다. 유승민 전 의원은 12월 18일 한겨레와 한 통화에서 "대통령이 탄핵을 당할 만큼 잘못을 했으면, 그것에 대해 반성하고 사죄한 뒤 새출발을 해야 한다"며 "우리가 잘못해서 당이 망할 위기에 처했는데, 이걸 어떻게 해결할지 생각은 하지 않고, 거꾸로 이재명한테 나라를 갖다 바쳐선 안 된다는 이상한 논리를 펼치고 있다"고 말했다.

앞서 유 전 의원은 지난 12월 16일 CBS 라디오에 나와 "우리가 지금 탄핵을 하면 이재명 더불어민주당 대표에게 정권을 그냥 거저 넘긴다 하는 데 대한 두려움 같은 게 있는 것 같다"며 '이재명 포비아'(공포·혐오)를 떨쳐버릴 필요가 있다고 했다.

당 중진·원로 정치인들로부터도 비판과 우려가 연일 나오고 있다. 자유한국당 원내대표, 국민의힘 중앙위의장을 지낸 김성태 전 의원은 12월 20일 CBS 라디오 인터뷰에서 "'염치'는 청렴하고 수치를 아는 마음이고, '파렴치'는 잘못을 범하고도 도무지 부끄러움을 느끼지 못하는 그런 마음"이라며 "현재 대한민국의 대표적인 보수정당인 국민의힘이 너무 극우정당화돼가고 있다는 측면에서 너무 힘든 마음"이라고 토로했다.

김 전 의원은 "'보수'라는 것은 전쟁의 폐허 속에서도 50년 넘는 집권 경험의 역량·능력을 갖고 안정을 추구하면서 미래를 만들어가는 것인데, 현재 우리 보수진영 자체가 보수라는 말을 입에 담기가 어려울 정도로 극우정당화가 돼 버렸다"며 "극우 보수의 길, 이건 저는 아니라고 본다"고 쓴소리를 날렸다.

김 전 의원은 "이번 같은 경우는 우리의 자충수"라며 차기 당 지도체제 문제와 관련해 "지금 국민의힘 전체가 다 수술대 위에 올라가야 될 상황"이라고 꼬집었다. 그는 "그런 측면에서 지금 내부 인사보다는 외부에서, 국민의힘 사정을 잘 알면서 강단이 있고 민주주의 훼손에 대해 이야기할 수 있는 인사를 어떻게든 발굴해서 삼고초려를 해서라도 모셔야 한다"고 주장했다.

국민의힘 내 최다선 의원이자 탄핵소추안 표결에서 찬성표를 던진 조경태 의원도 같은날 KBS 라디오 인터뷰에서 "당에서 많은 의원들께서 '비상계엄이 잘못됐다'고 이야기하지만, 그러면서 '탄핵은 해서는 안 된다'는 그런 이중적인 주장을 하는 의원들이 있다"고 꼬집었다.

조 의원은 "그렇게 해서는 안 된다. 우리 당이 바로 가려면 비상계엄을 옹호하는 이미지의 정당이 돼서는 안 되고 대통령과 분리해야 된다는 의견들도 있다"며 이같이 말했다. 조 의원은 "사실 민주공화정에서는 주권자인 국민의 뜻을 따르지 않는 정치인은 정치를 할 자격이 없다"고 날을 세웠다.

이어 "지금 대다수 국민들이 대통령을 탄핵하고 대통령 직무를 정지시켜야 한다고 하는데, 우리 당이 거기에 반하는 정치, 거기에 반하는 이미지를 가지고 있어서는 정당의 존재·존립의 이유가 없다"고 직격했다. 그는 "비상대책위원회가 해야 할 최우선 과제는 '계엄옹호당'의 이미지를 탈피하고 지금의 대통령과의 분리 작업을 할 수 있는 것"이라고 주장했다.

'국민의힘만이 할 수 있다1~2'에서 이미 말했듯 "윤 대통령은 3년쯤 지나면 물러나지만, 국민의힘은 아니다. 윤 대통령의 변화를 이끌어내는 일은 국민의힘만이 할 수 있다. 국민의힘이 윤 대통령 퇴임과 함께 문을 닫을 게 아니라면 지금이야말로 환골탈태할 때다"고 지적한 바 있다.

　이제 탄핵과 함께 윤 대통령이 물러날 시기가 헌재 판결이 내려질 2~3개월 앞으로 다가왔다. 국민의힘은 윤 대통령 파면과 함께 자폭해 아예 역사 속으로 사라져버리려 하는 것인가? 그게 아니라면 많은 외침과 지적에 귀 기울여 '내란옹호' 정당이란 이미지부터 불식시켜야 한다. 그게 국민의힘이 앞으로 선거에서 살아남을 수 있는 길이다.

〈전북연합신문, 2024.12.26.〉

제3부

잇따르는 교수들의 시국선언1
잇따르는 교수들의 시국선언2
잇따르는 교수들의 시국선언3
잇따르는 교수들의 시국선언4
잇따르는 교수들의 시국선언5
잇따르는 교수들의 시국선언6
잇따르는 교수들의 시국선언7
잇따르는 교수들의 시국선언8
잇따르는 교수들의 시국선언9
잇따르는 교수들의 시국선언10
잇따르는 교수들의 시국선언11
잇따르는 교수들의 시국선언12
잇따르는 교수들의 시국선언13
대학생들의 시국선언1
대학생들의 시국선언2

잇따르는 교수들의 시국선언1

　대학 교수들의 시국선언이 잇따르고 있다. 10월 28일 가천대학교 교수노조는 시국성명서를 통해 "윤석열 정권은 말기 호스피스 단계에 들어갔다. 호스피스 기간이 얼마나 될지 암담한 실정으로 국민과 나라를 위해 처절한 관리가 필요하다"며 "칠년 전처럼 권력의 불법 행위와 지시에 대한 시민 불복종 운동이 시작될 것"이라고 밝혔다.

　이어 "그들은 헌법을 유린하는 친일 반민족 언동을 일삼았다. 우리의 환경과 강토가 핵에 오염되는 것도 방치하거나 조장했다"며 "부자를 위한 감세로 국고를 거덜내고 민생을 도탄에 빠뜨렸다. 온 국민의 지혜와 과학적 지혜를 모아야 할 때, 하늘의 구름이나 별을 세는 식으로 영적인 대화를 나누며 여론을 조작한다고 알려진 사람들과 국정을 논해 위아래 할 것 없이 국정을 마비시켰다"고 덧붙였다.

　10월 30일엔 교수·연구자들이 소속된 '민주평등사회를 위한 전국교수연구자협의회'(민교협)가 성명서를 내고 "민주주의 파괴자 윤석열과 그 집권 세력은 즉각 물러나라"고 요구했다. 민교협은 "윤 대통령 부인 김건희는 주가조작, 사문서 위조와 업무 방해 등 명백한 범죄행위에도 검찰의 불기소 처분과 늑장 수사 덕에 처벌을 피하고 있다"고 직격했다.

　이어 "김건희의 국정 간섭과 농단에 더하여 윤석열과 그 집권세력의 국가운영은 이치에 맞지 않고 몰상식의 극치를 보이고 있다"고 주장했다. "한마디로 윤석열과 그 집권 세력의 정권 연장은 대한민국 민주주의의 파괴, 과거 독재 망령의 소환이라고 할 수 있다"고도 했다.

이어 민교협은 윤석열 정부의 대북 강경 대응 기조를 언급하며 "반민주주의적 집권 세력들이 자신들의 이권을 비호하고 지배권을 유지하려 시도할 때는 심각한 내부 갈등을 유도하고 외부 분쟁을 촉발시키는데 윤석열 정권의 행태도 크게 다르지 않다"고 지적했다.

민교협은 "대북 강경책은 남북의 군사적 긴장을 고조시키고 있으며 이는 국지전으로 비화할 가능성이 매우 높다"며 "문제는 이로 인하여 한국 경제도 몰락할 수 있다는 것"이라고 우려했다.

그러면서 "결론적으로 민주주의를 유지하고 실행하는 결연한 세력이 집권해야만 국제 질서가 어떻게 변화하든 한국의 안보와 경제에 피해가 적다"며 "윤석열과 그 집권세력을 가능한 빨리 물러나게 하는 것은 이제 대한민국의 생존을 위한 필요조건이 되어버렸다. 윤석열과 그 집권 세력의 퇴출을 촉구한다"고 밝혔다.

10월 31일 한국외국어대학교 교수 73명도 '김건희 특검' 수용을 촉구하는 시국선언문을 내고 "대한민국의 헌정 질서가 심각하게 훼손되고 있는 작금의 상황을 크게 우려한다"며 "윤석열 정부의 민주주의 훼손을 더는 용납할 수 없다"고 목소리를 높였다.

한국외대 교수 73명은 김건희 여사의 명품 가방 수수와 주가조작 의혹이 모두 무혐의 처분된 일을 거론하며 "대통령과 그 가족은 '모든 국민은 법 앞에 평등하다(헌법 제11조)'는 헌법 가치를 누구보다 앞장서서 솔선수범해야"하는 데도, "국민의 상식적인 법 감정으로는 도저히 받아들이기 힘들 정도로 대통령과 그 가족이 사법체계의 근간을 뒤흔들고 있다"고 강조했다.

교수들은 검찰에 대해서도 "대통령 배우자의 명품 가방 수수 사건을 관련 제재 규정이 없다는 이유로 종결 처리했다. '김건희 도이치모터스 주가조작' 사건에 대해서도 무혐의 처리 결정을 내렸다"며 "이러한 검찰의 결정은 국민 정서와 눈높이에 부합한다고 보기 어렵다. 검찰이 사법정의를 스스로 저버린 것"이라고 비판했다.

교수들은 "윤석열 정부는 김건희 여사와 관련된 명품가방 수수 및 주가조작 의혹에 대한 철저하고 투명한 조사를 위해 '김건희 특검'을 즉각 수용하라"고 촉구했다. 또 "선택적 수사, 시간 끌기와 조사 지연, 투명성 결여, 정치적 중립성 훼손 등 검찰에 대한 국민의 문제 제기를 해결하고, 국민적 요구를 실현하기 위해 검찰개혁을 단행하라"고 요구했다.

교수들은 "(김 여사가) 대통령의 부인으로 내조에만 전념하겠다던 약속을 지키지 않고 국정 전반에 개입했다는 의혹이 눈덩이처럼 불어나고 있다"며 "국민으로부터 권력을 위임받지 않은 사인이 함부로 국정에 개입하는 것을 국정농단이라고 한다. 우리 국민은 지난 역사를 통해 국정농단이 얼마나 끔찍한 결과를 초래하는지 똑똑히 목도했다"고 했다.

이어 "국정운영에 비선조직이나 사인이 개입하고, 국가 예산을 사적 이익을 위해 사용하고, 매국적 역사관을 거리낌 없이 드러낸다면, 현 정부는 시민 불복종이라는 강력한 저항에 직면할 것"이라고 경고했다.

11월 5일 한양대학교 교수 51명도 시국선언문을 발표하고 윤 대통령의 즉각 퇴진을 촉구했다. 한양대 교수들은 "민주주의와 경제를 파탄 내고 민생을 도탄에 빠트리고 수많은 국민을 죽음으로 내모는 것으로도 모자라 전쟁 위기를 조장하고 있는 윤석열 대통령의 퇴진을 강력히 촉구한다"고 말했다.

이어 "윤석열 정권은 국가기관과 행정력을 총동원하여 사상과 표현의 자유를 억압하고 시민을 감시하고 있다"라며 "윤 대통령은 국회에서 의결한 법률안을 모조리 거부하고 있고 검찰 권력과 시행령 통치를 통해 독재를 행하고 있으며, 그의 부인 김건희는 논문표절·주가조작·사문서위조와 같은 파렴치한 윤리 위반이나 범법행위를 한 데서 더 나아가 한 나라의 대통령을 머슴 부리듯 하며 심각한 국정농단을 자행하고 있다"라고 했다.

같은날 숙명여자대학교 교수 57명도 '무너지는 민주주의를 통탄하며'라는 제목의 시국선언문을 발표했다. 이들은 현 정부에 대해 "이태원 참사로 국민이 생명을 잃었는데도 책임지지 않는 정부, 젊은 군인의 죽음에도 진상규명을 외면하는 정부, 자신과 배우자에 대한 넘치는 범죄 혐의에도 수사를 거부하고 법치를 유린하는 대통령"이라고 규정했다.

이어 "지금 우리는 급변하는 세계 정세와 기술 변혁 앞에서 생존을 모색해야 하는 기로에 서 있다"며 "민주주의가 더욱 절실히 요구되는 때"라고 밝혔다. 그러면서 "이 중차대한 시점에 우리 사회는 무능한 대통령의 거듭된 실정으로 민생은 힘들어지고, 한반도 긴장은 어느 때보다 고조되고 있다"고 지적했다.

〈2024. 11. 6.〉

잇따르는 교수들의 시국선언2

대학 교수들의 시국선언이 잇따르고 있다. 가천대·한양대·한국외대·숙명여대 등에 이어 11월 6일 국립인 인천대학교 교수들도 나섰다. 이는 국립대학 교수들의 첫 시국선언 동참이다. 인천대 교수 44명은 '역사와 국민의 준엄한 명령이다. 즉각 하야하라!'는 제목의 시국선언문에서 "국민의 분노가 하늘을 찌른다"면서 "버티다가 국민의 어퍼컷 맞으며 끌려 내려오기 전에 결단하라"고 촉구했다.

인천대 교수들은 "윤석열 정권은 출범 전부터 부부가 합동으로 온 국민과 나라를 힘들게 한 특이한 정권"이라면서 "단순한 국정농단을 넘어 주가조작, 명품백 수수, 각종 관급공사와 관련된 불법과 부정 의혹, 온갖 의전 실수와 망신살이 멈출 줄 모르고 그 내용과 수준 또한 치졸하고 저급하기 이를데 없다"고 비판했다.

이어 "정권 출범 전부터 주술과 선거사기꾼이 등장해 라스푸틴을 연상케 하더니, 본격적으로 대통령 부부를 비롯한 권력자들의 추악한 민낯을 보여주고 있다"면서 "오직 자신의 재선과 권력 유지에만 혈안이 돼 지록위마(指鹿爲馬)로 국민을 속이는 주변의 십상시와 정치권 간신배, 한 줌도 안되는 정치검찰 패거리가 국격은 말할 것도 없고 민주주의와 법치주의의 근간을 흔들고 있다"고 꼬집었다.

인천대 교수들은 윤 대통령에게 "탄핵은 긴 시간이 필요하고, 정치·사회적 비용도 너무 크다"면서 "더 빠르고 깔끔한 방법이 있다. 국가와 민족에 대한 최고 공직자로서 마지막 봉사라 생각하고, 본인이 결단하여 즉각 하야하는 것"이라고 제안했다. 아울러 "이것(하야)만이 그동안의 과오와 실정의 책임을 그나마 경감할 수 있는 유일한 길"이라면서 "역사와 국민이 내리는 준엄한 명령이다. 즉각 하야하라"고 촉구했다.

국립 충남대학교 교수 80명도 11월 6일 시국선언문을 통해 "윤 대통령의 행적은 공정하지도, 상식에 맞지도, 정의롭지도, 민주주의 정신에 부합하지도 않았다"며 "불법·탈법을 극한에까지 자행한 대통령 부인과 비선 세력은 치외법권적 지위를 누려왔다는 사실이 점차 밝혀지고 있으며 국민의 분노는 극에 달하고 있다"고 강조했다.

충남대 교수들은 "국민으로부터 심리적 탄핵을 받는 상태에 이르자 윤 대통령은 검찰 정권의 안위를 보장받기 위해서 북한과 전쟁이라도 불사하겠다는 위험한 행태를 보이고 있다"며 "오랜 기간 힘들게 다져온 러시아와의 관계를 악화시키고 북한과 러시아의 군사동맹을 더 강화할 것이 불 보듯 뻔한 우크라이나 전쟁 개입으로 대한민국을 끌고 들어가고 있다"고 지적했다.

의사 증원 정책에 대해서도 비판의 목소리를 높였다. 충남대 교수들은 "설령 제시한 정책 방향이 맞더라도 그 추진 과정은 민주적 의견수렴 과정을 거쳐야 하고, 시간을 두고 신중하게 진행해야 한다. 하물며 국민 건강과 관련된 정책은 더욱 그렇다"며 "그런데 윤석열 정부는 도무지 납득할 수 없는 이유를 대면서 무리하게 정책을 밀어붙이고 있다. 그 결과 시민들은 아파도 병원에 갈 수 없는 상황에 내몰리고 있다"고 했다.

충남대 교수들은 국가연구개발(R&D) 예산 삭감과 관련해선 "경제 정책의 세밀한 검토도 없이 재벌 감세, 초부자 감세를 추진했다.

그 결과 파탄 난 재정을 메꾸기 위해 연구자 집단을 카르텔로 몰아세우고 국가 연구개발 예산을 삭감했다"면서 "대한민국의 연구생태계를 파괴하고, 과학·기술·인문학·경제의 미래를 파괴하는 만행"이라고 비판했다.

충남대 교수들은 "이런 무도 무능하고, 반(反)민주적·반인권적·반서민적이고 위험한 정권을 그대로 둘 수는 없다고 우리는 판단했다"며 "대한민국의 미래와 한반도 평화를 지키기 위해 우리는 윤 대통령은 즉각 대통령직에서 물러날 것을 강력히 요구한다. 대통령 자리에서 물러나는 것이 대한민국의 미래와 한반도 평화 유지를 위해 윤 대통령이 할 수 있는 국가에 대한 마지막 봉사일 것"이라고 덧붙였다.

11월 7일엔 국립 전남대학교 교수 107명이 시국선언문을 통해 '국정 파탄의 책임자, 대통령 윤석열을 탄핵한다'고 밝혔다. 교수들은 "민주주의 사회에서 권력의 정당성은 주권자인 국민으로부터 나오며, 그 권력을 위임받은 자는 국가의 안위와 국민을 보호하고 공공의 이익을 최우선시해야 한다. 그러나 윤석열 검찰 독재에 의해 대한민국의 헌정 질서와 민주주의가 심각하게 무너지고 있다. 대통령과 집권 세력은 권력을 사유화하고 국정을 농단하면서 국민을 위기로 내몰고 있다"고 밝혔다.

이어 "자영업자와 서민들은 경제적 어려움으로 극심한 고통 속에 하루하루 겨우 버티며 살아가는데 정부는 반민주적 폭거를 자행하고 있다. 굴종적 한미동맹 강화와 우크라이나 무기 지원 가능성 발언은 국가 주권을 내팽개치고 한반도를 전쟁의 도가니로 내몰고 있으며, 대일 굴종 외교는 국익과 자주성을 무너뜨렸다"고 지적했다.

전남대 교수들은 "대통령은 헌법상 국가의 원수이다. 국가의 원수라 함은 국민 통합의 상징이며, 국민으로부터 존경의 대상이 되어야 한다. 그러기 위해선 자신과 자신의 가족, 측근들의 비리 의혹부터 엄정하게 처리해야 한다"고 했다. 이어 "진정한 주인인 나라를 위해 주권자 국민이 나서야 한다. 더 이상 이러한 참담한 현실을 묵과할 수 없으며, 역사 앞에 부끄럽지 않기 위해 이 자리에서 대통령 윤석열을 탄핵한다"고 규탄했다.

　이렇듯 교수들의 입에서 대통령 '하야', '퇴진' 등의 요구가 거침없이 나오는 건 한겨레 사설(2024.11.7.)에서 보듯 일반적인 일이 아니다. 박근혜 정부 말기를 연상하게 하는 연쇄 성명 사태이기도 하다. 그만큼 현 상황의 엄중함을 보여주는 것이다. 최고 지성들이 쏟아내는 비판을 심각하게 받아들이지 않는다면, 그 끝이 어디인지 알 수 없는 상황이다.

〈2024. 11. 7.〉

잇따르는 교수들의 시국선언3

대학 교수들의 시국선언이 잇따르고 있다. 가천대·한양대·한국외대·숙명여대와 국립인 인천대·충남대·전남대 등에 이어 11월 11일 하루만도 여러 대학 교수들이 시국선언을 했다. 내가 소식을 접한 교수들 시국선언은 다음과 같다.

먼저 가톨릭대학교 교수 106명은 가톨릭대학교 국제관 1층에서 시국선언문을 발표했다. 가톨릭대 교수들은 "윤 대통령은 지난 7일 기자회견에서 대통령으로서 갖추어야 할 자질과 능력, 자세와 태도 모두 결여했음을 드러냈다"고 지적했다.

이어 기자회견은 "애초에 대통령직을 수행해서는 안 될 사람이었다는 사실을 명확하게 확인시켜 준 자리"라고 비판했다. 가톨릭대 교수들은 "지난 2년 6개월 동안 윤석열 정부는 우리 사회를 수십 년 후퇴시켰다"며 검찰 권력 남용, 외교 참사, 사회적·정치적 갈등 조장을 성토했다.

그러면서 "지금과 같은 윤석열-김건희 부부 통치는 주권자의 의지로 종식되어야 한다"고 주장했다. 가톨릭대 교수들은 "대한민국의 민주주의·법치주의가 훼손되는 현 상황을 방치할 수 없다"며 "학자로서의 역할과 사명 그리고 양심에 근거하여 윤석열 대통령의 즉각적인 퇴진을 요구한다"고 강조했다.

같은날 '민주공화국 대한민국의 위기를 우려하는 국립목포대학교 교수·연구자 일동' 83명도 시국선언문을 통해 "윤석열 정권이 검찰 권력을 동원해 김건희 여사의 주가 조작과 공천 개입 등을 무마시키며 민주공화국을 독재공화국으로 바꾸고 있다"고 규탄했다.

또 "수없이 드러나는 범죄적 사안들에 대해 70%가 넘는 국민이 진실 규명을 요구해도 이를 무시하고 있다"고 비판했다. "이태원에서 157명의 청년이 무참히 목숨을 잃었음에도, 포항에서 재해 지원을 하던 군인이 사망했음에도 대통령을 비롯해 어느 누구도 정치적·법적 책임도 지지 않는다"고 성토했다.

이어 "국민이 위임하지 않은 사인이 이권을 챙기고, 국정을 농단하고, 부패를 저질러도 정권은 상황을 묵인하고 있다. 오히려 윤석열 정권은 국민이 부여한 권력으로 언론을 장악하고, 채 해병과 이태원 희생자들의 죽음을 왜곡하고 있으며, 검찰 권력을 동원해 김건희의 논문표절·주가조작·사문서위조·공천 개입 등을 무마하고 있다"며 날을 세웠다.

"대통령은 의회가 통과시킨 여러 개혁법안과 특검법안을 거부권 행사로 무력화하는 반민주주의를 자행하고 있다. '사회적 특수 계급의 제도는 인정되지 아니하며, 어떠한 형태로도 이를 창설할 수 없다'는 대한민국 헌법 제11조 2항의 보편주의가 자의적 권력 앞에서 뿌리 뽑히고 있다"고 질타하기도 했다.

또한 "수많은 범죄 의혹이 드러나고 있음에도 대통령의 배우자라는 이유로 김건희는 어떠한 사법적 조사와 수사 대상도 되지 않는 특권적 존재로 남아 있다. 대통령이 자신의 권력으로 가족의 비리를 은폐하는 행위는 민주주의에 대한 전면적 도전이자 정치적 반도덕이다"라고 꼬집어 말했다.

이들은 선언문 말미에서 윤석열 정권에 촉구했다. "첫째, 진실 규명과 책임자 처벌을 위한 국민적 요구에 귀 기울이라. 둘째, 은폐된 진실을 파악하기 위한 의회의 특검 요구를 수용하라. 셋째, 민주공화국 대한민국을 위험에 빠뜨리는 잘못된 정책들을 전면 중단하라. 넷째, 대통령은 국민과 의회의 요구를 수용할 의지가 없다면 즉각 퇴진하라"고.

이날 아주대학교 교수 42명도 시국선언문을 통해 "검찰은 전직 검찰총장 출신인 윤 대통령의 배우자에 대한 명품 수수 사건은 관련 제재 규정이 없다는 이유로 종결 처리했고, '김건희 도이치모터스 주가조작' 사건도 무혐의 처리했다"며 "이는 통상적인 검찰의 사건 처리와는 전혀 다른 형태다. 윤석열 정권에서 검찰은 대통령의 국헌문란을 적극적으로 옹호하고 있다"고 지적했다.

그러면서 "검찰의 반법치적 행태에 대응한 특검은 당연한 조처인데도, 윤 대통령은 법률안 재의 요구권을 남발해 국민 다수의 의사를 대표한 국회의 법률제정권을 훼손했다"며 "국민 전체의 봉사자인 대통령이 권한 없는 사인의 국정 개입을 방치한다면 그것은 전형적인 국정농단"이라고 덧붙였다.

이들은 ▲채 상병 사건과 김건희 주가조작 사건의 철저하고 투명한 수사를 위한 특검법 수용 ▲선택적 수사, 공소권 남용, 검찰의 정치적 중립성 훼손 등 검찰 개혁 단행 ▲한반도 군사적 긴장 불러오는 조처 즉각 중단 등을 윤 대통령에게 요구했다.

아주대 교수들은 "해당 3가지를 이행하지 못한다면 윤 대통령은 사퇴해야 한다. 그렇지 않으면 국민이 주권을 행사해 대통령직에서 직접 파면할 것"이라고 경고했다. 비단 위에서 말한 11월 11일뿐만이 아니다. 마치 들불처럼 교수들 시국선언이 번져가고 있다. 이에 대해선 다른 글에서 날짜별로 한데 모아 살펴본다.

〈2024. 11. 12.〉

잇따르는 교수들의 시국선언4

11월 13일에도 대학 교수들 시국선언이 이어졌다. 먼저 경희대학교·경희사이버대학교 교수·연구자 226명은 "대통령으로서 국민의 생명과 안전에 무관심하며, 거짓으로 진실을 가리고, 무지와 무책임으로 제멋대로 돌진하는 윤석열은 즉각 퇴진하라"고 요구했다.

"나는 폐허 속을 부끄럽게 살고 있다"는 문장으로 시작하는 시국선언문은 "나는 이태원 참사 이후 첫 강의에서 출석을 부르다가, 대답 없는 이름 앞에서 어떤 표정을 지을지 알지 못했다", "나는 안타까운 젊은 청년이 나라를 지키다가 목숨을 잃어도, 어떠한 부조리와 아집이 그를 죽음으로 몰아갔는지 알지 못한다"는 내용 등으로 이어진다.

이들은 윤석열 정부에서 벌어진 ▲이태원 참사 ▲채 상병 순직 수사 외압 ▲카이스트 '입틀막' 사건 등을 하나하나 열거한 뒤 "우리는 이제 폐허 속에 부끄럽게 머물지 않고, 인간다움을 삶에서 회복하기 위해 노력한다"며 윤 대통령의 퇴진을 요구했다.

'민주주의 회복과 국가적 위기극복을 바라는 국립공주대학교 교수' 49명도 같은날 시국선언문에서 윤 대통령에게 '김건희 여사 특검과 채 상병 특검을 수용하고 하야하라'고 촉구했다. 국립공주대학교 교수들의 시국선언문 내용을 요약해보면 다음과 같다.

이들은 "1987년 민주항쟁 이후 40년 가까이 축적된 민주주의의 시간이 멈췄다. 김건희씨가 관련된 도이치모터스 주가조작 사건, 서울양평고속도로 특혜의혹 사건, 채상병 사망 관련 의혹사건 등과 관련해 위법행위를 입증하는 증거들이 산처럼 쌓여가고 있음에도 불구하고 검찰은 적극적으로 진실을 밝히려는 의지가 없어 보인다"고 비판했다.

이어 "대통령선거의 경선 과정에서부터 온갖 탈법적 행위들이 있었음이 명태균씨의 자백으로 확인됐다. (그러나 윤 대통령은) 공천개입이 없었다는 거짓말로 국민을 다시금 화나게 하고 있다. 이제 다수의 국민은 즉각적인 특별검사제 시행을 요구하고 있다"며 "윤 대통령은 특검제를 수용하고 스스로 하야의 결단을 내려야 한다"고 강조했다.

같은날 제주대학교·제주국제대학교·제주한라대학교 등 제주 지역 대학 교수 75명도 시국선언문에서 "대한민국 민주주의가 후퇴하고 헌정 질서가 심각하게 훼손되고 있는 현 상황을 크게 우려하고 분노한다"며 "국민의 상식적인 법 감정으로는 도저히 받아들이기 힘들 정도로 대통령과 그 가족이 사법 체계 근간을 뒤흔들고 있다"고 규탄했다.

이어 "윤석열 정부는 김건희 여사와 관련된 명품 가방 수수 및 주가 조작 의혹에 대해 철저하고 투명한 조사를 위해 '김건희 특검'을 즉각 수용하고, 국정농단 우려를 확실히 차단하라"고 촉구했다. 또한 "서민경제를 살리는 경제정책과 차별 없는 노동·사회정책을 추진하고, 역사 왜곡과 언론장악 시도를 멈추고, 남북한 대결과 안보 위기를 자초하는 이념 외교를 지양하고 균형과 실용에 토대한 대북·외교정책을 추진하라"고 요구했다.

제주 지역 대학 교수 75명도 "이런 요구를 수용할 수 없다면 즉각 대통령직에서 하야하라"고 날을 세웠다.

　같은 날 남서울대학교 교수 24명도 시국선언문을 통해 윤 대통령의 하야를 촉구했다. 교수들은 "윤 대통령의 하야는 빠르면 빠를수록 본인에게는 물론 국가를 위해서도 좋다"며 "변명하고 회피한다고 국민의 성난 민심을 돌이킬 수는 없다"고 밝혔다. 이어 "민생이 파탄에 이른 이때 국민들이 고달픈 연말을 보내지 않도록 하루라도 빠르게 결정하길 바란다"고 요구했다.

　'전국 교수연구자 네트워크' 소속 전북대학교·원광대학교·전주교육대학교 교수 등 전북 지역 교수와 대학 연구자 125명도 윤석열 대통령의 퇴진을 촉구하는 시국선언에 동참했다. 이들은 11월 13일 전북도의회에서 기자회견을 열고 "법과 상식이 통하는 사회를 만들겠다던 대통령의 약속은 집권 2년 반 만에 거짓으로 드러났다"고 직격탄을 날렸다.

　이어 "무능하고 부도덕하며 무책임한 윤석열 대통령은 즉각 물러나라"고 주장했다. "정적과 반대 세력에게는 가혹한 고통을 주면서 부인 김건희와 장모에게는 비상식적으로 관대하게 대처하고 있다"면서 "부인 김건희의 국정 농단과 선거 개입 의혹은 박근혜 정부의 최순실 사태를 떠올리게 한다"고 성토했다.

　또 11월 7일 열린 윤 대통령 기자회견을 언급하며 "우리 국민은 대통령의 반성·사과와 더불어 국정을 쇄신하겠다는 의지 표명과 약속을 기대했지만, 대통령은 변명을 늘어놓고 남 탓하는 태도로 일관했다"며 "민주주의 국가에서 민의를 거스르는 정권은 있을 수 없다. 우리는 더 이상 윤석열을 대한민국의 대통령으로 인정할 수 없다"고 했다.

시국선언은 "정치나 사회적으로 큰 혼란이 있거나 뭔가 문제가 되고 있는 사회 현안에 대해 그것을 바로잡기 위해 교수들이나 재야인사들 같은 지식인·종교계 인사들이 우려를 표명하며 어려움을 해결하기를 촉구하는 것"을 말한다. 이를테면 지금은 대학 교수들의 시국선언이 봇물을 이루는 비상시국인 셈이다. 과연 윤 대통령은 온전히 임기를 마칠 수 있을까?

〈2024. 11. 14.〉

잇따르는 교수들의 시국선언5

11월 14일에도 대학 교수들의 시국선언이 이어졌다. 국민대학교 교수 61명은 "국정 파탄, 윤 대통령이 책임져야 한다"는 제목의 시국선언문을 내놨다. 이들은 11월 7일 윤 대통령의 대국민담화·기자회견을 두고 "실낱같은 희망마저 접고, 대한민국 국민으로서 참을 수 없는 모욕감을 느끼지 않을 수 없었다"며 "윤 대통령이 민주공화국의 지도자로서 갖춰야 할 최소한의 자질과 능력조차 결여돼 있는 것은 아닌지 의심할 수밖에 없다"고 비판했다.

이어 "윤 대통령은 삼권분립의 헌법 정신과 법 앞에서 만인이 평등하다는 최소한의 민주주의 원칙을 무시하고 있다"며 "국정 난맥상과 대통령 주변의 추문을 방어하기 위해 대통령의 거부권을 남용하면서 대한민국의 민주주의가 붕괴하고 있다"고 주장했다. 또 "민생은 외면한 채 대통령의 아집과 독선을 '개혁'이라 강변하고, 공영방송을 파괴하면서 민주주의의 붕괴를 초래하고 있다"고 지적했다.

국민대 교수 61명은 "전쟁 위기와 민생 위기 앞에서 불안에 시달리는 대한민국 국민을 더 이상 괴롭혀서는 안 된다"며 "국정 파탄의 책임은 누구에게도 미룰 수 없다. 윤 대통령의 자질과 능력이 부족하다면 그 스스로 물러나는 것이 타당하다"며 윤 대통령의 퇴진을 촉구했다.

고려대학교 교수 152명도 이날 윤 대통령 퇴진과 국정농단 규명을 위한 특검 시행을 촉구하는 시국선언문을 발표했다. 교수들은 서울 성북구 고려대 안암캠퍼스에서 기자회견을 열고 "국민이 부여한 권력을 사유화한 윤석열 대통령의 퇴진을 강력히 요구한다. 특검을 즉각 시행해 그간 벌어진 국정 농단과 파행을 철저히 규명할 것도 엄중히 촉구한다"고 밝혔다.

이들은 "대통령의 퇴진을 요구하는 이유는 차고도 넘친다"고 했다. 우선 윤 대통령 부부가 "권력을 사유화하고 국정을 농단했다"며 "박근혜 정권에서 벌어진 농단을 무색하게 만드는 것을 넘어 삼권분립에 기초한 민주공화국의 근간을 뒤흔들고 있다"고 지적했다.

교수들은 "이태원 참사, 채상병의 억울한 죽음에 대한 진상 규명과 책임자 처벌은 여전히 이루어지지 못하고 있고, 무책임한 의료대란까지 일으켜 전 국민의 생명 안전을 위협하고 있다"며 "군인 한 사람의 목숨도 명예롭게 지키지 못하는 권력이 한반도의 위기를 고조시켜 전체 국민을 위험에 빠트리는 일은 지금 당장이라도 막아야 한다"고 했다.

이들은 "더 이상의 국정 농단은 우리 사회를 절체절명의 위기에 빠뜨릴 수 있다"며 "권력을 사유화한 대통령에게 권한을 계속해서 행사하도록 해서는 결코 안 된다"고 강조했다.

윤석열 정부와 국민의힘 텃밭으로 불리는 부산·울산·경남(부울경) 교수들도 시국선언에 나섰다. 부울경 교수 연구자 연대(부울경 지역 27개 대학, 1개 연구소 등에서 참여) 소속 652명은 11월 14일 오전 부산시의회에서 기자회견을 열고 "대한민국의 법치와 민주주의를 무너뜨린 대통령의 사퇴를 요구한다"고 밝혔다.

이들 652명은 "피땀 흘려 쌓아 온 민주주의적 제도와 관행이 참혹한 퇴행을 거듭하고 있다"라며 사태의 엄중함을 강조했다. 명태균씨 녹취를 둘러싼 공천과 국정개입 의혹이 커지는 가운데, 부울경 지역에서 교수들이 공개적으로 시국선언을 낸 건 이번이 처음이다. 다른 지역 교수들의 시국선언과 다른 무게감이 느껴진다.

특히 지난 7일 윤 대통령의 대국민담화·기자회견이 기름을 부었다. 교수·연구자 652명은 "일말의 반성과 책임을 기대했지만, 자신의 무능과 무도함, 그리고 김건희씨의 국정농단에 대해 모든 것을 부정하고 변명과 남 탓으로 일관했다"라고 윤 대통령을 비판했다. 그러면서 "더 이상 인내하기 어려운 한계 상황에 봉착했다"라고 강조했다.

이들은 끝없는 거부권 행사로 입법기관을 무력화한 점, 검찰공화국 비난을 피해 갈 수 없는 점, 이태원 참사에서 무책임하게 대응한 점, 일본과 관계 개선을 이유로 굴욕외교를 자처하고 있는 점, 국민 반대에도 한반도 긴장을 키우고 있는 점 등 "대한민국이 중대한 위기에 빠졌다"라고 진단했다.

경제와 관련해서도 "고물가·고금리·고환율로 경제에 적신호가 켜진 지 오래"라며 "나라가 이 지경인데도 대통령은 경제는 문제없다고 나 홀로 주문처럼 외치고 있다"라고 쓴소리를 날렸다. 동시에 김건희 여사를 둘러싼 각종 논란을 놓고 "선거개입 의혹이 눈덩이처럼 커지고, 그 과정에서 대통령의 거짓말도 드러났다"라며 심판을 주장했다.

시국선언의 끝은 대한민국 헌법 1조로 채워졌다. 1조 조항을 읽은 이들은 "이제 나라를 지키기 위한 전 국민적 행동이 개시되어야 할 시점"이라며 "한 줌도 안 되는 국정농단 세력에 의해 나라가 무너지고 있다"고 추가적 행동을 호소했다.

시국선언 연명 과정을 설명한 진시원 부산대 교수는 "임계점을 넘어 분노가 폭발하고 있다. 법치까지 무력화하는 상황에서 변화에 대한 요구 수준을 넘어 (이를) 추동해야 하는 시기라고 판단한 결과"라고 말했다. 김동규 동명대 교수는 윤 대통령에게 사태를 엄중하게 받아들여야 한다고 충고했다.

그는 "보수세가 강한 지역에서 이렇게 힘을 모은 건 현 시국이 얼마나 구렁텅이에 빠져있는지 보여주는 상징적 장면"이라고 강조했다. 유진상 창원대 교수(건축학)도 "보수세가 강한 부산·울산·경남 지역에서 이처럼 많은 교수·연구자들이 시국선언에 참여하는 데 대해 윤석열 대통령과 정부가 사태를 엄정하게 받아들이길 바란다"고 말했다.

〈2024. 11. 15.〉

잇따르는 교수들의 시국선언6

　11월 15일에도 대학 교수들의 시국선언이 이어졌다. 윤석열 대통령 퇴진을 요구하는 강원도 교수·연구자 191명은 이날 강원도청 브리핑룸에서 열린 시국선언에서 "민주주의와 법치주의를 지키고 사회적 통합과 국가의 안정을 이끌 수 있는 지도자가 필요함을 절감하며 윤 대통령의 즉각 퇴진을 강력히 요구한다"고 밝혔다.

　이날 시국선언은 강원대학교와 강릉원주대학교·연세대학교 미래캠퍼스·상지대학교·한라대학교 등 도내 5개 대학 교수들이 참여했다. 대체적으로 윤대통령과 보수정당에 우호적인 강원도내에서 윤 정권 퇴진을 촉구하는 교수들의 시국선언이 발표된 건 이번이 처음이다.

　이들은 "현재 대한민국은 정치와 경제·교육·외교 안보·보건 등 모든 분야에서 심각한 위기를 겪고 있다"고 지적했다. "무리한 의사 증원 정책은 의료체계를 혼란에 빠뜨려 국민 건강권을 위협하는가 하면, 부유층과 대기업을 위한 감세 정책은 경제적 양극화를 심화시켜 서민과 중산층의 삶을 더욱 피폐하게 만들고 있다"고 비판했다.

　교수들은 "무조건적인 친일친미 외교정책은 국가 안보를 심각한 위기로 몰아넣어 국제사회에서의 대한민국의 독립적 입지를 약화시키고 있다"며 "이태원 참사와 채 상병 사망 사건 등에서 정부가 보인 무책임함은 국민의 생명이 위협받더라도 국가는 책임지지 않는다는 불안감과 분노를 일으키기에 충분하다"고 꼬집었다.

이들은 "국가 전체가 총체적 위기의 상황이고 그 중심에는 국정 수행 능력과 자질이 심각하게 부족함을 끊임없이 증명하고 있는 윤석열 대통령이 있다"며 "국가 지도자로서 보인 무능함만으로도 모자라 나라의 근간인 민주주의와 법치주의까지 부정하는 모습을 보이고 있다"고 했다.

"대통령의 부인과 비선 세력에 의한 불법적이고 탈법적인 행위들이 계속해서 밝혀지고 있음에도 불구하고 윤 대통령은 이를 묵인함으로써 국민의 공분을 사고 있다"며 "검찰을 정치적 도구로 활용하고 부인과 장모에 대한 수사에 정치적 압력을 행사하는 등 권력을 남용해 국가 권력에 대한 국민의 신뢰는 회복 불능의 상태에 이르렀다"고 지적했다.

또 "대국민 담화와 기자회견에서 윤 대통령은 그간의 잘못에 대한 진정성 있는 사과는커녕 책임 회피식의 변명으로 일관함으로써 온 국민을 우롱했다"며 "문제 해결에 대한 어떠한 의지도, 능력도 없음을 다시 한 번 확인시켜줬다"고 말했다.

"임기가 절반도 채 지나지 않은 시점에서 10%대라는 역대 최저 지지율을 기록한 것은 윤 대통령이 국민의 신뢰를 완전히 상실했음을 여실히 보여준다"며 "임기를 고수하는 것은 국가의 위기를 더욱 심화시키고 결국 돌이킬 수 없는 파국으로 이끌 것이라는 불안과 우려가 팽배하다"고 비판했다.

교수들의 시국선언은 11월 14일 부산·울산·경남에 이어 11월 18일 대구·경북지역에서도 있었다. 윤 대통령의 퇴진 요구가 윤석열 정부와 국민의힘 텃밭으로 불리는 대구·경북까지 확산하고 있는 모습이다. 11월 18일 경북 경산에 있는 대구대학교 교수와 연구자 54명이 '윤석열 정권의 국정 파탄, 우리는 분노한다'는 시국선언을 발표한 것.

이들은 시국선언문을 통해 "국민의 소리를 듣지 못하니 대한민국의 주권자이자 국민의 한 사람으로서 민주주의와 정의의 가치를 수호하기 위해 윤 대통령의 퇴진을 촉구한다"고 밝혔다. 또 "현 정부의 무능함이 대통령 임기 단축 헌법개정 논의를 불러왔다"며 "대한민국의 미래와 한반도 평화를 위해 윤 대통령은 즉각 자리에서 물러나야 한다"고 주장했다.

이들은 "부자 감세로 초래된 재정 문제와 긴축예산으로 인해 교육예산이 줄어들고 사립학교법 시행령 개정으로 비리 전력이 있는 이사 추천 제한이 완화되는 등 교육의 공공성마저 무너뜨리는 행태가 자행되고 있다"고도 지적했다. 원효식 대구대 교수는 "윤 정부는 경제정책은 무능력하고 사회정책은 무관심, 외교정책은 무지하다"며 "학자들로서 도저히 참을 수 없다는 공감대가 형성돼 시국선언을 하게 됐다"고 말했다.

이날 국립안동대학교 교수 33명도 시국선언문을 통해 "지난 70년간 수많은 민주열사의 희생과 광장에 나선 국민의 촛불혁명을 통해 이뤄낸 민주주의가 불과 2년 만에 순식간에 침몰하고 있다"며 "인내심이 한계에 이르렀다. 윤 대통령은 퇴진하라"고 밝혔다.

안동대 시국선언 참여 교수들은 "국정농단의 주역인 김 여사에 대한 조건 없는 특검을 하고 민생파탄의 책임자인 윤 대통령은 즉각 퇴진해야 한다"고 말했다. 김상우 안동대 경영학과 교수는 "보수의 성지인 지역 특성상 어려운 용기를 내 시국선언을 발표하게 됐다"며 "심정적으로 동의하는 다른 동료 교수도 많다"고 말했다.

이들은 윤 대통령이 퇴진해야 하는 이유로 "불필요한 남북 관계의 긴장 고조에 따른 전쟁 위기 조장, 대일 굴종외교 및 외교참사, 의료대란, 그리고 민생파탄 등을 거론했다. 또 대통령 부인으로 내조만 하겠다던 김건희 여사가 권력을 이용해 국정을 농단하는 사태를 지켜보기에는 인내의 한계점에 도달했다"고도 덧붙였다.

〈2024. 11. 18.〉

잇따르는 교수들의 시국선언7

11월 19일에도 대학 교수들의 시국선언이 이어졌다. 윤석열 정부와 국민의힘 텃밭이며 보수의 심장으로 불리는 이른바 TK 지역의 대구대학교·안동대학교에 이어 경북대학교 교수들도 윤석열 대통령의 퇴진을 요구하는 시국선언문을 발표했다.

민주주의를 요구하는 경북대 교수·연구자 179명은 이날 발표한 시국선언문에서 "윤석열 대통령에게 자리에서 물러나라. 쏟아지는 비판에도 모르쇠로 일관하며, 잘못이 있으면 말해 달라고, 잘못이 뭔지는 몰라도 사과는 벌써 다 했다고, 대통령의 선거 개입은 불법이 아니지만 특검은 위헌이라고 주장하는 윤석열 대통령을, 이제 우리는 해고한다"고 주장했다.

이어 "(윤석열 대통령은) 아무 능력이 없고, 아무도 책임지지 않는다"며 검찰, 서울대 출신 편중인사와 프락치 경력 의혹 경찰고위직 발탁, 마음에 들지 않는 인물의 공직 인선 배제 등의 인사문제를 집중 제기하고 비선개입 의혹과 배우자나 역술인 개입 의혹을 문제 삼았다.

교수들은 특히 "대통령과 가까우면 핼러윈참사가 일어나도 책임지지 않고 수사대상에 올랐어도 주요국 대사직에 기용한다"고 일갈하고, 외교안보정책과 관련해 "무능하면서도 극단적인 대외 정책으로 한반도의 평화와 안보를 거듭 위기로 몰기도 했다"고 주장, "유사한 문제가 반복되는 것은 모두 근원에 윤석열 대통령이 있기 때문"이라고 밝혔다.

이와함께 "부자감세로 인한 세수부족으로 국가재정이 사경을 헤맨다고 비판했고, 국가의 연구개발 예산을 통째 도려낸 일은 아직도 정상화되지 않았고 '연구비 카르텔' 발언에 대해 사과가 없다"고 지적했다. 교수들은 윤석열 대통령의 소통부족 사례로 ▲비판자 반국가 세력 몰기 ▲독립영웅 상대 역사전쟁 선동 ▲유럽까지 날아가 남북 간 긴장을 고조시킨 일 ▲의료진과 대화 단절 등을 거론하며 강하게 비판했다.

이날 '시국을 걱정하는 전주대학교 교수 일동' 104명도 전주대 학생회관 앞에서 기자회견을 열고 "윤석열 대통령은 국격 훼손과 국정농단의 책임을 지고 즉각 퇴진하라"고 밝혔다. 교수들은 "윤석열 대통령의 품격에 국민이 의구심을 갖게 된 것은 이미 오래됐다. 국민은 대통령의 무게와는 너무도 동떨어진 그의 언행에 불안함을 감출 수 없었다"고 밝혔다.

이들은 "그의 거친 품격에도 불구하고, 그가 사회 각 분야에서 공정과 상식을 실현할 수 있는 능력을 보여줄 거라는 일부 국민의 기대 역시 2년 반 만에 완전히 무너지고 말았다"며 "그는 애당초 공정함이 무엇이고 상식이 무엇인지 모르는 사람처럼 대한민국의 대내외 시스템을 급속도로 망가뜨렸다"고 했다.

그러면서 "구구한 변명과 품격 없는 반말로 끝났던 기자회견 이후 국민은 이제 윤석열 김건희 부부에 대한 인내가 한계에 이르렀음을 행동으로 보여주고 있다"면서 "대통령은 스스로 말했던 '특검을 거부하는 자가 범인'이라는 말을 실천해 즉각 김건희를 특검하고 대한민국의 법치를 훼손하고 범죄를 비호하여 국정농단에 이르게 한 윤석열 대통령은 즉각 사퇴하라"고 주장했다.

중앙대학교 교수 169명도 이날 '대한민국 민주주의의 위기를 우려하는 중앙대학교 교수들이 시국선언'이라는 제목의 시국선언문을 발표했다. 교수들은 "지금, 이 순간 우리가 마주한 것은 대한민국의 헌정질서와 민주주의의 붕괴 위험"이라며 "1987년 민주화 이후 진보와 보수를 막론하고 어떤 정권에서도 볼 수 없었던 민주주의의 퇴행이 일상이 됐다"고 비판했다.

이들은 "윤 대통령은 국회가 의결한 법안들을 무차별적으로 거부하며 입법권을 무력화하는 등 헌정질서와 민주주의가 파괴되고 있다"며 "명품 게이트, 도이치모터스 주가조작 의혹, 공천 개입 등 각종 비리 의혹이 제기되는 등 국정농단이 일상화되고 있다"고 지적했다.

이어 '민생 경제 파탄', '의료대란 속 국민 생명의 위협', '역사 정의 위협', '언론 자유 말살' 등을 언급하며 "윤석열 정부의 반국민적, 반민주적, 반역사적 행태가 버젓이 자행되고 있다"고 말했다. 교수들은 6가지 요구도 했다. 6가지는 아래와 같은 내용이다.

▲윤 대통령의 헌정질서 파괴와 국정 농단에 대한 사과와 임기 단축 개헌 등 책임 있는 조치 ▲김건희 특검법, 채 해병 특검법 등 수용 ▲서민경제와 민생 회복을 위한 비상 대책과 부자 감세 정책 전면 재검토 ▲의료대란 해결을 위한 진정성 있는 대화와 공공의료 확충을 위한 실질적 계획 ▲친일 편향 외교와 역사 정의 훼손 중단 ▲언론 탄압 중단과 공영 방송의 독립성과 자율성 보장 등이다.

11월 19일 하루에만 서울과 영·호남 지역 3개 대학교수들이 시국선언을 하는 등 진짜로 예사로운 일이 아니다. 그야말로 자고나면 교수들의 시국선언 뉴스를 대할 수 있는 나날이다. 전국적으로 마치 들불처럼 번지고 있는 교수들의 시국선언을 보며 다시 저절로 솟구쳐 오르는 '뭐 저런 대통령이 다 있나' 하는 탄식을 어찌할 수 없다.

〈2024. 11. 19.〉

잇따르는 교수들의 시국선언8

11월 20일에도 대학 교수들의 시국선언이 이어졌다. 이날 성공회대학교 교수·연구자 141명이 "껍데기는 가라"로 시작되는 시국선언문을 냈다. 이들은 "거짓이 진실을 뒤엎고, 후안무치의 뻔뻔함이 작은 '바람'에도 괴로워하는 양심을 짓밟는 일들이 마치 일상이라도 된 듯이 온통 미디어를 뒤덮고 있다"며 비통한 심정을 전했다.

이들은 이태원 참사, 채상병 사건과 김건희 여사의 도이치모터스 주가조작과 명품백 수수 무혐의 처분, 국정농단 의혹 등을 언급하며 "윤석열 정권이 들어선 이후 일어났던 일련의 사태는 최소한의 법감정과 상식에서 벗어났다"고 직격탄을 날렸다.

이어 ▲김건희 여사와 관련된 의혹에 대해 특검을 수용하고, 명확하고 투명한 조사를 통해 모든 논란을 해소하고 ▲불통과 안하무인으로 일관해온 태도를 일신하고 소통에 나서며 ▲국민의 생명과 안보를 책임지는 실용적인 외교와 정책을 수립하고, 사회 전반에 걸친 차별 없는 정책으로 서민경제를 살리는 데 집중하라고 요구했다.

이들은 "이런 사안들을 해결할 의지나 능력이 없다면 즉각 퇴진하라"고 요구했다. 만약 "그렇(게 하)지 않는다면 더 큰 시민저항과 불복종, 탄핵과 사법적 심판에 직면하게 될 것"이라고 경고했다. 대학 교수들의 시국선언을 통한 이런 경고는 다음날에도 계속됐다.

11월 21일 오전 11시 동국대학교 교수 108명은 서울 동국대 캠퍼스에서 기자회견을 열어 "바꿀 것이 휴대폰밖에 없다? 윤석열 대통령은 즉각 물러나라"라는 제목의 시국선언문을 냈다. 동국대 교수 108명은 시국선언문에서 "그동안 정부의 행보에 우려를 제기하며 여러 대학교수들의 시국선언이 잇따라 왔지만, 대통령은 전혀 국정 기조를 바꿀 마음이 없음을 확인했다"며 윤 대통령에게 "즉각 하야하길 바란다"고 촉구했다.

이들은 특히 지난 7일 윤 대통령의 대국민담화와 기자회견에 대해 "실망을 넘어서 절망에 가까운 것"이었다며 "현재 제기된 의혹을 일부 언론 탓으로 돌리는가 하면, 김건희 특검법은 '인권유린', '반헌법적 정치 선동'이라고 강변한다"고 지적했다.

이어 "경기 침체, 출산율 급락, 기후 위기, 경제적 양극화 등에 대한 대책들은 논의의 대상조차 되지 못하고, 선거 부정, 친일 논쟁, 이념 논쟁, 심지어는 각종 주술행위들이 뉴스를 채우"는 현실을 개탄했다. 또 "국정 기조 전반을 획기적으로 바꿔야 한다는 요구에 대해, 대통령은 고작 휴대폰을 바꾸겠다는 식으로 응답했다"며 "이런 대통령에게 더 이상 국가운영을 맡길 수 없다고 우리는 판단했다"고 선언했다.

이날 연세대학교 교수 177명도 '당신은 더이상 우리의 대통령이 아니다'라는 제하의 시국선언문을 통해 "윤석열 대통령은 그동안 저지른 불의와 실정에 대해 사죄하고 하루 빨리 대통령의 자리에서 물러나라"고 밝혔다. 이들은 시국선언문에서 이태원 참사, 채 상병 사건, 역사 왜곡, 호전적 대북정책, 부자 감세, 의료 대란 등의 실정을 짚으며 윤석열 정부에 대한 깊은 실망감을 드러냈다.

연세대 교수 시국선언문은 '망할 것들! 권력이나 쥐었다고 자리에 들면 못된 일만 꾸몄다가 아침 밝기가 무섭게 해치우고 마는 이 악당들아… 나 야훼가 선언한다. 나 이제 이런 자들에게 재앙을 내리리라'라는 성서 구절로 시작한다. 교수들은 "불의한 권력에 대해 성서는 이처럼 준엄한 경고를 내렸다"며 "우리는 과연 정의로운 권력 아래 살고 있는가"고 되물었다.

이어 "대통령은 '자유·인권·공정·연대의 가치'를 내걸고 '국민이 진정한 주인인 나라'를 만들겠다고 다짐했다. 그러나 이 약속은 불과 2년 반 만에 빈껍데기만 남았다"고 비판했다. 교수들은 지난 2년 반 펼쳐진 국정 난맥상을 망라해 짚었다.

교수들은 "'채 상병 사건'과 '영부인 특검' 논란에서 보듯, 권력 분립을 위한 대통령의 '거부권'은 그 자신의 이익을 지키고 자기 주변의 잘못을 감추기 위한 사적 도구로 변질되었다"며 "감사원·국가인권위원회·국민권익위원회·방송통신위원회·방송통신심의위원회 등 자유와 공익의 보루가 되어야 할 기관들은 어느새 정권의 방탄 조직으로 전락했고, 존립의 정당성까지 의심받는 형편"이라고 지적했다.

교수들은 의대 정원 증원 문제로 불거진 '의료 대란'을 짚으며 "현실적 여건에 대한 세심한 고려도, 치밀한 중장기 계획도 없이 단행된 마구잡이식 개혁은 환자들의 불편과 희생, 보건의료 제도와 의학 교육의 혼란만을 초래하고 있다"고 꼬집기도 했다. 또한 "편 가르기와 파행적 인사, 약자와 소수자에 대한 혐오의 정치로 인해 연대 의식은 사라지고 공동체는 무너지고 있다"며 실패한 국정운영으로 공동체 의식마저 위태로워진 상황을 우려했다.

이어 "우리가 원하는 것은 정상적인 정치다. 하지만 제도권 정치가 제대로 작동하지 않을 때 정치는 거리로 나올 수밖에 없다"며 "또

다시 '국민 주권'의 외침이 거리를 메우기 전에, 탄핵의 바람이 거세게 휘몰아치기 전에 우리는 윤석열 대통령이 스스로 물러나는 결단을 내리길 촉구한다"고 했다. 더 많은 대학 교수들이 이날 시국선언을 했는데, 따로 살펴본다.

〈2024. 11. 21.〉

잇따르는 교수들의 시국선언9

11월 21일은 가장 많은 시국선언이 있던 날이 아닌가 한다. 먼저 조선대학교 교수와 직원 등 196명은 "온갖 거짓말로 국민 신뢰가 사라진 대통령은 더 이상 필요 없다. 윤석열 대통령은 즉각 퇴진하라"고 촉구했다. 이들은 이날 조선대 본관 앞에서 시국선언문을 발표하고 "윤 대통령의 거짓말과 무책임한 국정운영이 대한민국을 혼란과 도탄에 빠뜨리고 있다"며 이같이 주장했다.

이들은 "윤석열 정부는 신뢰할 수 없는 부실하고 무책임한 정책으로 민생을 파탄으로 몰아넣고, 전쟁 위기까지 조장하고 있다"며 "정치적 생명 연장을 획책, 국민 생명과 안전이 심각한 위기에 처해있다"고 지적했다. 이어 "광주시민이 피로 지켜낸 민주주의를 후퇴시키고, 국민의 삶을 고통으로 몸부림치게 하는 그를 우리는 이제 대통령으로 인정할 수 없다"고 성토했다.

검찰권 행사와 관련해선 "검찰 권력을 남용하며 오직 정적 죽이기에만 골몰하고 있다"고 비판하면서 "국민이 힘들게 쌓아 올린 대한민국 민주주의와 법치주의 근간이 흔들리고 있다"고 꼬집었다. "검찰뿐 아니라 감사원·방송통신위원회·법원 등 각종 국가기관을 사유화하고 있다"며 "민주주의 국가 정체성을 위협하고 있어 더 이상 용납할 수 없다"고 직격탄을 날리기도 했다.

안보와 관련해서도 "북한과 대화 채널은 완전히 단절되었고, 남북 간 적대감은 최고조에 달했다. 우발적 충돌과 오판은 참담한 전쟁으로 이어질 가능성이 있다"고 우려했다. 그러면서 현 정권을 향해 "국내외에서 전쟁 위험을 고조시키는 행위를 즉각 중지시켜야 한다"고 밝혔다.

경제정책을 두고는 "재벌과 부자들에게 특혜를 주고 서민과 중소기업은 외면하고 있다"고 비판했다. 의료 부문과 관련해선 "'응급실 뺑뺑이'나 '소아과 오픈런' 같은 문제를 해결하라고 했더니 의료 체계를 붕괴시켰다"고 지적했다. 조선대 교직원들은 김건희 여사를 둘러싼 각종 비리 의혹 규명과 단죄를 촉구하기도 했다.

이들은 도이치모터스, 삼부토건 주가조작, 코바나컨텐츠 전시회 뇌물성 협찬, 명품백 수수, 고위공직자 인사 개입, 해병대 사령관 구명 로비, 양평고속도로 노선 변경, 국회의원 선거 개입 등 비리 의혹을 열거한 뒤 "의혹 규명을 위한 특검법을 반복해서 거부하고 있다"며 윤 대통령을 규탄했다.

이들은 윤 대통령의 '거짓말' 논란에도 직격탄을 날렸다. "거짓말은 단순히 도덕적 결함이 아니라 국민과의 신뢰 계약을 깨뜨리는 매우 중대한 범법 행위"라며 "온갖 거짓말로 신뢰가 사라진 대통령은 필요 없다"고 했다.

이날 한신대학교 교수 58명도 '무너지는 대한민국을 보며 분노한다'는 제목의 시국선언문을 발표했다. 교수들은 시국선언문에서 "윤석열 대통령은 친일사관의 인사들을 공공기관 곳곳에 배치했으며 독도가 대한민국 땅이라는 여러 표식을 없애려고 했다"며 "10·29 이태원 참사, 채 해병 사건, '입틀막' 사건, 김건희 여사 논문 표절과 주가 조작, 공천 개입 등 나라를 떠들썩하게 하는 사태가 반복되고 있다"고 주장했다.

이어 "무능한 대통령으로 인해 국민의 삶이 더욱 피폐해지는 와중에도 권력의 사유화를 통해 자기 배만 불리고 있는 후안무치한 윤 대통령과 그 일당이 상황을 더욱 악화하고 있다"고 덧붙였다. 그러면서 "대통령이 입버릇처럼 말한 '법과 원칙', '공정과 상식'을 원한다"며 "대통령 자신이 한 말조차 지키지 못한다면 자격이 없는 것이니 그 자리에서 물러나라"고 비판했다.

이화여자대학교 교수·연구자 140명도 이날 "우리는 '격노'한다. 윤석열은 즉시 퇴진하라"는 시국선언문을 발표했다. 이들은 시국선언문에서 "윤석열 정권 2년 반 동안 대통령의 무능, 대통령과 그 가족을 둘러싼 잇따른 추문과 의혹으로 민주공화국의 근간이 흔들리고 민생이 파탄나고 있다"며 윤석열 대통령의 퇴진을 촉구했다.

이들은 "외교와 안보, 국민의 안전과 건강, 노동과 복지, 교육과 연구 등 사회의 전 분야에 걸친 퇴행을 목도하며, 대통령의 즉각적인 퇴진을 요구한다"고 밝혔다. 아울러 현 정부의 정치·경제·외교·교육 분야 국정 전환을 강력하게 요구했다.

이들은 ▲배우자의 특검을 즉각 수용하고 여론조작과 공천 개입 의혹을 규명하기 위한 수사기관의 조사에 적극적으로 협조하고 ▲경제 실정을 인정하고 획기적 정책 전환을 추진하며 친일 정치세력인 '뉴라이트'의 수반이 되지 말며 ▲한반도 전쟁 위기를 고조시키는 일을 당장 그만두고 ▲연구·개발 예산 삭감 등 현장 소통 없이 정책을 급조하는 일을 즉각 중단하라고 촉구했다.

이어 "지난 7일 대국민 담화 및 기자회견에서 대통령 윤석열은 국정 책임자로서 최소한의 자질과 능력도 없음을 유감없이 보여줬다. 우리는 깊은 모욕감과 함께 격노하지 않을 수 없다"며 "국민이 부여한 권력을 오직 자신과 그 주변의 이익을 위해 사유화한 이 정권이 더는 지속해서는 안 된다"고 강조했다.

 한겨레(2024.11.22.)에 따르면 11월 21일 저녁 7시 기준 전국 30개 대학과 지역에서 3400여 명의 교수·연구자들이 시국선언에 참여했다. 서울 지역 사립대의 한 교수는 "같은 주제에 대해 이처럼 많은 교수들이 한꺼번에 시국선언에 동참한 것은 박근혜 정권 시절 국정농단 사태가 마지막이었을 것"(경향신문, 2024.11.21.)이라고 말했다.

〈2024. 11. 22.〉

잇따르는 교수들의 시국선언10

11월 23일 성균관대학교 교수·연구자 137명은 시국선언문을 통해 "지금 대한민국은 유례없는 리더십 부재 속에서 정치적 혼란을 넘어 경제 위기와 사회적 갈등을 겪고 있다"며 "현 정권은 대통령과 영부인의 공천 개입 의혹과 권력 남용 사례를 제대로 반성하고 철저히 조사하게 하라. 특검 조사는 그 시작이다. 이를 이행할 수 없다면 현 정권은 즉각 물러나라"고 촉구했다.

이번 시국선언문에는 성균관대 민주동문회 336명도 함께 이름을 올렸다. 이들은 가장 큰 우려로 '극단적 혐오와 분열'을 꼽았다. 이들은 "윤석열 정권은 세대, 지역, 계층 간 갈등을 심화시키고, 사회적 다원성을 파괴하며, 공동체의 근간을 흔들고 있다. 혐오로 시작된 정치는 더 큰 혐오를 낳을 뿐"이라며 "가장 큰 책임은 윤석열 대통령의 '인지 부조화'와 가족 이기주의에 있다"고 꼬집었다.

이들은 '정권 교체'만으로는 충분하지 않다며 "사회적 연대와 협력을 재건해야 한다"고 주장했다. 이들은 "박근혜 정권 퇴진 이후 잠시 품었던 희망과 이제는 선진국이라는 자신감은 순식간에 미몽이 되고 말았다. 정권 교체만으로는 충분하지 않다는 것을 배웠다"며 "이제는 젊은 세대가 다시 희망을 품고 살아갈 수 있는 조화와 상생의 지속 가능한 사회를 만드는 근원적 노력이 필요하다"고 밝혔다.

11월 25일엔 윤석열 대통령의 모교인 서울대학교와 해외대학을 포함한 전국 교수·연구자 273명이 대통령 사퇴 요구를 담은 공동 시국선언문을 발표했다. 최근 이어지는 대학가 시국선언에 서울대·해외대학 구성원이 이름을 올린 건 이번이 처음이다.

민주평등사회를 위한 전국교수연구자협의회(민교협)가 11월 25일 발표한 보도자료에 따르면, "시국선언이 조직되지 않은 대학이나 이에 참여하지 못한 교수·연구자들 273명"이 해당 시국선언에 서명했다. 참여한 곳은 총 78개 기관(76개 국내대학, 1개 해외대학[튀빙겐대], 1개 연구소)이며, 이 중 서울대 소속은 20명이다.

이들은 시국선언문에서 3가지를 요구했다. "만약 윤석열 대통령이 이 세 가지 요구를 수용하지 않는다면, 우리 대학 교수들은 민주시민들과 함께 2016년 촛불보다 더 높이, 더 뜨겁게 대통령의 사퇴를 요구할 것이다"고 경고했다. 시국선언이 조직되지 않은 대학이나 이에 참여하지 못한 교수·연구자들 273명의 요구사항 3가지는 아래와 같다.

1. 윤석열 대통령은 채 상병 사건과 김건희 주가조작 사건의 철저하고 투명한 수사를 위해 특검을 즉각 수용하라. 2. 윤석열 대통령은 선택적 수사, 공소권 남용, 검찰의 정치적 중립성 훼손 등 검찰에 대한 국민의 문제 제기를 해결하기 위한 검찰개혁을 단행하라. 3. 윤석열 대통령은 친일·매국적 역사 쿠데타와 함께 한반도에 군사적 긴장을 불러오는 조치를 즉각 중단하고 한반도 평화를 구축하는 국방 및 외교 정책을 시행하라.

시국선언문 초안을 작성한 김귀옥 한성대학교 교수는 11월 26일 오마이뉴스와의 통화에서 "(시국선언이 조직되지 않거나 참여하지 못한) 각 기관에 있는 교수·연구자 사이에서 먼저 제안이 나왔다"라며 "언론사에 취재 요청을 위한 배포만 민교협에 부탁한 것"이라고 설명했다.

11월 26일엔 광주·전남지역 주요 대학 교수와 연구자들이 윤석열 대통령의 퇴진을 촉구하는 시국선언을 발표했다. 광주·전남 14개 대학 교수·연구자 292명이 참여하는 광주·전남교수·연구자연합은 이날 오전 11시 광주광역시 동구 전일빌딩 245 시민마루에서 시국선언 기자회견을 열고 "윤석열 정부는 이미 국민의 신임을 잃었다"며 퇴진을 촉구했다.

교수·연구자연합은 "지금의 정부는 국민의 생명과 안전을 지키려는 노력은 물론 남북의 평화적 관계를 유지·발전시키려는 정책과 비전을 찾아볼 수 없다"며 "재임기간 25건의 거부권을 행사하는 등 국회의 입법을 거부, 삼권분립의 헌법 정신을 정면으로 부정하고 있다"고 지적했다.

이어 "일본의 강제동원 배상과 후쿠시마 핵 오염수 처리 문제를 감싸고 도는 매국 정권의 민낯을 보이며 국격을 떨어뜨리고 있다"면서 "민주주의는 파괴되고 국민의 일상은 짓밟히는 등 대한민국의 민주주의는 위기에 처했다"고 주장했다. 그러면서 "나라와 국민을 능욕하는 현 정권에 아무것도 기대하지 않는다. 윤석열 대통령은 즉각 자리에서 물러나야 한다"며 "우리는 앞으로 나라의 정의를 바로 세우고 국민의 삶을 지키기 위해 할 수 있는 모든 일을 다할 것"이라고 밝혔다.

같은날 한국방송통신대학교 교수 23명도 '지금, 바로 퇴진하라'는 제목의 시국선언문을 냈다. 이들은 윤 대통령을 '암군'으로 부르며, 그간 나타난 실정을 짚어 강도 높게 비판했다. 교수들은 "대통령 아닌 암군(暗君) 행세를 해 온 윤석열에게 마지막으로 경고한다"며 "주권자들의 명령에 따라 특검을 수용함과 동시에 즉시 퇴진하라. 그리하여 최악의 파국만은 면하기 바란다"고 촉구했다.

이들은 "지난 2년 반의 임기 동안 대통령 윤석열은 무능과 무책임으로 일관해 왔다"고 지적했다. 교수들은 그 사례로 "김건희·명태균 등이 국정을 농단하여 국민이 법이 아닌 비선의 지배를 받도록 방조하였고, 159명의 인명을 앗아간 이태원 참사 앞에서 책임을 회피하였으며, 러-우 전쟁, 대북 관계를 비롯한 외교안보 전반의 실정으로 한반도에 군사적 긴장을 고조시키고 있다"고 짚었다.

이어 윤 대통령의 대국민담화와 이후 나타난 시민 퇴진 운동을 들며 "대통령은 진정성 없는 자세로 일관하였고, 인내심의 한계에 다다른 국민들은 다다음날부터 퇴진을 요구하며 주말마다 거리를 메우고 있다. 이를 가볍게 보다가는 더욱 거센 저항에 부딪히게 될 것"이라고 경고했다.

〈2024. 11. 26.〉

잇따르는 교수들의 시국선언11

　11월 26일 교수들의 시국선언은 그뿐만이 아니다. 충북대학교 교수와 연구자 92명도 시국선언을 발표했다. "무능과 독선으로 일관된 윤석열 정권은 배우자의 국정농단에 이어 사법부는 대통령의 국헌 문란을 적극 옹위하며 사법 정의를 무너뜨리고 있다"며, 채 상병 사건과 김건희 주가조작 사건의 특검 수용과 검찰개혁 단행을 촉구했다.

　이들은 "목불인견이 이보다 더하랴. 11월 7일 대통령실에서 진행된 소위 '끝장 기자회견'은 눈을 뜨고 볼 수 없는, 귀를 열어 들을 수 없는 처참한 현 정부의 무능과 독선을 보여주었다"고 일갈하며, "손바닥에 '王'자를 쓴 채 대통령 후보 토론회에 온 것만으로도 모자라서 정치브로커 명 모 씨의 현란한 말솜씨와 여론조작으로 국민을 우롱해왔음을 생생한 목소리를 통해 확인했건만 윤석열 대통령과 대통령실은 이를 부인하고 있다"고 밝혔다.

　이어 "배우자 일가에 의해 국토 계획이 뒤바뀌고, 주가조작 공범이 실형을 받았음에도 불구하고 대통령 부인이라는 이유만으로 사법부는 무혐의 판결을 내려 사법 질서를 어지럽혔다. 이른바 '파우치' 사건은 빙산의 일각에 불과하다"며 교수들과 연구자들은 "윤석열 정권이 대한민국의 헌정질서를 심각하게 훼손하고 있는 현 상황을 엄중하게 바라보고 있다"고 말했다.

　이어 "대통령 지지율이 연일 최저치를 경신하는 데서 보듯 국민적 실망과 공분은 이미 임계점을 넘어섰다"고 강조했다. 이들은 사법부에 대해서도 "대통령의 국헌 문란을 적극적으로 옹위하면서 사법 정의를 무너뜨리고 있다"며 채 상병 사건에 대한 특검 요구는 정의를 세우는 일이라 주장했다.

또한 일본과의 굴욕적 외교참사와 관련해서 "2023년 윤석열 대통령은 일제의 강제동원 문제를 일본의 이익대로 처리하면서 더 이상 '전범국가' 일본의 과거를 묻지 않겠다는 태도를 보여주었다. 독립기념관을 비롯한 주요 역사 관련 정부기구에 친일·매국 인사들을 임명하고, 일제의 죄상을 지우는 역사교과서를 제작 및 배포하려는 것도 이해가 가지 않는다"고 강조했다.

이들은 지난 11월 9일 "시민들의 윤석열 대통령 탄핵과 퇴진을 외치는 목소리는 단호하다"면서 "헌정질서 파괴와 민주주의 법치주의가 망가지는 것을 더 이상 용납할 수 없다"며 채 상병 사건과 김건희 주가조작 사건의 특검 즉각 수용, 검찰의 선택적 수사와 공소권 남용, 정치적 중립성 훼손 등에 책임지고 검찰개혁 단행, 한반도 평화를 위한 국방 및 외교정책 시행을 촉구했다.

11월 27일 오전 전국사학민주화교수연대 광주·전남·전북지부 소속 교수·연구자 215명이 광주지방검찰청 앞에서 시국선언문을 발표했다. 이번에는 앞서 시국선언에 나섰던 전남대학교·조선대학교 교수 일부를 포함해 29개 국립·공립·사립대학 교수들이 참여했다. 교수들은 '이게 나라냐'는 시국선언문을 통해 "지금 대한민국의 모든 권력은 김건희 여사로부터 나오고 있다"고 주장했다.

이들은 "윤석열 대통령은 부인 김건희 여사의 도이치모터스와 삼부토건 주가조작, 코바나콘텐츠 전시회 뇌물성 협찬, 명품백 수수와 같은 개인적 비리뿐만 아니라 고위공직자 인사 개입과 해병대 사령관 구명 로비, 양평 고속도로 노선변경, 지방의회와 국회의원 선거 불법 개입 등과 같은 국정농단 의혹을 규명하라는 국민 목소리를 무시하고 있다"며 "김 여사의 국정농단과 부패를 명명백백하게 조사해 무너진 사법 정의를 올바로 세워야 한다"고 촉구했다.

윤 대통령에 대해서는 "윤 대통령 취임 2년 반 만에 대한민국은 정치·경제·외교·사회문화 등 모든 측면에서 심각한 위기를 맞고 있다"며 "언론 자유를 억압하고 반대 의견은 경찰 등 물리력으로 제압하며 법원·감사원·검찰·방송통신위원회 등 각종 국가기관을 사유화해 민주주의 국가의 정체성을 위협하고 있다"고 비판했다. 또 "민생경제 파탄, 의료체계 붕괴 등이 이어지며 국민의 생명과 안전, 재산을 외면하고 있다"고 지적했다.

호남지역 교수들은 "윤석열은 대통령으로서 국민에게 진실을 말하며 책임 있는 태도를 보여야 할 헌법적 의무를 지닌 공직자이지만, 거짓말과 무능·무책임·무대책 국정운영으로 국민을 배반하고 있다"며 윤석열 대통령 즉각 퇴진, 전쟁 위기를 조장하는 모든 외교 및 군사 정책 즉각 중단, 서민 경제와 민생 안정을 위한 긴급 대책 마련, 김건희 여사 비리 의혹 특검 등을 요구했다.

이날 한국교원대학교 교수 58명도 시국선언을 통해 '헌법 정신을 파괴하는 윤석열 대통령은 퇴진하라'고 촉구했다. 시국선언 참여 교수들은 학생회관 앞에서 "윤석열 대통령의 취임 선서 이후 우리의 하루하루는 고달프고 서글프고 참담하다"며 "미래를 밝힐 교육을 위기로 내몰고 젊은 세대에게 평화로운 미래를 제공해 주지 못하고 있다"고 비판했다.

이어 "축제를 즐기려던 수백명의 젊은이가 이태원 골목에서 허무하게 목숨을 잃어도, 위험천만한 인명구조 현장에서 상부의 무리한 지시 때문에 젊은 군인이 희생되었어도, 호우에 제대로 대비하지 못해 오송지하차도에서 억울한 목숨이 희생되었어도, 국가는 아무런 책임을 지지 않는다"고 꼬집었다.

또 "정적에게는 무한대의 검찰 권력을 휘두르던 대통령이 국정농단과 범죄의 혐의가 짙은 아내에 대해서는 그 어떠한 비판이나 조사 요구도 허용하지 않는다"며 "현 정부의 부정과 정책 실패에는 철저히 눈을 감은 채 전 정부에 대해서는 먼지 털이식 수사를 한다. 그토록 외치던 공정과 상식은 어디로 갔냐"고 비판 수위를 높였다.

〈2024. 11. 27.〉

잇따르는 교수들의 시국선언12

 윤석열 대통령 모교 서울대학교의 교수·연구자 525명이 11월 28일 "대통령 퇴진"을 촉구하는 시국선언을 발표했다. 최근 이어지는 대학가 시국선언 중 단일대학 기준 최대 규모다. 이들은 이날 오후 3시 서울 관악구 서울대 박물관 강당에서 기자회견을 열었다. 강당 무대 앞과 벽엔 이들의 시국선언문이 인쇄돼 걸려 있었다.

 사회를 맡은 박배균 지리교육과 교수는 "이 자리는 기자들뿐만 아니라 모든 국민이 굉장히 오랫동안 (서울대의 시국선언을) 기다렸을 것"이라며 기자회견 시작을 알렸다. 정용욱 역사학부 교수는 시국선언이 나오게 된 배경을 설명하며 "최근 60~70여 개 대학에서 시국선언을 했고, 서명자만 4000여 명에 달한다고 알고 있다. 서울대 역시 대부분의 교수가 진작부터 '어떤 방식으로든 (현 시국에 대한 생각을) 표현해야겠다'라고 생각했다"고 전했다.

 그러면서 "발기인 교수들을 모으고, 시국선언문 초안을 검토하고, 참여자 수만큼 다양한 의견과 토론이 있어 준비하는 데 시간이 걸렸다. 또 시국선언이 '자발적인 참여'에 기초해야 한다고 봐서 서명을 모으는 데 시간이 걸렸다"라며 "현 상황에 대해 위기감이나 분노를 느끼지 않은 게 아니"라고 설명했다.

 이어 "얼마 전 한 대학(경희대) 시국선언에 '폐허 속을 부끄럽게 살고 있다'라는 표현이 있었다. 현재 대학 사회에 몸담은 분 중 그런 감정을 안 느끼는 분이 몇 분이나 계실까"라며 "저희 역시 부끄럽고 참담한 마음으로 이 자리에 나오게 됐다"라고 말했다.

'민주주의를 거부하는 대통령을 거부한다'라는 제목의 시국선언문은 "우리 서울대 교수·연구자들은 국민과 역사에 대한 부끄러움, 사죄와 통탄의 심정으로 윤 정부의 퇴진을 촉구한다"라는 문장으로 시작된다. 이들은 "서울대 교내 곳곳에 나붙은 '윤석열과 동문이라는 사실이 부끄럽다'는 제자들의 대자보가 양심의 거울처럼 우리를 부끄럽게 한다"고 털어놨다.

또 "한국 사회의 민주화를 이끌었던 지성의 전당, 그 명예로운 역사의 흔적을 윤 대통령과 그가 임명한 공직자들에게서는 전혀 찾아볼 수 없었다"라며 "서울대가 교육과 연구에서 제대로 인권과 민주주의를 가르치지 못한 채 '영혼이 없는 기술지식인'을 양산해 온 것은 아닌지 참담하고 죄스러운 마음"이라고 했다.

이들은 ▲이태원 참사, 채상병 사망사건 등에서 보인 책임 회피 ▲국민의 생명을 볼모로 한 의료 대란 ▲국가연구개발(R&D) 예산 대폭 삭감 ▲실패한 경제 정책 ▲국민의 일상을 위협하는 대북정책 ▲처참한 외교 성적표 ▲인권과 언론 자유 탄압 등을 비판했다.

그러면서 "윤 대통령이 하루라도 빨리 물러나야 한다. 한국 사회의 장래를 위해서 그의 사퇴는 필연적"이라며 "국민 대다수는 이미 심정적으로 윤 대통령을 해고했다. 윤 정부의 조속한 퇴진을 강력하게 촉구한다"라고 강조했다. "거부권은 결코 대통령의 특권이 아니다. 이제 국민이 대통령을 거부한다"라고 직격탄을 날렸다.

이들은 "김건희 여사를 둘러싼 각종 의혹과 그것을 은폐하기 위한 권력의 남용, 최근 불거진 공천 개입과 국정 농단 의혹의 진실을 밝힐 특검은 민주주의를 일으킬 첫걸음이 될 것"이라고 강조했다. 이들은 "민주주의가 일상의 차원에서 제대로 작동하지 않고 오히려 민주주의를 지켜야 할 기구들이 우리 사회의 민주주의적 제도와 시스템을 훼손하고 있다"고 질타했다.

이어 "정치를 정적과 비판 세력에 대한 수사와 기소로 대체한 검사 출신 대통령과 권력 비호에 앞장서는 검찰로 인해 국민은 더 이상 사정 기관과 사법 기관의 공정성과 정의를 믿을 수 없게 됐다. 용기를 낸 소수의 의인이 무너지는 민주주의를 지탱하고 있다"라고 적었다.

정 교수는 '향후 계획'을 묻는 취재진의 질문에 "과거 박근혜 정부 당시 시국선언을 했을 때 실제 대통령 퇴진까지 될지 아무도 몰랐을 것"이라며 "마찬가지로, 오늘 이후는 국민들이 어떻게 반응하는지에 따라서 결정이 될 것"이라고 답했다. 이들은 계속해서 시국선언 참여자를 받을 예정이다. 따라서 향후 최종 서명자 수는 늘어날 전망이다.

또 "시국선언이 중요한 이유는 이제까지 냉소하고 있던 시민들을 공론장으로 불러 모을 수 있기 때문"이라며 "우리 사회가 어떻게 나아가야 하는지 뜨겁게 논쟁하는 자리가 열리길 바란다"라고 덧붙였다. '현 시국을 사자성어로 표현해달라'는 취재진의 말에 이강재 중어중문학과 교수는 "후안무치한 상황들이 너무 많이 벌어지고 있기에 후안무치(厚顔無恥)를 고르겠다"라고 답하기도 했다.

이날 기자회견에서는 '윤석열 대통령 모교에서 나온 시국선언인데, 대통령과 정부 인사들에게 어떤 메시지를 주고 싶은가'라는 질문도 나왔다. 박배균 교수는 "학벌이 얼마나 잘못된 것인지 잘 드러내 보이는 사례다. '서울대라고 하는 최고의 대학을 나왔던 사람을 대통령 시켜놨더니 개판이구나', '서울대가 그렇게 좋은 대학이 아니구나' 이런 것들을 현실적으로 보여준 좋은 실증자료가 아닐까 생각한다"고 말했다.

  정용욱 교수는 "대학마다 추구하는 목표 혹은 지켜온 전통이 있는데 그것에 비춰봤을 때 너무 이례적인 사태라 다들 경악하고 있다. 우리의 목표를 추구해 가는 과정에서 혹시 잘못한 것은 없는지 교육자로서 다시 돌아보는 계기였다. 반성의 마음을 표현하고 싶다"고 말하기도 했다.

〈2024. 11. 29.〉

잇따르는 교수들의 시국선언13

　11월 28일 덕성여자대학교 교수 40명도 시국선언을 통해 "국정 난맥과 민생 파탄으로 점철된 2년 반이었다. 민주적 절차와 의사결정에 의해 운영되어야 할 대한민국은 윤석열 대통령 부부와 한 줌도 안 되는 측근 세력에 의해 철저히 유린당했다"고 윤 대통령을 비판했다.

　이들은 "정권이 표방한 어떠한 정책 결정에도 국민은 없었고 자신들만의 사익만 있었을 뿐이다. 한반도의 평화는 위협받고 있고, 자유민주주의는 통제되지 않는 부당한 권력과 검찰 때문에 침탈되었고, 우리 경제와 민생에는 연이은 경고음이 울리고 있다"고 날을 세웠다.

　이들은 "끝장토론이 될 것이라던 지난 7일 대통령 기자회견은 국민 앞에 집권자의 옹졸함과 무례함, 그리고 국정철학의 부재를 극명하게 드러낸 상징적 촌극이었다. 배우자 문제를 포함한 여러 국정 현안에 대해 변명과 자기합리화로 일관하며, 진솔한 사과는커녕 '사과의 의미'를 설명해달라는 기자에게 무례하다라는 언사를 내뱉을 정도로 몰상식의 극치를 보여주었다"고 성토하기도 했다.

　"우리 국민은 이미 여당 참패의 총선과 국정 지지율 10%대의 여론을 통해 철학도, 명분도, 실리도 없이 국정을 운영하는 현 정권에 대해 강력하고 엄중한 경고를 보냈다. 하지만 윤석열 정부는 국민의 경고에 대해서도 편 가르기와 후안무치로 일관하며 겸허히 수용할 일말의 의지도 내비치지 않고 있다. 임기 절반이 지나는 동안 자행된 윤석열 정부의 잘못과 무능은 차고 넘치며 더는 용인할 수 없다"며 직격탄을 날렸다.

이어 "상생과 화합이 아니라, '내 편'과 적으로 세상을 나누고, 약자와 소수자에 대한 혐오를 재생산하여 국민 분열을 가속화하고, 정권의 안위만을 추구하여 국가의 존립을 위태롭게 하는 윤석열 정권의 무도함에 대하여 우리는 이제 제동을 걸고자 한다. 민주주의 체제와 가치에 위협을 가하며 돌진하는 무모하고 무도한 정권에게 더 이상의 시간은 가당치 않다. 윤석열 정권은 지금 당장 퇴진하라!"고 목소리를 높였다.

11월 29일에도 대학 교수들의 시국선언이 잇따랐다. 먼저 대전·충청 사립대학교 교수 235명이 윤 대통령 퇴진 촉구 시국선언에 나섰다. 이날 오전 11시 이들은 시국선언문을 통해 "우리는 인내하기에 지쳤으며, 윤석열 대통령은 우리 사회를 더 이상 힘들게 하지 말고 현명한 판단을 촉구한다. 즉각 퇴진하라"고 주장했다.

대전·충청 사립대 교수들은 김건희 여사의 문제 많은 논문과 학력위조가 교육체계를 무너뜨렸으며, 명품백 수수 의혹은 일명 '김영란법'의 존재를 무력화시켰다고 지적했다. 또 김 여사가 연루된 주가조작 사건도 국민에게 허탈감을 안겨 주는 등 '상식과 원칙이 통하는 사회를 만들겠다'는 약속을 윤 대통령이 임기 절반이 지나도록 지키지 않고 있다고 비판했다.

이들은 윤석열 정부의 표현의 자유에 대한 억압 행태도 짚었다. 비판적 언론에 대한 과도한 법적 제재와 기자에 대한 압수수색 반복, 소위 카이스트 졸업생 '입틀막' 사건, 고등학생의 풍자 그림 제재 등이다. 결국 국경없는 기자회가 발표한 세계 언론자유지수에서 한국은 윤석열 정부 들어 계속 하락해, 세계 62위 '문제 있음' 등급을 받았다고도 했다.

이외에도 한국전쟁 이후 가장 큰 전쟁 위기, 대일 굴욕 외교, 이태원 참사, 채상병 순직 사건, 의대 증원으로 인한 의료대란 등을 윤석열 정부의 실정으로 지적했다. 대전·충청 사립대 교수들은 "이 모든 것에 대해 국민은 진정성 있는 사과와 함께 남은 임기 동안 국민적 의혹을 해소하고 국가 발전을 위한 비전을 제시하길 바랐지만, 지난 7일 대국민 담화 및 기자회견에서 윤석열 대통령은 진정성 없는 사과와 오만으로 가득한 말로 얼버무려버렸다. 마지막 기대마저 사라져 버렸다"고 통탄했다.

이어 "대통령이 공정한 눈, 올바른 방향성, 정의로운 판단이 없으면 우리 사회가 피와 땀으로 쌓아 올린 결과물이 모래성으로 변할 수 있다. 이제 대통령은 결단해야 한다. 아직도 대통령이 이성적이고 공정한 눈을 조금이라도 가지고 있다면 스스로 자신이 해왔던 실정에 대해 돌아보고 각종 의혹에 대해 책임있는 자세를 취해야할 것"이라고 강조했다.

같은 날 단국대학교 교수들도 시국선언 대열에 합류했다. 단국대 죽전·천안캠퍼스 소속 교수 135명은 시국선언문을 통해 "국민들을 도덕 불감증에 빠져들게 하는 막장극의 주인공은 바로 대통령과 영부인"이라면서 "법률가 출신 대통령의 공정과 상식이라는 구호에 일발의 기대를 걸었던 사람들마저 그 전형적 내로남불에 통탄한다"고 목소리를 높였다.

이어 교수들은 "국정운영의 혼란과 국력 낭비를 최소화하기 위해, 심각한 지경에 빠진 민생 회복을 위해, 대통령 스스로 자신이 과연 걸맞은 자리에 앉아 있는지 진지하게 고민할 때가 됐다"면서 윤 대통령의 하야를 촉구했다. 또 "아직도 대통령이 공정과 상식을 되뇐다면 '정의사회 구현'을 내세운 전두환이 웃고 갈 것"이라며 조롱하기도 했다. 이들은 "대통령의 하야는 우리 역사에 불행이지만, 더 큰 불행을 막기 위해서 현 대통령의 하야가 필요하다"고 강조했다.

〈2024. 11. 29.〉

대학생들의 시국선언1

시국선언은 대학 교수들만 하는 게 아니다. 교수들의 시국선언이 봇물을 이루고 있는 가운데 그들의 제자인 대학생들도 나서고 있다. 먼저 경남지역 대학생 시국 모임은 10월 22일 경남 진주 경상국립대학교 정문 앞에서 기자회견을 열고 '윤석열 정권 퇴진'을 촉구하는 시국선언을 했다. 시국선언엔 경남지역 대학생 1205명이 참여한 것으로 전해졌다.

이들은 기자회견을 통해 "지난 18일 공개된 여론조사 결과에서 20대의 윤석열 정부 지지율은 13%에 불과했다"며 "절반이 채 안 되는 임기 동안 저지른 수많은 만행을 생각하면 오히려 높게 느껴지는 수치다"고 지적했다.

이어 "일제강점기에 우리나라 국민은 없었다고 말하는 자들을 곳곳에 앉히고 미국에 복종하며 일본자위대를 독도 앞바다에 들이는 모습은 이게 어느 나라 대통령인지 의심스럽다"고 설명했다.

이들은 "못 살겠다 외치는 국민들의 목소리에 24번의 거부권을 행사하며 자신에게 반대하는 사람들의 입을 틀어막는 대통령에 대해 더 이상 참아줄 수 없다"며 "대학생의 앞길을 가로막는 윤 정권을 끌어내려야 우리의 미래를 꿈 꿀수 있다"고 말했다.

대학생 진보단체인 반일행동과 한국대학생진보연합은 11월 3일 '학생의 날(학생독립운동기념일)'을 맞아 용산 대통령실 앞에서 시국선언문을 낭독하며 "95년 전 불의에 맞서 투쟁했던 그 날의 학생들처럼 어떠한 탄압에도 굴하지 않고 우리 청년들이 앞장서 '윤건희'(윤석열·김건희) 정권을 탄핵하자"고 외쳤다.

이날은 1929년 항일학생운동이 일어난 것을 기리는 의미로 지정된 '학생독립운동기념일'이다. 진보 성향 단체인 반일행동과 한국대학생진보연합 대학생들은 '썩을 대로 썩은 비리정권, 윤건희 정권 탄핵하자', '대학생이 앞장서서 윤석열을 탄핵하자' 등이 적힌 손팻말을 들고 시위에 나섰다.

기자회견에 참석한 윤겨레 대진연 회원은 "얼마 전 윤석열·명태균 녹취록이 공개됐다. 국민에 의해, 국민의 뜻대로 선출돼야 할 국회의원이 김건희·명태균의 뜻대로 선출됐다. 윤석열은 임기를 채울 자격이 없다"고 말했다. 조서영 윤석열 탄핵소추 촉구 대학생 시국농성단 단장은 최근 대통령 지지율이 10%대로 떨어진 것을 언급하며 "반대하는 국민이 훨씬 많은 역대 최악의 대통령"이라며 "민심은 탄핵"이라고 주장했다.

시국선언문에는 윤석열 정부의 친일·역사관 논란과 비민주적인 태도에 대한 비판이 담겼다. 이들 단체는 "95년 전과 지금의 현실은 다르지 않다. 강제징용 '제3자 변제안' 결정, 사도광산 유네스코 문화유산 등재 동조 등 '용산총독부' 윤석열은 일본 역사 왜곡의 공범을 자처했다"고 했다. 이어 "반윤석열 민심을 '반국가세력'으로 매도하며 공안탄압을 예고하고, 진보정당 등에 대한 압수수색, 미행·불법사찰, 폭력연행 등 군사독재 정권 시기에나 있었을 저열한 탄압을 자행하고 있다"고 지적했다.

전남대학교 학생들도 11월 14일 시국선언문을 발표하고 윤석열 대통령의 퇴진을 촉구했다. 전남대 학생 15명으로 구성된 시국선언

추진위원회는 이날 오전 광주 북구 용봉동 전남대 인문대 1호관 앞에서 시국선언 기자회견을 열고 "윤 정권의 임기가 절반이 지난 지금 대한민국은 말 그대로 파탄 나고 있다"고 말했다.

학생들은 시국선언문을 통해 "대한민국의 민주주의는 후퇴했으며 정치·외교·경제·안보 등 모든 분야에서 국격이 땅바닥으로 추락했다"며 "스무살의 어린 청년이 군대에서 상관의 부당한 지시로 목숨을 잃고, 이태원 길거리에서 159명의 국민들이 목숨을 잃을 동안 국가는 없었고 책임자인 윤 대통령은 남 탓하기에 급급하다"고 주장했다.

학생들은 정부를 '방탄 정권'으로 규정했다. 이들은 "김건희 여사는 명품 가방 수수, 도이치모터스 주가조작, 서울·양평 고속도로 특혜 의혹, 논문 경력, 학력 조작 등 수많은 문제가 제기되고 있지만 정치 검찰을 동원해 무혐의 불기소 처분으로 일관하고 있다"고 꼬집었다.

아울러 "앞으로 이 나라에서 살아갈 대학생이자 청년으로서 윤 정권에 더 우리의 미래를 맡겨놓을 수는 없다"며 "역사 속 항쟁의 맨 앞에 늘 대학생들이 있었듯이 윤 대통령 탄핵 또한 대학생의 힘으로 앞당겨야 한다"고 강조했다. 사학과 박찬우씨(22)는 "107명의 교수님들이 시국선언을 발표했는데 학생들도 가만히 있을 수 없어서 선언을 준비하게 됐다"고 말했다.

11월 21일엔 '윤석열탄핵 대전충청대학생 진보연합실천단'이 충남대 앞에서 발족 기자회견을 열고 본격적인 활동에 돌입했다. 지난 두 달간 서울 국회의사당 앞에서 전국 대학생들과 함께 탄핵 소추 촉구 농성단 활동을 한 이들은 윤 대통령 탄핵 관철을 제일 목표로 내세웠다. 이들은 기자회견에서 말했다.

"최근 보도된 내용에 따르면 지난 총선과 대선에 있었던 여론조작 과정에서 윤 대통령의 목소리가 녹취된 파일까지 나오며 국민들은 탄핵을 넘어 당선무효라는 이야기까지 하고 있다"며 "실천단은 전국에서 동시다발적으로 활동하며 매주 2회 이상 대학가 인근과 번화가를 찾아 윤 대통령 탄핵을 관철시키는 데 나설 것"이다.

〈2024. 11. 25.〉

대학생들의 시국선언2

대통령 윤석열 탄핵소추안 가결 후에도 대학생들의 시국선언이 계속되고 있다. 목원대학교 학생들이 12월 16일 오후 대전 유성구 목원대학교 중앙도서관 앞에서 시국선언 기자회견을 열었다. 이날 시국선언에는 목원대 학생 70명이 서명했다. 이날 기자회견에는 목원대를 졸업한 민주동문회 회원, 교수 등도 함께 참여했다.

목원대 학생들은 시국선언문을 통해 "목원대학교 학생들이 명령한다. 헌법재판소는 내란수괴 윤석열을 즉각 파면하라"고 촉구했다. 이들은 "윤석열 정권의 독단적이고 퇴행적인 국정 운영이 국민의 기본권과 사회적 정의를 심각하게 훼손하고 있는 만행을 더 이상 두고 볼 수 없다"며 "특히 지난 12월 3일 기습적으로 선포된 비상계엄은 민주주의 역사를 부정하는 폭압적 결정이었다"라고 규정했다.

이들은 "이번 계엄 선포는 헌법적 가치와 민주주의를 짓밟는 행위이며 국민들에게 깊은 충격과 공포를 안겨줬다"고 평가했다. 그러면서 이들은 "대학생으로서 윤석열 대통령에게 가장 분노한 것은 159명의 청년이 압사로 희생당한 이태원 참사와 채 상병 사건에 대해 명확하게 진상규명을 하지 않고, 책임을 회피한 것"이라고 지적했다.

이들은 "윤석열 정권이 우리에게 보여준 것은 무능하고, 무책임한 권위주의적인 태도였다"며 "이태원 참사와 채 상병 사건, 역사 왜곡, 한미·한일의 굴욕적 외교, 후쿠시마 오염수 방류 옹호, 연구개발(R&D) 예산 삭감, 국정농단 등 윤석열의 폭주가 멈출 생각이 없어 보인다"고 비판했다.

이들은 "심지어 자신의 지지율이 바닥나니 전쟁을 일으키려 준비한 정황도 계속 나오고 있고, 비상계엄령까지 막무가내로 선포하면서 더 이상 국민이 참을 수 없을 정도의 막장으로 치닫고 있다"고 꼬집으면서 "이로 인해 분노한 민심에 윤석열 정권은 탄핵된 것"이라고 강조했다.

이들은 "우리 목원대학교 학생들은 탄핵소추안 통과에서 멈출 수 없다. 무능하고 무책임한 이 윤석열 정권이 다시 돌아올 수 없도록 헌재가 제대로 된 판결을 하도록 계속해서 행동하겠다"고 선언했다.

끝으로 "우리가 지키고자 하는 것은 단지 오늘의 민주주의가 아니라, 우리 세대와 다음 세대를 위한 정의롭고 평등한 미래"라면서 "극악무도한 윤석열 정권을 탄핵하고 우리가 바라는 사회를 우리 학생들이 앞장서서 만들어 나갈 것"이라고 덧붙였다.

이날 발언에 나선 안치호(신학과) 학생은 "12월 3일 윤석열이 비상계엄을 선포한 것은 군과 경찰을 동원한 친위 쿠데타였다"며 "여전히 국가 폭력의 아픔과 또 비상계엄의 상처와 후유증이 남아 있는 시민들에게 다시 총부리를 겨눈 이 폭력적인 행위는 결코 용납될 수 없다. 헌재는 윤석열을 즉각 파면해야 한다"고 말했다.

한편 이들은 "목원대 학생들의 이름으로 윤석열을 파면한다"는 외침과 함께 판사봉을 두드리는 퍼포먼스를 펼치기도 했다. 또한 "헌재는 지금 당장 윤석열을 파면하라", "내란 옹호 민심 거부 국민의힘 해체하라", "내란 수괴 윤석열을 철저히 수사하고, 처벌하라", "특급 범죄자 김건희를 지금 당장 특검하라"는 등의 구호를 외쳤다.

12월 17일엔 부산보건대학교 재학생들이 이날 낮 12시 10분 비상계엄 선포를 규탄하고 윤 대통령의 탄핵을 촉구하는 시국선언문을 발표했다. 앞서 지난 12월 10일 부산대학교와 동아대학교 재학생들에 이은 대학생들의 시국선언이다.

부산보건대 학생들은 '윤석열 퇴진 부산보건대학교 149연명인 시국선언'에서 "탄핵소추안이 가결됐다고 해서 멈출 수 없다. 내란 수괴 윤석열과 공범을 자처하는 국민의힘을 가만히 두고만 보고 있을 수 없다"며 "민주주의를 바로 세우기 위해 이들이 제대로 된 국민의 심판을 받을 때까지 끝까지 싸울 것을 선언한다"고 밝혔다.

12월 18일엔 국립 부경대학교와 신라대학교가 시국선언에 합류했다. 부경대 206명, 신라대에서는 139명의 학생이 시국선언에 참여했다. 부경대 학생들은 "이제부터가 진짜 시작"이라며 "신속하게 탄핵을 인용하고 헌정질서를 무너트린 윤석열을 물러나게 해야 한다"고 요구했다. 이들은 "그것이 무너진 우리 사회의 정의와 역사를 다시 세우는 길"이라며 나아가 "정의와 불의의 대결에서 한 치도 물러서지 않겠다"라고 각오를 밝혔다.

신라대 학생들 역시 "계엄령을 선포한 순간부터 윤석열은 대한민국의 대통령이 아닌 헌정질서를 파괴한 내란 범죄자"라며 "그런데도 여당이 즉각 사죄하기는커녕 내란에 동조하고 있다"라고 비판을 쏟아냈다. 이들은 민주공화국과 주권을 명시한 헌법 1조를 소환하며 "국민이 쥐여준 권력을 국민에게 휘두르는 여당 해체"를 압박하기도 했다.

시국선언에 참여한 신라대 문헌정보학과 최예지씨는 "내란 동조를 넘어 윤석열과 똑같은 사람들이다. 헌정질서 수호는 온데간데없고 기득권 유지에만 골몰한다면 그 자리에 있을 이유가 없다"고 말했다. 부경대 사학과 김아무개씨도 "이 범죄행위가 제대로 심판받지 않을 경우 우리나라(민주주의)는 심각한 손상을 입게 될 것"이라고 우려했다.

〈2024. 12. 18.〉

제4부

박근혜 탄핵 떠오르게 하는 시국선언

시민단체들의 시국선언

청년·대학생들의 시국선언

종교단체들의 시국선언

시민단체·변호사들의 시국선언

지역단체·의료인들의 시국선언

청년·대학생·대학동문들의 시국선언

대학동문들의 시국선언

대학교 구성원들의 시국선언

장학사·문인단체의 시국선언

퇴직 교사들의 시국선언1

퇴직 교사들의 시국선언2

공감연대와 해병대 예비역들의 시국선언

청소년들의 시국선언

과학계와 해외에서의 시국선언

박근혜 탄핵 떠오르게 하는 시국선언

새삼스러운 얘기지만, 대학교수 시국선언은 현대사에서 주요 국면마다 결정적 역할을 해왔다. 그만큼 한국 사회에서 중요한 의미를 가진다. 1960년 4월 25일 대학교수단이 이승만 대통령의 퇴진을 요구하며 발표한 시국선언 이틀 뒤 이승만 대통령이 하야했다. 꼭 그 때문만은 아니지만, 교수들 시국선언이 이승만 하야에 역할을 한 것만은 분명하다.

1986년 3월 고려대학교 교수 28명의 시국선언 뒤 이어진 전국 29개 대학 시국선언은 전두환 정권 1987년 민주항쟁의 물꼬를 텄다. 그렇듯 교수들은 군사 독재 시절부터 지식인으로서 사회적 책임을 다하기 위해 권력의 남용과 부조리를 비판해 왔다. 오늘날에도 교수들의 목소리는 권력에 대한 견제와 공론화에 큰 역할을 하고 있다.

김용련 한국외국어대학교 교수(사범대)는 "교수 시국선언은 한국 현대사에서 더 이상 여지가 없을 때 터져나오는 지식인들의 종지부 같은 것이었다. 최근 교수 시국선언은 이전과 달리 시민사회 움직임에 견줘서도 빠르게 나오는 분위기인데, 릴레이처럼 이어지고 있어 향후 이 흐름이 집결되면 큰 폭발력을 가질 것으로 보인다"(한겨레, 2024.11.22)고 했다.

잇따르는 대학 교수들 시국선언은 뜻을 모아 정권 퇴진을 요구한다는 점에서 2016년 '국정농단 사태'로 비롯된 박근혜 탄핵을 떠오르게 한다. 다만 이번 시국선언은 대통령 임기가 절반이나 남은 시점에서 시작된 점이 다르다. 비판 범위도 정부 정책을 비롯해 사회적 참사에 대한 대응, 배우자 문제까지 아우른다는 점에서 파급력이 더 크다는 분석이 나온다.

11월 "22일 대학가 등에 따르면 전날 기준 시국선언에 동참한 전국 대학의 교수·연구자는 가천대·한양대·전남대·고려대·경북대·연세대·이화여대 등 55개 대학 3,400여 명이다. 2016년 10월과 비슷하다. 당시 이화여대·서강대를 시작으로 약 일주일 만에 100여 개의 대학 교수와 학생들이 박근혜 대통령 탄핵을 외쳤다. 국정을 농락한 '최순실 게이트'를 보며 민주주의 질서를 파괴한 정권에 분노한 것"(한국일보, 2024.11.23.)이다.

대통령 임기를 기준으로 봤을 때 시국선언 시점이 박근혜 탄핵때보다 훨씬 이르기도 하다. 2013년 2월 취임한 박근혜 대통령은 임기 만 4년을 앞둔 때 국정농단이 폭로되면서 궁지에 몰린 바 있다. 반면 윤 대통령은 2022년 5월 취임해 임기 2년 반을 갓 넘긴 상황이다. 임기 반환점(11월 10일)을 돌기 전부터 대학 교수들 시국선언이 터져 나왔다.

동국대학교 시국선언을 주도한 김준 영상대학원 멀티미디어학과 교수는 "인사 난맥상 등 임기 초기부터 쌓여온 것들이 터졌다"고 지적했다. 비판 범위도 확대됐다. 비선 실세의 국정 개입에 주로 초점이 맞춰졌던 박근혜 정부 때와 달리 이번 시국선언에선 외교·경제·교육 등 다방면에 걸친 문제 제기가 이뤄졌다.

교수들은 ▲편향적인 대미·대일 외교 ▲법인세·상속세 인하 ▲의료대란 ▲연구개발(R&D) 예산 삭감 ▲공영방송 장악 ▲채 상병 사망 수사 개입 의혹 및 미흡한 이태원 참사 후속 조치 등을 현 정권의 실정으로 짚었다. 배우자인 김건희 여사 역시 도마 위에 올랐다. 김 여사의 명품 가방 수수 및 주가조작 의혹에 대한 철저한 조사를 위해 '김건희 특검'이 필요하다는 목소리가 높다.

유달승 한국외대 이란학과 교수는 "2016년에는 핵심 증거였던 태블릿PC 보도 후 모든 관심이 국정 농단에 집중됐다"면서 "이번에는 임기 내 여러 분야에 걸쳐 드러난 잘못들이 다 담긴 것"이라고 설명했다. 정치 성향을 가리지 않고 전국적으로 교수들 시국선언이 이어진다는 특징도 있다.

가령 부산·울산·경남(부울경) 시국선언에는 30여 곳 대학 교수·연구자 652명이 참여했다. 현재 가장 많은 교수가 이름 올린 시국선언이 됐다. 유진상 교수는 "보수 텃밭에서 '욕 얻어먹을 각오'하고 시국선언을 준비했다. 교수님 한 분 한 분 개별 연락을 돌렸다"고 말했다.

부울경 시국선언에 함께한 원동욱 동아대학교 교수는 "과거에도 비슷한 작업을 한 적이 있는데 이렇게까지 큰 호응은 드물었다"며 "우리 사회가 쌓아올린 성과가 물거품이 될 것 같다는 위기의식이 강했던 것 같다"고 했다. 민유기 경희대 교수도 "보수적 성향이라고 생각했던 이공계·의대 교수님들도 현 상황을 우려해 많이 참여하셨다"며 "시국선언문 발표 이후에도 '(늦었지만) 지금이라도 서명하고 싶다'는 메일이 온다"고 했다.

다만 모든 교수들이 흔쾌히 시국선언에 동참할 수 있었던 건 아니다. 함께 연구하는 제자들에 피해가 갈까 무기명으로 이름을 올리거나 연명을 철회한 교수들도 있었다. 안승택 경북대 교수는 "연서명을 하셨다가 '실험실에 딸린 식구가 너무 많다, 미안하다'며 철회를 부탁한 분들도 있었다"며 "시국선언 동참이 또 다른 블랙리스트가 되지 않을까 하는 두려움을 느끼시는 모습을 보며, 우리가 얼마나 (표현의 자유를) 억압받고 있었는지를 또 한 번 생각하게 됐다"고 말했다.

아무튼 대학 교수들의 시국선언을 통한 정권 비판 및 윤 대통령 퇴진 촉구는 계속될 것으로 보인다. 윤 대통령의 지지율이 오랜 기간 20%대에 갇혀 있고 부정 평가는 70% 안팎을 유지하고 있어서다. 이주희 이화여자대학교 사회학과 교수는 "시국선언 발표 이후 뒤늦게 이름을 올린 교수들도 적잖다. 앞으로 다른 대학들이 더 동참할 가능성이 있다"(앞의 한국일보)고 내다봤다.

〈2024. 11. 23.〉

시민단체들의 시국선언

그야말로 시국선언 천하라 할만한 정국이다. 전국 각지에서 대학교수들은 물론 대학생들과 시민단체 등 각계각층의 시국선언이 잇따르고 있어서다. 여기서는 시민단체들의 시국선언을 정리해 살펴보자. 먼저 11월 18일 충청북도 시민단체가 윤석열 대통령의 퇴진을 촉구하는 시국선언에 나섰다.

충북시민사회단체연대회의는 이날 충북도청 브리핑룸에서 기자회견을 열고 "윤석열 정권의 지난 2년 6개월은 헌법적 질서와 가치의 본질을 심각하게 훼손한 시간이었다"며 "윤 대통령은 국정 파탄을 책임지고 즉각 퇴진하라"고 촉구했다.

이들은 "윤 대통령 부부와 주변 세력은 권력을 사유화하고 국정을 농단하면서 민주주의적 제도와 관행을 퇴행시키고 있다"며 "민생을 어려움에 빠지게 하고, 한반도의 전쟁 위기를 고조시키고 있다"고 지적했다. 이어 "자신과 배우자 등의 사법 리스크에 대해서는 공정과 상식에 반하는 자세로 일관하고 있다"며 "이른바 정치 검찰을 앞세워 사법체계의 근간을 흔들고 있다"고 비판했다.

또 "대통령은 법률안 재의 요구권을 남발해 국민 다수의 의사를 대표한 국회의 법률제정권을 훼손했다"며 "최근에는 이른바 '명태균 게이트'가 터져 지난 대선 과정의 여론 조작 및 선거 개입과 국정농단의 실상이 밝혀지고 있다"고 주장했다.

이들은 "지난 4월 총선에서 국민은 윤석열 정권에 이미 심판과 더불어 경고했다"며 "윤석열 정권이 이대로 계속된다면 국민과 나라에 모두 불행한 일이 될 것이 자명하다"고 강조했다. 그러면서 "더 이상 기대할 수 없는 대통령은 즉각 사퇴하는 것이 답"이라며 "그렇지 않으면 국민이 주권을 행사해 대통령직에서 직접 파면에 나설 것"이라고 경고했다.

11월 22일엔 부산 사하구 주민들이 영남권 기초지자체 주민 중에서는 처음으로 윤석열 정권 퇴진 집회를 열었다. '윤석열에 분노한 정당·시민사회단체·사하주민 시국모임'은 이날 부산 사하구청 앞에서 기자회견을 열고 "참을 만큼 참았다"며 윤석열 대통령의 퇴진을 촉구했다. 이들은 윤석열 정권 퇴진 국민투표에 사하구 구민만 5,188명이 참여했다고 밝히기도 했다.

사하구 주민 홍순길씨는 "부산에 온 지 40년 됐다. 그런데 지금 상황이 별로 좋지 못하다"며 "공정과 정의가 무너졌다"고 강조했다. 정경애씨는 "우리 주민들은 공천 개입, 의료대란 등 차고 넘치는 이유를 들어 대통령이 이제 그만 내려가야 한다고 말한다"고 주장했다.

유영현 사하구의회 의원은 "장림동·괴정동·하단동·다대동 등 사하구 지역 자영업자의 신음 소리가 끊이지 않고 울려 퍼지고 있다. 여러 가지 경기 부양책들이 아무런 효과를 못 내고 있기 때문"이라며 "현 대통령과 정부가 대안을 내기는커녕 경기를 계속해서 침체시키고 있다"고 말했다.

11월 23일엔 서울뿐 아니라 전국에서 집회가 열렸다. 가령 전북민중행동과 전북비상시국회의 등 시민사회와 노동계·농민단체로 구성된 윤석열 퇴진 전북운동본부는 전주 모래내시장 앞에서 전북도민대회를 열고 구호를 외치며 윤석열 정권의 실정을 규탄했다. 참석자들은 "물가 폭등에 민생 파탄, 국정 농단 문제까지 정권의 무능과 무책임이 이어져 대통령으로서 자격이 없다"며 윤 정권의 퇴진을 촉구하고 거리 행진을 벌였다.

이 날 전북운동본부는 시국선언을 통해 "윤석열 정권의 오만과 독선, 무지와 폭력은 대한민국 민주주의와 국민의 존엄성을 철저히 짓밟고 있다"며 "민생 파탄과 전쟁 조장, 국정 농단, 권력 사유화 등의 책임을 물어 윤석열을 탄핵하고 김건희를 구속해야 한다"고 주장했다.

이어 "우리 요구가 관철될 때까지 거리로 나설 것"이라며 "동학농민혁명 정신을 계승한 민주주의 수호자로서 단호히 행동에 나설 것"이라고 밝혔다. 전북에서 열린 윤석열 정권 퇴진 집회는 지난 9월에 이어 이번이 두 번째다. 전북운동본부 측은 다음 달에도 집회를 이어간다는 방침이다.

11월 23일 광주광역시에서도 이 지역의 100여 개 단체·개인을 중심으로 한 윤석열퇴진 시국대성회가 열렸다. 시국대성회에 모인 시민들은 윤 대통령 취임 이후 불거진 대일 외교 논란, 채상병·김건희 여사 특검 추진 과정의 거부권 남발 등을 국정 실책이라 규정하며 퇴진으로 책임져야 한다고 촉구했다.

일제 강제노역 피해자들을 지원하는 단체 일제강제동원시민모임 소속 강세웅씨는 윤 정권이 일본의 대변인 역할을 자처하고 있다며 대통령 퇴진을 통한 외교 정상화를 호소했다. 강씨는 "강제노역 피해자들의 제대로 된 피해 회복을 바라고 사과를 받아내야 하는 과정에서 대한민국 정부는 위법적인 방법으로 3자 변제를 강제하고 친일 극우단체를 준동해 고소를 남발하고 있다"며 "이런 행태를 보이는 정부가 과연 국민의 이익을 위한 정부라고 할 수 있는가"라고 꼬집었다.

해병대 예비역연대 대학생 회원인 안충원씨도 "채수근 상병이 세상을 떠난지 1년 반이 넘었지만 아직 누구도 책임지지 않고 오히려 승승장구하고 있다. 채 상병의 죽음 앞에서 가장 책임이 중한 자는 누구인가"라고 물으며 "세 번이나 (특검) 거부권을 행사하며 외압으로 모든 진실을 가리려는 윤 대통령과 김건희 여사가 아니냐"고 꼬집었다.

또 "검사 출신 대통령 윤석열이 강조한 정의와 자유는 무엇인가. 만인이 아닌 자신과 김 여사를 위해 싸우는 윤 대통령은 자유를 외칠 자격이 없다"며 "윤 대통령에게 경고한다. 우리가 들고 있는 촛불을 가볍게 여기지 말라"고 비판했다.

자영업자 전판기씨도 "IMF와 코로나19 시기를 버텨냈지만 지금처럼 힘든 적이 없었다. 자영업자들의 줄폐업을 보고 있노라면 윤 대통령이 주장하는 경제 호황은 거짓이라는 것을 충분히 알 수 있다"며 "촛불로서 과거 정권을 몰아낸 경험이 있는 만큼 이제는 정권 교체만이 아닌 개헌으로 사회의 판을 갈아엎어야 할 때다"라고 목소리를 높였다.

〈2024. 11. 26.〉

청년 · 대학생들의 시국선언

대학생은 아니지만, 11월 23일엔 온라인을 통해 서명에 동참한 '윤석열 퇴진을 위해 행동하는 청년 일동' 111명이 "앞선 세대가 우리에게 물려준 민주주의의 가치가 쓰러져가는 것을 보고 있다. 더 이상 윤석열 정부의 손에 우리의 미래를 맡길 수 없다"라는 시국선언문을 발표했다.

시국선언문은 "오늘도 힘겨운 하루를 마치고 무거운 가방을 바닥에 내려놓는다"라는 문구로 시작된다. 청년들은 "정치인들 이야기에 일일이 열 내봤자 내 삶은 바뀌지 않는다고 외면해왔고, 죽음 앞에서도 시민으로서 마땅한 목소리를 내지 못한 채, 바쁜 일상을 그저 버텨낼 뿐이었다"라고 고백했다.

이어 "나 하나의 침묵이 오늘의 상황을 만든 것은 아닐 거라 애써 고개를 돌렸다"라며 "하지만 집으로 돌아오지 못한 159명을, 구명조끼 하나 없이 하천을 수색하던 해병대원의 모습을, R&D 예산을 복원하라 외치다 입이 틀어막혀 끌려 나간 학생을, 응급환자들이 병원 문턱도 밟아보지 못하고 죽어간 것을 기억한다"라고 했다.

그러면서 "공천 개입, 주가조작, 명품백 수수와 같은 논란들 속에서 이 정부가 우리의 미래를 그려본 적 없다는 것을, 대국민 담화를 시청하는 국민들의 눈에서 희망이 바스러지는 것을, 잘못을 덮으려는 거짓 앞에서 '공정과 상식'이 사라지는 것을 보고 있다"라며 "민주주의를 무너뜨리고 거짓으로 국민의 눈을 가리는 윤석열은 퇴진하라"고 외쳤다.

 청년들은 "이 외침이 생명과 존엄, 공정의 최저선과 민주주의의 진실한 가치를 회복하기 위한 것이며, 평화와 정의를 이야기하기 위한 것"이라고 말했다. "이 가치들을 훼손하려 하는 윤석열 정부를 더 이상 보고만 있지 않겠다. 이제 우리의 현재와 다음 세대의 미래를 위해 행동하겠다"라고 했다. 이들은 오는 12월 6일까지 온라인을 통해 윤 대통령 퇴진 서명을 받을 것이라고 밝혔다.

 "교수님들 시국선언에 학우들의 지지 포스트잇이 많이 달렸어요. 제가 모르는 학우들 목소리가 참 반가웠습니다."

 고려대학교 생명공학부 재학생 노민영(20)씨는 11월 25일 '침묵을 깨고 함께 외칩시다'라는 제목의 대자보를 개인 명의로 학교에 붙였다. 윤석열 대통령 퇴진을 촉구하는 학생 시국선언에 동참을 호소하는 글이다. 교수들이 이름을 걸고 내놓은 시국선언, 그 위에 덧붙은 학생들의 '응원'은 자극이 됐다.

 그는 "학생들의 목소리를 그냥 포스트잇으로 남겨두고 싶지 않아 시국선언을 해보려 대자보를 썼다"고 말했다. 교수들이 시작한 대학가 시국선언에 학생들도 호응하고 있는 것이다. 전국 20개 대학에 지부를 둔 윤석열퇴진대학생운동본부는 11월 26일 "대통령 퇴진을 요구하는 대자보를 전국에 150여 장 붙였고 앞으로도 이어갈 예정"이라고 밝혔다.

 고려대생 노씨는 개인 명의의 대자보를 붙이며 시국선언문 연명 참여 양식으로 연결되는 정보무늬(QR) 코드를 적었다. 노씨는 "누구나 접근할 수 있는 방식으로 같은 뜻을 가진 학우들을 모으고 싶었다. 하루만에 80여 명이 모였다"고 했다.

서울대학교에서도 '불공정과 비상식의 대명사, 윤석열 동문의 퇴진을 촉구한다'는 제목의 익명 대자보가 먼저 나붙었다. 전날 숭실대학교에서 나온 시국선언문은 정치외교학과 학생 50명 명의였는데, 이들은 "함께 목소리 내고, 민주주의를 지키기 위해 저항해야 합니다"라는 문장을 적어 넣으며 동참을 요청했다.

김종영 경희대학교 교수(사회학)는 "과거처럼 총학생회가 아닌 개인이나 작은 단위가 시작하는 공론화 방식은 파편화로 보일 수도 있지만, 탈중심화 또는 다원화한 대학 사회의 모습이기도 하다"고 평가했다.

11월 26일 성신여자대학교 학생·동문들도 대통령 퇴진을 요구하는 시국선언에 나섰다. 이날 오전 성신여대 민주동문회 등이 기자회견을 열고 "지지율은 10%로 주저앉고 탄핵 여론이 70%에 육박하는 윤석열 정권에 대한 평가는 모두 대통령이 자초한 것"이라고 비판했다. 시국선언에는 성신여대 재학생과 동문 등 51명이 연대 서명했다.

성신여대 1학년 전수민씨는 회견에서 "자격도 없는 사람이 여론을 조작하고, 국민의 대표자를 뽑는 공천에 개입하고 대통령이 이에 가담했다"며 "앞으로 제가 살아갈 날들을 위해, 앞으로 계속 들어올 후배들을 위해 탄핵에 목소리를 내겠다"고 했다.

이들은 시국선언문을 통해 "대통령의 국정에는 민생이 없다"고 했다. "취약계층에 대한 예산은 감축하고 대통령실의 해외 순방비 예산은 늘린다"며 "국고가 부족해 국민 청약통장까지 끌어쓰면서 해외 순방비에는 532억 원의 예비비를 아낌없이 쓰는 정부"라고 직격했다.

공권력이 정권 비호에 사용되고 있다는 지적도 나왔다. 이들은 "얼마 전 부경대에서는 윤 대통령 퇴진 목소리를 낸 대학생들을 경찰 200명이라는 공권력을 투입해 연행했다"며 "정권을 비호하는 국정원·검찰·경찰청에 대한 예산은 늘리고 디지털 성범죄 예산 등 국민 안전과 생명이 달린 범죄에 대한 예산은 줄이는 게 윤석열 정부"라고 했다.

이렇듯 "최근 학생들의 대통령 퇴진 주장은 총학생회가 중심이 돼 학생 전체 의견을 대표하는 '위에서 아래로' 향하는 방식보다, 개인이나 학과 차원에서 학생들이 의견을 내고 온라인 등을 통해 연대 범위를 넓히는 '아래에서 위로' 향하는 방식이 특징이다"(한겨레, 2024.11.27.)라는 분석이 나오고 있다.

〈2024. 11. 27.〉

종교단체들의 시국선언

11월 24일 오후 한국기독교장로회 전남·광주 5개노회(목포노회·전남노회·전남서노회·광주노회·광주남노회)는 목포 YMCA에서 시국기도회를 열었다. 기도회 후 목포역 광장까지 행진을 마친 목회자와 교인 등 100여 명 참가자들은 성명을 발표하고 나라와 민족을 위해 '윤석열 파면, 특검 수용과 즉시 퇴진' 등을 주제로 기도할 것이라고 밝혔다.

이들은 "정치·경제·사회·문화·교육·행정·의료·과학 어느 한 곳이 성한 데가 없다. 민생이 파탄나고 나라 살림은 거덜날 지경이다. 검찰과 사법부는 대통령 일가 친위조직으로 전락하고, 청렴한 공직자는 바보가 됐다"고 개탄했다. 이어 "이태원 참사, 채 해병 사건으로 무능·무책임·무도한 권력의 민낯을 보여주더니, 선출되지 않은 권력이 선출된 권력을 대신한다"고 비판했다.

또 "아내의 역할에만 충실하겠다더니 '철없는 오빠'를 방패막이 삼아 대통령 놀이를 하고, 공천개입의 국정농단이 내부자의 입을 통해 만천하에 공개됐다"며 탄핵을 외치는 이유를 설명했다. 이들은 "대통령으로서 국민의 생명과 안전에 무관심하며, 거짓으로 진실을 가리고, 무지와 무책임으로 제멋대로 돌진하는 윤석열 대통령의 퇴진을 주장하며, 전국 각지에서 시국선언이 이어지고 있다"고 밝혔다.

또 "업적이라고는 단 한 가지도 찾아볼 수 없는 단군이래 최고로 무능한 정부는, 한 일이라고는 거부권밖에 없고 움직일 때마다 망신이요 망사요 폭망"이라고 강하게 비판하고, "더 이상의 관용은 없다"고 경고했다. 권력과 가진 자들을 대변해주는 회칠한 무덤 같은 교회에서 벗어나 백성들의 고통과 눈물을 닦아주며 함께 일어나 '역사의 화살촉이 되자'고 강조했다.

앞서 열린 시국기도회에서 광주노회 유옥주 목사는 "'남편을 위해 내조만 하겠다'던 허위자백에 속았고, '아내는 주식투자해서 손해만 보았다'더니 22억 9,000만 원을 남긴 선수였다. 또 속았다"며 "아무리 전 정권 탓하고, 거부권을 남발하고, 입을 틀어막고, 방송을 장악해도 망해가는 대한민국의 일등공신은 용산궁임이 분명해지고 있다"고 비판했다.

전남노회 윤선하 목사는 성경 말씀을 인용 "감추어둔 것은 드러나게 마련이고 비밀은 알려지게 마련"이라면서 "'바이든'을 '날리면'이라고 우기듯, 가짜뉴스라고 둘러대기에는 너무 명확한 증거들이 내부로부터 쏟아진다"고 말했다. 특히 "이미 10%대의 지지율로 정권 말기 징후가 곳곳에서 나타난다"며 "용산궁과 독재검찰과 친위언론들만 모르지 들을 귀가 있는 사람은 다 알고 있는 사실"이라고 강조했다.

또 "'국정농단 공천개입 김건희 특검 수용'을 요구하는 시국선언이 이어지고, '철없는 오빠 윤석열은 퇴진하라!'는 조롱과 '특검을 거부한 윤석열이 범인이다'고 진범으로 특정하고 있다"며 "예언자 나단의 외침처럼 모두가 가리키는 곳은 용산궁"이라고 비판했다.

광주남노회장인 전민 목사는 "이세벨의 국정농단이 극에 달할 때 엘리야를 갈멜산에 세우셨듯 끊임없는 거짓과 무속과 검찰 독재의 민낯이 드러나는 이때, 주님은 교회를 부르신다"며 "잠자는 대한민국을 깨우고, 시대정신을 다시 세우고, 교회를 깨우는 십자가를 따르며 '깨어나라. 일어나라. 달리다 쿰'을 힘차게 외치자"고 당부했다.

11월 28일엔 천주교 사제 1,466명이 "무섭게 소용돌이치는 민심의 아우성을 차마 외면할 수 없어 천주교 사제들도 시국선언의 대열에 동참하고자 한다"고 밝혔다. "조금 더, 조금만 더 두고 보자며 신중에 신중을 기하던 이들조차 대통령에 대한 신뢰와 기대를 거두고 있다"면서 "나머지 임기 절반을 마저 맡겼다가는 사람도 나라도 거덜 나겠기에 더 이상 그는 안 된다"고 결론을 낸 것이라고 강조했다.

사제들은 "그를 지켜볼수록 "저들이 하고자 하는 것은 무엇이나 못할 일이 없겠구나."(창세 11,6) 하는 비탄에 빠지고 만다. 그가 어떤 일을 저지른다 해도 별로 놀라지 않을 지경이 되었다"면서 "사람이 어째서 그 모양인가"라고 질타했다.

이어 "대통령 윤석열씨"를 "끔찍하고 무시무시하고 아주 튼튼한 네 번째 짐승"(다니 7,7)에 빗대면서 "그러는 통에 독립을 위해, 민주주의를 위해, 생존과 번영을 위해 몸과 마음과 정성을 다 바친 선열과 선배들의 희생과 수고는 물거품이 되어가고 있다"고 개탄했다. "아무리 애를 써도 우리의 양심과 이성은 그가 벌이는 일들을 도무지 이해할 수 없다"는 것이다.

사제들은 "그가 세운 유일한 공로가 있다면, '하나'의 힘으로도 얼마든지 '전체'를 살리거나 죽일 수 있음을 입증해준 것"이라며 "지금 대한민국이 그 하나의 방종 때문에 엉망이 됐다면 우리는 '나 하나'를 어떻게 할 것인지 물어야 한다"고 밝혔다.

"우리는 뽑을 권한뿐 아니라 뽑아버릴 권한도 함께 지닌 주권자이니 늦기 전에 결단하자"면서 "헌법준수와 국가보위부터 조국의 평화

통일과 국민의 복리증진까지 대통령의 사명을 모조리 저버린 책임을 물어 파면을 선고하자"고 했다. 이날 천주교 사제 '시국선언'에는 옥현진 대주교(광주)와 김선태(전주)·김종강(청주)·김주영(춘천)·문창우(제주) 주교도 동참했다.

〈2024. 11. 28.〉

시민단체·변호사들의 시국선언

11월 26일 대전지역 종교계 및 시민사회 원로와 학계 인사, 시민들이 윤석열 정부의 실정을 비판하는 공동 시국선언을 했다. 대전비상시국회의와 '민주평등사회를 위한 전국교수연구자협의회(민교협) 대전세종충청지회'는 이날 오전 11시 대전시청 앞에서 기자회견을 열고 대전지역 원로와 학계 인사, 시민 262명이 참여한 시국선언문을 발표했다.

이들은 시국선언문을 통해 "윤석열과 그를 추종하는 기득권 카르텔은 그동안 역사교육과 법질서·의료·국제외교·환경·서민복지·지역 균형발전 등 모든 분야에 걸쳐 대한민국을 철저하게 망가트렸다"며 "우리는 대통령 윤석열과 그를 옹호하는 잔당들을 우리 사회에서 영구히 퇴출해 다시는 이런 역사의 퇴행을 반복하지 않을 것으로 다짐하며 온 천하에 선언한다"고 밝혔다.

이어 "하루가 멀다고 보도되는 윤석열·김건희·명태균으로 이어지는 국정 농단은 갈수록 점입가경이고, 노동자·농민·빈민·소상공인과 자영업자의 삶은 백척간두에 놓여 있으며 지역은 소멸의 길로 들어서고 있다"며 "이제 우리는 자신들의 탐욕만 추구하는 윤석열 일당을 위해 희생당하지 않겠다고 선언하며, 더 이상 침묵의 방관자가 되는 것을 거부한다"고 덧붙였다.

남재영 대전비상시국회의 상임대표는 기자회견에서 "(윤 대통령이) 더 이상 권좌에 앉아 있어서는 안되며 국민이 퇴출시켜야 한다는 요구가 봇물처럼 터져 나오고 있다"며 "오늘 시국선언을 계기로 폭정 종식을 위한 시민들의 지혜와 힘을 모아나가겠다"고 밝혔다.

같은날 정오엔 민주평등사회를 위한 대구경북교수연구자 연대회의·대구경북 전문직단체협의회·대구경북대전환원로시민회의가 대구시 중구 국채보상공원에서 시국선언을 발표했다. 시국선언 서명에는 교수·연구자·의료·변호사·종교계 등 다양한 분야의 지식인들이 참여했다.

이들은 "대한민국은 지금 벼랑 끝, 위기의 상황이다. 무도하고 아둔한 자에게 주어진 권력이 대한민국 공동체를 파탄내고 있으며, 우리의 미래를 잠식하고 있다. 더 이상 기다릴 수 없다. 윤석열의 저 무도한 광란의 칼춤을 멈추게 하지 않고서 대한민국의 미래는 없다"고 밝혔다.

또 "윤석열의 탄핵 사유는 이미 차고 넘친다. 대통령에게 위임된 권력은 윤석열 개인과 그의 가족을 지키기 위해 사유화되고 있고, 국민이 위임한 바 없는 김건희에 의해 진행된 국정농단의 실체가 점점 분명해지고 있다"고 지적했다.

이어 "국채보상운동과 4월혁명의 도화선이 된 2·28민주운동의 도시, 이 우국의 땅 대구·경북의 지식인들은 윤석열에게서 더 이상 어떠한 가능성도, 일말의 희망도 기대하지 않는다. 대한민국을 위해 윤석열이 할 수 있는 유일한 일은 대통령의 자리에서 내려오는 것이다. 역사와 국민의 준엄한 명령이다. 윤석열은 대통령직에서 물러나라"고 강조했다.

11월 28일엔 전북변호사협회(전북변협) 소속 82인의 변호사들이 윤 대통령의 즉각 퇴진을 촉구하는 시국선언에 나섰다. 전북변협 소속 변호사 310여 명중 이날까지 익명 4명을 포함한 82명이 시국선언문에 이름을 올린 것으로 전해졌다. 이렇듯 변호사들이 따로 단체행동의 시국선언을 한 것은 전국적으로 전북변호사협회가 처음이 아닌가 한다.

말할 나위 없이 윤 대통령이 자유민주주의를 억압하고 민주공화국의 가치를 훼손했다는 이유에서다. 이들 변호사들은 이날 전북특별자치도의회 브리핑룸에서 기자회견을 갖고 채상병 순직사건, 이태원 참사, 양평고속도로, 명태균 게이트, 명품가방, 주가조작사건, 황제골프, 외교 정책 등 그간의 실정을 강도 높게 비판했다.

이들 변호사들은 "지난 2년 반 동안 검사 출신 대통령이 수많은 사람들의 피와 땀으로 이룩한 민주공화국 대한민국의 근본 가치를 무너뜨리는 모습을 보며 법조의 한 축으로서 아무것도 하지 못한 무력감에 우리는 고통받았다"고 목소리를 높였다. 이어 "윤석열 대통령은 민주주의가 정착된 이래 가장 많은 25회의 법률안거부권을 행사했다"며 "이 과정에서 국회의 입법권은 철저히 무시되었고, 삼권분립의 민주주의 기본정신은 파괴됐다"고 말했다.

또 "아무런 대가도 보상도 없는 친일 굴종외교, 지나치게 편향된 친미 사대외교, 무책임한 우크라이나 무기지원 등 윤석열 정부의 외교정책은 자국우선주의라는 냉혹한 국제질서의 시류에도 맞지 않은 황당무계 그 자체"라고 말했다.

전북변협 회원들은 그러면서 "이러한 대통령에게 항의하면 입을 틀어막고 사지가 비틀린 채 끌려 나간다"며 "국민의 인권은 간데없고, 대통령의 존엄은 신성불가침이다. 자유민주주의를 억압하고 민주공화국의 가치를 훼손한 윤석열은 퇴진해야 한다"고 목소리를 높였다.

 이들은 "법조인들은 우리 전북이 전국에서 처음이니만큼 전국에서 숨죽이고 있는 법조인·변호사들도 시국선언에 함께 할 것으로 믿는다"며 동참을 촉구하기도 했다. 변호사 시국선언에 물꼬를 튼 전북변협 회원들의 용기에 얼마나 많은 동료들이 호응해올지 귀추가 주목된다.

〈2024. 11. 28.〉

지역단체·의료인들의 시국선언

대학 교수들의 시국선언이 각계각층으로 확산하는 모양새다. 가령 11월 28일 오전 11시 충남의 당진지역 단체 대표자 및 원로 200인이 윤석열퇴진 당진시국선언을 발표하는 기자회견이 있었다. 충남에서도 당진을 시작으로 윤석열 퇴진 시국선언의 물꼬가 트일지 귀추가 주목되는 지역단체의 활동이라 할 수 있다.

이날 오후 7시엔 당진터미널 광장에서 윤석열 퇴진 촛불문화제가 열렸다. 이번 촛불은 윤석열퇴진 당진운동본부가 주최하는 4차 촛불로, 당진문화연대가 주관하여 문화제 형식으로 진행했다. 비가 내리는 악천후와 추위에도 70여 명의 시민들이 운집했다. 진도북춤·악기합주·한국무용·성악 등의 다채로운 문화공연이 펼쳐진 가운데 윤석열 퇴진을 촉구하는 발언도 이어졌다.

첫 번째 발언자로 나선 김진숙 진보당 당진시위원장은 "윤석열 대통령의 민생법안 거부권 남발과 민생파탄의 폭주는 국민의 삶을 벼랑 끝으로 내몰고 있다"며 "국민이 이제 윤석열을 거부했다"고 윤석열 퇴진을 강하게 촉구했다. 이어 유이계 소들섬과 우강사람들 대표는 "나라 꼴이 말이 아니다. 윤석열 대통령 임기가 끝나길 더 이상 기다릴 수 없다"며 "윤석열 퇴진에 주권자인 국민으로서 힘써 나서겠다"는 각오를 밝혔다.

세 번째 발언자로 나선 이종섭 당진시농민회장은 "농번기가 지나고 겨울이 와도 계속 바쁠 것 같다. 다가오는 겨울, 윤석열 퇴진 투쟁에 모두가 나서서 퇴진의 봄을 맞이하자"며 "농민의 현실은 이미 나락으로 떨어져 남은 건 투쟁밖에 없다. 윤석열 퇴진에 농민들도 앞장서겠다"고 목소리를 높였다.

마지막으로 최범규 정의당 당진시위원장은 "윤석열 대통령이 잘하는 게 술 마시고, 해외여행 가는 것이다"며 "대통령이 잘하는 것이 국민들을 고통스럽게 하는 것뿐이라면 대통령 내려와야 한다. 윤석열 퇴진시킬 때까지 계속 모이자"고 참가자들을 독려했다. 당진촛불은 매달 넷째 주 목요일 당진터미널 광장에서 개최한다.

11월 28일 보건의료계에서도 윤석열 대통령 퇴진을 요구하는 시국선언이 나왔다. 흰색 가운 차림을 한 의료인 20여 명은 이날 서울 중구 광화문 광장에서 기자회견을 열고 "국민의 생명을 위협하는 윤석열 대통령은 퇴진하라"고 외쳤다. 건강권 실현을 위한 보건의료단체 연합 등이 준비한 시국선언에는 간호사·약사·의사·치과의사·한의사·보건의료노동자·보건의료 연구자 및 활동가·보건의료 학생 등 1054명이 이름을 올렸다.

우석균 인도주의실천의사협의회 정책자문 위원장은 "지역에 갈 의사들이 모자란다며 의대 정원 1500명을 늘려놨지만 그 의사들이 지역에 갈 공공 의사제나 지역 의사제는 전혀 마련하지 않았다"며 "의사들에게도 책임이 있지만 당장 응급실에 못 가 사람이 죽어도 '의료 대란은 없다'는 말만 되풀이하는 윤 정부에 더 큰 책임이 있다"고 했다.

병원 노동자들에게 의료 대란의 위기를 전가하고 있다는 비판도 나왔다. 최정화 건강권실현을 위한 행동하는 간호사회 대표는 "윤 정부는 의사 업무를 손쉽게 간호사가 메우게 하고 있다"며 "인력부족과 높은 업무 강도로 인해 올해 8월까지 국립대 병원 저연차 간호사가 700명 넘게 병원을 떠났다"고 했다.

　김의동 건강사회를위한치과의사회 공동대표는 "총선을 앞두고 2000명이라는 숫자만 강조될 뿐 민간과 시장에 내맡겨져 왜곡된 보건 의료제도의 문제점을 개선하는 모습은 찾아볼 수 없었다"며 "정부는 자신들이 초래한 의료대란을 해결할 능력도 의지도 없어 보인다"고 했다.

　이들은 국민의 생명에 대한 위협은 의료영역에만 국한되지 않는다며 시국선언의 이유를 밝혔다. 우 위원장은 "전쟁의 위협을 막아야 할 상황에 우크라이나 파병과 살상 무기 지원을 논해 국민의 생명을 직접적으로 위협하고 있다"고 했다. 이태원 참사 희생자 이재현군 어머니이자 약사인 송혜진씨는 "충분히 살릴 수 있었던 수많은 생명이 생을 달리하는 것을 목격해야 했다"며 "국민의 생명을 존중하고 안전한 일상을 되찾아야 한다"고 외쳤다.

　이들은 시국선언문에서 "윤석열 정부는 말로는 의료개혁을 외치면서 사실상 건강보험을 축소하고, 가난한 환자들의 의료이용에 장벽을 두는 의료비 인상을 추진하고 있다"며 "이 정부가 실제로 해 온 일은 기업과 재벌 병원을 위한 건강보험 축소, 공공병원 고사, 의료민영화"라고 비판했다.

〈2024. 11. 28.〉

청년·대학생·대학동문들의 시국선언

'윤석열 퇴진을 위해 행동하는 청년 일동'(이하 윤퇴청)이 또다시 나섰다. '청년·대학생들의 시국선언'에서 이미 말했듯 11월 23일 온라인을 통해 서명에 동참한 '윤석열 퇴진을 위해 행동하는 청년 일동' 111명이 213명(11월 29일 오전 기준)으로 늘어나 11월 28일 오후 이태원역 1번 출구 인근에서 기자회견을 가진 것이다.

이들은 "더 이상 윤석열 정권에 우리의 미래를 맡길 수 없다"며 시국선언에 나섰다. 이들은 '이따위 대통령을 더 이상 용납할 수 없다'는 제하의 시국선언을 통해 "힘겨운 하루하루를 버티듯 살아내며 뉴스 속 이야기들은 나와 무관하다고 믿었다"며 "하지만 이태원 참사와 채상병 순직사건 이후 사태를 책임지기는커녕 진상규명을 방해하려 했던 윤석열 정권을 분명하게 기억한다"고 성토했다.

이어 "의료대란과 반복되는 일터에서의 죽음, 딥페이크 범죄의 일상적 위협과 경제적으로 어려운 처지의 사람들에게 더 가혹하게 다가오는 기후위기의 두려움 앞에서 정부가 제 역할을 하지 못하고 있다"며 "국민들의 삶을 위협하는 문제들이 턱 밑까지 차오르는데도 윤석열과 김건희의 안위 앞에 우리의 문제는 보잘것없는 것이 됐다"고 목소리를 높였다.

윤퇴청 관계자는 시사저널에 "문제의식을 공유하는 또래의 친구들이 처음 모여 얘길 나누며 행동을 시작했다"며 "윤 대통령이 퇴진해야 한다고는 생각하지만 아직 특정 정당이나 정치세력이 주도하는 주말집회에 나가기에는 마음이 움직이지 않는 또래의 청년들이 많다고 느껴서 청년 개개인이 동의하고 모일 수 있는 시국선언을 쓰고 싶었다"고 전했다.

현재까지 윤퇴청에 참여하는 청년들은 대개 20~30대로 직장인·대학·대학원생·연구원·취업준비생 등 일반 청년들이 자발적으로 모인 것으로 전해졌다. 윤퇴청 측은 다음 달 6일 자정까지 계속해서 온라인 서명을 받는다고 밝혔다.

11월 29일엔 전북지역 대학생들이 "윤석열 대통령에게 청년의 미래를 맡길 수 없다"며 윤 대통령의 즉각 퇴진을 촉구하는 시국선언에 나섰다. 전북윤석열퇴진대학생행동은 이날 전주시 전주대학교 정문 앞에서 '윤석열 정부 퇴진! 전북지역 대학생 시국선언' 기자회견을 열고 "청년들이 어떤 삶을 살고 어떤 고민을 가지고 어떤 두려움 앞에 서있는지 전혀 고려하지 않는 정부를 끌어내려야 한다"고 밝혔다.

자리에 모인 학생들은 "윤석열 정부가 출범한 지 2년 7개월이 됐지만 김건희 여사와 자신의 측근에게 제기되고 있는 문제는 모두 무혐의와 불기소 처분으로 일관하고 있다"며 "그러면서 청년 피해자가 다수인 전세사기 특별법, 노동자를 위한 노란봉투법, 농민을 위한 양곡관리법 등 서민을 위한 법에는 모두 거부권을 행사하며 민생 파탄의 정점에 올랐다"고 주장했다.

전주대에 재학중인 백송이(24·여)씨는 "윤 정부가 들어선 2년 반 동안 대한민국은 초토화가 됐다. 한국 정부가 맞는지 의심스러울 정도의 친일적 태도에 역사를 전공한 저로서는 정말 많이 부끄러웠다"며 "또 민생 관련 법안 거부권 행사로 인해 각 지방 지역은 직격탄을 맞았다"고 비판했다.

백씨는 "지난해 윤 대통령은 청년들에게 '국정 전반에 걸쳐 목소리를 내야 한다', '청년들이 국정 동반자다'라고 말했는데 정말 언행 불일치가 따로 없다"며 "주위 청년들은 취업 걱정에 물가 상승으로 힘든 생활을 겪고 있는데 청년 예산 삭감까지 나선다. 윤 대통령에게 '동반자'는 어떤 존재인가"라고 물었다.

이어 "국민에게 필요한 것은 외면하고 민생을 돌보지 않는 현 정권에게 더 이상 우리 청년들의 미래를 맡길 수 없다"며 "앞으로 이 나라를 살아갈 청년 대학생들의 힘으로 우리 지역부터 정권 퇴진이 되는 그날까지 달려가겠다"고 말했다.

11월 29일엔 이재명 더불어민주당 대표가 졸업한 중앙대학교 동문들도 시국선언에 동참했다. 의혈중앙대학교 민주동문회 등 졸업생 단체들과 중앙대 출신 개인 등은 이날 오후 중앙대학교 흑석교정 정문에서 '의혈 중앙대학교 동문 시국선언 참여자 일동'이라는 이름으로 시국선언문을 발표했다.

이들은 '윤석열은 대통령 자리에서 즉시 물러나라!'라는 제하의 선언문에서 "지난 2년 반, 바뀐 것이라고는 대통령 밖에는 없는데, 선열들과 국민들이 목숨을 바쳐 쌓아 올린 대한민국의 민주주의가 뿌리째 흔들리고 있다"고 강조했다.

이어 ▲대통령관저 공사 비리 ▲서울양평고속도로 종점 이전 ▲이태원 참사 책임회피 ▲채 해병 사망 사건에 대한 진상규명 방해 ▲도이치모터스 주가조작 불기소 ▲김건희 명품백 수수 불기소 ▲대통령과 영부인의 공천개입 등 윤석열 정권하에 벌어졌던 각종 논란과 의혹들을 열거하며 "그 하나하나가 대통령직무 수행에 있어 결격의 사유이며, 나아가 대통령 탄핵의 사유가 되기 충분한 중대 범죄"라고 지적했다.

마지막으로 중앙대 동문들은 "촛불로 시작한 국민들의 윤석열 퇴진 요구는 이제 거스를 수 없는 들불이 되었다"며 "이에 의혈 중앙대학교 동문일동은 윤석열·김건희와 그 일당을 향한 전국민적 심판의 대열에 함께 할 것을 선언한다"고 소리 높였다.

한편 이날 시국선언에 참여한 중앙대학교 동문 단체는 의혈중앙대학교 민주동문회, 이내창기념사업회, 중앙대 성남동문회, 중앙대 동문산악회 '내리,한강 산우회', 중앙대 동문노래패 '어울소리', 중앙대 동문극단 '7번출구', 중앙대86학번 동문모임 '민사랑' 등이다. 민생경제 전문가인 안진걸 민생연구소장 등 많은 중앙대 출신 인사들도 개별적으로 참여해 뜻을 보탰다.

〈2024. 11. 29.〉

대학동문들의 시국선언

 11월 29일 이재명 더불어민주당 대표가 졸업한 중앙대학교를 비롯 전국의 각 대학 민주동문회의 시국선언이 잇따르고 있다. 먼저 김건희 여사의 박사논문 표절 논란이 있었던 국민대학교 민주동문회 일동은 "결자해지의 때가 왔다"며 시국선언문을 11월 30일 발표했다.

 이들은 "선거를 통해 부여된 권력을 주가조작 · 뇌물수수 · 공천개입 등으로 개인의 영달을 위해 남용하고, 거부권으로 노동자와 민중들의 정당한 요구를 억압하고 그들의 투쟁을 간첩 행위로 몰아갔다"며 "한반도 전쟁위기를 조장해 국민들의 삶을 도탄에 빠트린 현 정권, 그 핵심에 윤석열과 김건희가 있다"고 밝혔다.

 이어 "무능력과 비상식으로 점철된 현 정권의 퇴진을 요구하는 목소리가 날로 높아지는 가운데, 우리 국민대학교 동문들은 윤석열 정권에 더 이상 통치의 자격이 없음을, 하루라도 빠른 퇴진이 곧 민생이고 평화요 안전임을 선언한다"고 덧붙였다.

 이들은 "김건희를 소위 '여사'의 자리에 올려놓은 것, 그 자리를 이용해 온갖 전횡을 저지를 수 있도록 한 것은 김건희의 박사논문이었다. 소위 김건희 '동문'의 박사학위논문을 심사하여 학위를 부여한 학교는 국민대학교였다"며 "우리 국민대학교 동문들은 큰 책임과 부끄러움을 느낀다"고 고백했다.

 앞서 김 여사의 2008년 국민대 테크노디자인 전문대학원 박사학위 논문인 '아바타를 이용한 운세 콘텐츠 개발 연구: '애니타' 개발과

시장적용을 중심으로'는 언론보도와 인터넷 블로그, 김 여사가 재직했던 ㅇ사의 사업계획서를 도용했다는 의혹이 제기됐다. 학술지에 게재된 논문 영문 제목에 '회원 유지'를 'member Yuji'라고 적어 논란을 빚기도 했다.

국민대 민주동문회는 "윤석열이 무능과 독선의 길을 '돌을 던져도 맞고 가겠다'고 한다면 우리 국민대학교 동문들은 윤석열을 거꾸러뜨릴 큰 바위가 되어 기필코 윤석열 정권을 타도하고 새로운 민주국가 건설의 선봉에 서야 하는 책임이 있다"며 "우리의 부끄러움이 큰 만큼 우리의 싸움도 치열할 것"이라고 선언했다.

12월 2일엔 단국대학교 천안교정 민주동문회(천안 단대 민주동문회)가 시국선언을 통해 연대에 나섰다. 천안 단대 민주동문회 150명은 이날 언론에 배포한 선언문을 통해 "단국대 교수님들의 시국선언을 지지하며 윤석열 정권에게 엄중하게 경고한다"라고 밝혔다.

이들은 "(윤석열 대통령이) 국민과 약속했던 '공정과 상식'의 세상을 기대하며 기회와 시간을 주었음에도 외교 참사, 국정 농단 및 사유화, 한반도 전쟁 고조, 민생 파탄 등 나열하기 힘든 국정을 펼치며 국민에게 고통을 주고 있다"고 비판했다.

이어 "정치검찰 뒤에 숨어 국민 위에 군림하며 국민을 기만하고도 사과와 반성, 국정 쇄신의 의지는 없고 국민을 호도하고 갈등을 조장하는 무능함을 보이고 있다"고 직격했다. 그러면서 "표현의 자유를 보장한 인권위의 결정에도 정치·종교의 자유로운 의사 표현인 학내 대자보를 정치적 중립이라는 해괴한 논리로 방해하는 권력 지향적 학교의 행태에도 경고한다"라고도 밝혔다.

천안 단대 민주동문회는 또 "나락으로 떨어지는 국민의 살림살이는 안중에도 없는 무능·몰염치 윤석열과 그의 정치 카르텔에도 경고한다"며 "입이 아플 만큼 더 많은 실망과 분노가 있지만, 굳이 말하지 않아도 모를 리가 없을 것이다. 자신 없으면 국민이 부여한 그 권좌에서 내려와라"라고 쏘아 붙였다.

같은날 강원대학교 민주동문회 소속 교수 등 120여 명도 시국선언 대열에 합류했다. 동문회는 강원대 춘천 캠퍼스에서 기자회견을 열고 "윤석열 정권은 집권 2년 반 만에 지지율이 10%대로 추락했고, 이는 더 이상 국정을 맡길 수 없다는 민심의 반영"이라며 "그의 배우자인 김건희의 주가 조작, 사문서위조, 공천개입 등 명백한 범죄 혐의에도 불구하고 검찰은 부정한 권력의 수호자가 되어 이를 덮기에만 급급하다"고 지적했다.

그러면서 "법 앞에 평등해야 할 모든 국민의 권리를 무시한 채 오직 권력자와 그 가족만을 보호하는 불공정한 현실을 더 이상 용납할 수 없다"고 성토했다. "나아가 대북 강경책과 대북 전단 살포로 접경지역 불안은 물론 한반도 전체의 전쟁 위기를 조장하며 군사적 충돌 위험성을 높이고 있다"고 꼬집었다.

이어 "윤 정권은 명백히 실패했다. 그들은 '공정'과 '상식'을 외쳤지만, 그 실체는 부정부패와 독선뿐"이라며 "임기 절반 동안 대한민국 민주주의를 처참히 파괴한 윤 대통령은 정권 실패를 인정하고 하루라도 빨리 퇴진하는 것이 마지막으로 나라와 국민을 위한 길임을 똑똑히 자각해야 할 것"이라고 경고했다.

〈2024. 12. 2.〉

대학교 구성원들의 시국선언

12월 2일 인하대학교 교직원들이 윤석열 대통령의 국정 운영을 비판하며 퇴진을 요구하는 시국선언을 발표했다. 인하대 교직원 274명은 이날 '이제 국민이 대통령에 대한 인사권을 행사할 때'라는 제목의 시국선언문을 내고 "윤석열 대통령과 배우자는 불법 정치개입과 권력 농단에 대해 사과하고, 그에 상응한 책임을 지고 하야하라"고 밝혔다.

이들 교직원들은 "대통령은 헌법이 정한 공적 신분에 요구되는 정치적 중립의 의무를 무시하고 정당의 정치적 결정 과정에 개입했다"면서 "국민들 다수가 의구심을 가지고 있는 가족 비리와 채상병 사건에 대한 대통령의 월권행위에 대한 특검을 거부하고 있다"고 비판했다.

또 "우여곡절 끝에 어렵게 쌓아 올린 한반도 평화의 틀은 현 정부 출범 이후 급속히 붕괴했다"며 "한반도가 한국전쟁 이후 가장 높은 무력 충돌 가능성에 직면했다는 국외 전문가들의 경고에도, 윤석열 정부는 '북한이 전쟁을 일으킬 가능성이 높지 않다'는 안이한 태도로 일관하고 있다"고 직격했다.

이들은 윤 대통령이 친일적·퇴행적 역사 행보를 보이고 있다고도 비판했다. 이들 교직원들은 "항일 운동의 상징인 홍범도 장군 흉상을 육사 외부로 옮기려는 시도를 하고 한국학중앙연구원·동북아역사재단·독립기념관 등 주요 역사기관에 민주주의와 역사에 대한 편향적 인식을 지닌 인사들을 임명했다"며 "이는 수십 년 동안의 민주화 과정을 통해 이룬 사회적 합의를 무력화하는 행위"라고 지적했다.

윤 대통령의 의대 정원 확대 정책에 대해서는 "졸속으로 추진된 의료개혁은 정부의 주장과는 정반대로 의료민영화를 가속화시키고 있다"며 "중증·응급환자들이 제대로 치료받지 못하는 피해는 국민들의 몫이 됐으며, 공공의료 활성화 등에 대한 근본적인 대책 없이 의료체계 붕괴 현실을 군의관이나 엄청난 건보재정으로 막고 있다"고 설명했다.

끝으로 "개인의 일차원적인 감정이 여과 없이 드러나는 최고 지도자의 언행을 보며, 이제 국민들은 대통령 이전에 한 개인의 인격까지 의심하는 지경에 이르렀다"며 "2년 반 이후에 새로운 선택의 기회가 주어질 때까지 기다리기에는 국가의 존립 근간인 헌법과 민주주의 질서, 대한민국의 역사적 정통성이 처한 위기가 심각하다"고 강조했다.

이번 인하대 시국선언에는 교직원 202명이 기명으로 참여한 것으로 전해졌다. 72명은 무기명으로 모두 274명(교수·명예교수 등 217명, 직원·조교 49명, 연구원 8명)이 참여했다. 내가 알기론 교수와 대학생이 아닌 대학교 내 행정직 직원들까지 시국선언에 참여한 것은 인하대가 처음이 아닌가 한다.

이날 고려대학교 대학생 265명도 윤석열 정부를 규탄하는 시국선언에 나섰다. 이들은 12월 2일 서울 성북구 고려대학교 중앙광장에서 '윤석열 퇴진 고려대학교 265인 대학생 시국선언' 기자회견을 열고 현 정부를 규탄하고 윤 대통령의 퇴진을 요구했다. 중앙광장은 4·19 혁명의 도화선이 된 고려대학교 4·18 학생 시위가 일어난 곳이다.

기자회견에 참석한 학생들은 "반복된 거부권으로 국민의 상식적 요구가 묵살되고 다른 의견을 적으로 간주하고 입을 막는 사회에서 대화와 토론은 설 자리를 잃었다"며 "우리는 진리의 길을 걷는 학도로서 대한민국의 정의와 민주주의를 회복하기 위해 행동할 것이다. 고려대 학생 265명의 이름으로 윤 대통령의 퇴진을 요구한다"고 밝혔다.

이들은 기자회견을 마친 뒤 '침묵을 깨고 함께 외칩니다 윤석열 퇴진 고려대학교 대학생 265인 시국선언' 대자보를 부착했다. 이들은 대자보를 통해 "정의는 자취를 감췄다"며 "더 이상 모든 이들이 법 앞에 평등하지 않다. 법은 약자에게 유난히 가혹하고 강자는 비켜난다. 법은 정의의 하한선이 아니라 누군가를 제압하기 위한 수단이 됐다"고 주장했다.

이어 "대학생들의 미래가 사라지고 있다. R&D 예산이 대폭 삭감되고 우리가 설 자리가 없어지는 것을 실시간으로 목도하고 있다"며 "이에 항의하던 카이스트 졸업생의 입을 틀어막고 끌어내는 모습에서 우리의 목소리를 외면하는 현 정부의 민낯을 봤다"고 했다.

또 이태원 참사 희생자들을 언급하며 "우리는 생존의 위기에 처해 있다. 거리 한복판에서 159명이 목숨을 잃었지만 그곳에 국가는 없었다"며 "나라를 지키러 떠난 우리의 친구가 목숨을 잃었으나 국가는 이를 덮기에 급급하다. 국민의 생명과 안전을 지키는 기본 책무조차 다하지 못하는 정부에 더는 무엇을 기대할 수 있겠나"라고 반문했다.

이들은 "매주 주말 시민들이 숭례문에서 광화문까지 뒤덮고 윤 정권 퇴진 구호를 외치며 정권과 맞서 싸우는 중"이라며 "우리 학생들도 거리에 나가서 정권 퇴진에 힘을 모으겠다"고 밝히며 '윤 정권 퇴진 총궐기' 집회 참석도 예고했다.

〈2024. 12. 3.〉

장학사·문인단체의 시국선언

대학 교수들의 시국선언이 봇물을 이루고 있는 가운데 현직 장학사가 공개적으로 윤석열 대통령의 퇴진을 촉구하고 나섰다. 현직 장학사의 시국선언은 교직원을 통틀어 이번이 처음이다. 대학 교수들의 시국선언과 달리 깜짝 놀랄만한 뉴스가 아닐 수 없다. 신분상 불이익 등 위기에 처할 수도 있는 현직 장학사라서다.

11월 8일 CBS노컷뉴스의 취재를 종합하면 인천시교육청 북부교육지원청 이광국 장학사는 이날 '윤석열 퇴진 현직 교육자 1인 시국선언, 그는 이제 사실상 대통령이 아니다'라는 제목의 시국선언문을 발표했다. 이 장학사는 선언문을 통해 "하야든, 탄핵이든, 개헌이든, 직무정지든 당선무효든 대통령 퇴진은 이제 대한민국의 기본값이 됐다"고 주장했다.

이어 이 장학사는 "윤석열 대통령이 그동안 자행한 일을 볼 때 명예로운 퇴진은 애초에 어려웠다 하더라도 11월 7일 대통령 대국민 담화 및 기자회견은 스스로 물러남을 천명함으로써 더는 대한민국이 파국으로 치닫지 않을 수 있었던 마지막 기회였다"며 "지난 시절 '개 사과'와 다름없는 기만적 언사와 현실 인식을 접하며 교육자로서의 양심에 따라 시국선언한다"고 그 이유를 설명했다.

이 장학사는 이태원 참사, 채 상병 사망 사건 수사 외압 의혹, 양평 고속도로 특혜, 김건희 여사의 명품 가방 수수와 도이치 모터스 주가 조작 가담 의혹, 굴욕적 한일 외교, 노동탄압, 공천 개입 및 국정농단 의혹, 한반도 전쟁 위기 유발 등 윤 대통령과 그 가족을 둘러싼 의혹들을 지적하기도 했다.

이어 "정치·경제·외교·안보·교육·문화 등 전 사회를 아우르는 일국의 지도자가 이렇게 부정·부패·비리·무능이 끊임없이 계속되는데도 여전히 대통령 직위를 유지하고 있는 것 자체가 곧 중대한 헌법 위반이나 다름없다"고 강조했다.

또 이 장학사는 "비록 힘없는 한 명의 교육자이지만, 어둡다 못해 블랙홀과도 같은 이 시국에 대해 있는 그대로를 표현하는 것 또한 시대의 스승으로서 교육자가 해야 할 책무이자 아주 작은 교육적 노력"이라며 "더 이상 우리 대한민국이 파국으로 향하지 않도록 교육자, 그리고 시민의 한 사람으로서 간절한 마음으로 기원한다"고 덧붙였다.

그런데 아니나다를까 인천시교육청 관계자는 11월 13일 '인천투데이'와 통화에서 "해당 장학사의 시국선언이 언론에 다뤄졌다"며 "지방공무원법과 공직선거법 위반에 해당하는지를 검토 중"이라고 밝혔다. 이어 "법 적용 여부를 판단하기 위해 변호사 자문과 판례를 참고하고 있다. 검토가 끝난 후 관련 규정에 따라 처리할 예정"이라고 말했다.

시국선언을 한 이 장학사에 대한 징계를 예고한 조치인 셈이다. 이 장학사의 그런 용기에 박수를 보낸다. 교수들처럼 직접 나서지 못할 뿐 장학사들을 비롯 수많은 교사 등 교원들이 시국선언을 하고 싶거나 마음으론 동조하고 있을 것이란 점도 분명히 해둔다.

11월 18일엔 한국작가회의가 윤석열 대통령의 퇴진을 요구하고 나섰다. 1974년 군부 독재에 저항하며 결성된 '자유실천문인협의회의'가 전신인 한국작가회의 소속 시인·소설가·문학평론가 등 1,056명은 '윤석열 대통령은 임기를 채울 자격이 없다'라는 제목의 시국선언을 발표했다. 문인단체로는 처음인 시국선언이다.

한국작가회의 소속 작가 1,056명은 "우리가 아끼고 살아야 할 대한민국의 융성과 자존을 위하여, 시민들이 행복하게 살 권리를 위하여, 무능·무도하고 반성을 모르는, 국민의 생명을 위태롭게 하는, 국가수반으로서 헌법 수호의 의지도, 소소한 준법의식조차도 없는 20대 대통령 윤석열은 스스로 물러나기를 결연히 요구한다"고 주장했다.

문인들은 "우리는 문학의 기본으로 돌아가 폐허 속에서도 신생을 꿈꾸는 마음으로 무너져가는 이 나라의 회복과 변화를 꿈꾸는 일 말고는 달리 살아갈 방법이 없음을 통감했다"며 "지금 밝혀진 범법 사실과 곳곳에서 돌출되는 의혹만으로도 그(윤석열 대통령)는 이미 대한민국호의 선장이 될 자격이 없다"고 주장했다.

문인들은 구체적으로 이태원 참사에 대한 정부의 무책임, 문화예술계 블랙리스트에 연루된 정부 인사의 현직 복귀, 국가재정 훼손 등을 거론하며 "어쩌다 우리의 나라가 사이비 종교 지도자, 여론조사 조작 협잡꾼, 식민가해국 일본을 조국으로 삼을 기세인 자들과, 자국의 이익이 우선인 극우에도 미치지 못하는 허접한 세력에게 포섭되었는지, 그 괴이한 서사는 수십 권의 책으로 써도 모자랄 것"이라고 꼬집었다.

그러면서 "대통령 윤석열씨는 당장에 자연인 윤석열씨가 되는 것이 당신이 더 나은 사람이 되는 유일한 길"이라고 했다. 작가들은 "민주주의는 늘 위기 상태에 있지만 그때마다 위기를 극복하고 더욱 단단한 민주주의로 회생한다"고 강조했다.

　이어 "아프고 억울한 역사를 외면하지 않는 문학의 서사가, 생동하며 진화하는 리얼리티가 노벨문학상에 이르렀듯이 시대에 대한 우리의 고뇌가 문학의 근력으로 작동할 것임을 또한 믿는다. 진실하고 절박한 문자의 힘, 언어로서 소통하고 결의하는 힘이 뻔뻔한 위언과 궤변보다 위대한 힘을 갖고 있음을 또한 믿는다"고 덧붙였다.

〈전북연합신문, 2024.12.4.〉

퇴직 교사들의 시국선언1

 퇴직 교사들도 시국선언에 동참했다. 내가 알기로 퇴직 교사들이 윤석열 퇴진 시국선언을 한 것은 이번이 처음이다. 대전지역 퇴직 교사 80명은 윤석열 대통령이 비상계엄을 선포하기 전인 12월 3일 오전 11시 대전시교육청 앞에서 기자회견을 열어 '국정 농단 윤석열 대통령 퇴직 촉구 시국선언'을 발표했다.

 이들은 "국정농단 세력이 자신들의 제자일 수 있다는 점에서 부끄럽다"고 고백하면서 "모든 권력 남용과 국정 농단의 근원인 윤석열 대통령이 퇴진해야 한다"고 촉구했다.

 이들은 "초·중·고등학교 현직 교사들도 국민의 한 사람으로 자신들과 마음을 같이하고 있을 것으로 판단되지만, 교사와 공무원의 표현의 자유를 부당하게 제약하고 있는 악법으로 전면에 나설 수 없기에 그들의 마음까지 담아 퇴직 교사들이 시국선언에 나서게 됐다"고 배경을 설명했다.

 이들은 시국선언문을 통해 "윤석열 정권이 박근혜 정권을 능가하는 국정농단을 벌이고 있다"고 주장했다. 김건희와 명태균 그리고 무능한 국민의힘의 책임도 크지만, 그 모든 권력 남용과 국정농단의 근원은 윤석열 대통령이라며 윤 대통령의 퇴진만이 살길이라고 봤다.

 그러면서 이들은 윤 대통령이 내세운 4대 개혁은 "개혁이라고 쓰지만 권력 남용으로 읽어 마땅하다"면서 4대 개혁을 조목조목 비판했다. 그 첫 번째로 의료개혁은 학교와 병원의 혼란, 환자들의 불안만 극도로 높였을 뿐이라고 진단했다. 또한 교육개혁은 교육을 경제 논리로 재단하여 교육을 황폐하게 만들었다고 주장했다.

아울러 노동개혁은 노동 탄압의 다른 이름이었고, 마지막 연금 개혁은 연금 재정의 국가 책임을 늘리는 대신 국민들에게 더 많은 기여금을 내게 하고 더 적은 연금을 받으라고 하면서 그 본질은 부자 감세·서민 복지 예산 감축이었다고 규정했다.

뿐만 아니라 이들은 ▲이태원 참사와 책임 실종 ▲채 상병 사망 책임 은폐 ▲대통령 거부권 남용 ▲주가조작·공직선거 조작 등 김건희 일가의 부정부패 수사 방해 ▲반대 세력 표적 수사 ▲홍범도 장군 비하와 이승만·백선엽 등 친일 독재 모리배들 우상화 ▲우크라이나 전쟁 지원 등을 열거하며 "윤석열 정권의 무도함으로 인해 국민 생명과 안전이 위협받고 민주주의와 민생이 파괴됐다"고 주장했다.

이들은 이어 "윤석열 정권의 남은 임기 보장은 국정 농단과 권력 남용으로 인한 국민들의 고통을 방치하는 것"이라며 "윤석열 정권의 국정 농단과 권력 남용은 이미 인내할 수 있는 수준을 넘었다"고 강조했다.

끝으로 "우리 퇴직 교사들은 국정농단 세력이 우리의 제자일 수도 있다는 점에서 한편으로 부끄러운 심정으로, 그러나 당당하게 그리고 분명하게 각자의 이름을 걸고 공개적으로 국정농단, 권력 남용 윤석열 정권 퇴진을 요구한다"라고 덧붙였다.

이날 발언에 나선 신인섭 전 서일여고 교사는 "윤석열 정권은 사기 정권이다. 심지어 국민 앞에 사과하면서 뭘 사과하는지도 모르는 그런 뻔뻔한 정권"이라며 "윤석열 정권이 퇴진해야 하는 이유는 차고도 넘친다. 지난 2년 반 동안 우리 국민들은 너무 많이 참아왔다. 따라서 우리는 제자들을 위해, 후세들을 위해 이렇게라도 작은 힘을 보태기 위해 시국선언에 나서게 됐다"라고 말했다.

또한 대전교육연구소 성광진(전 복수고 교사) 소장은 "윤석열 대통령은 초등학생들도 부끄러워할 만큼 한심한 대통령"이라며 "교육개혁, 의료개혁 등 모든 분야에서 손대는 곳마다 현장은 혼란만 가중되고, 그동안 쌓아왔던 가치는 무너지고 있다"고 직격했다. 그러면서 "이런 무책임하고 무능력한 대통령은 빨리 사라져야 한다. 오직 퇴진만이 답"이라고 말했다.

12월 5일엔 전북 퇴직 교사 186명이 전북도교육청에서 기자회견을 열어 시국선언에 동참했다. 이들은 "대한민국은 민주공화국이다. 대한민국의 주권은 국민에게 있고 모든 권력은 국민으로부터 나온다"는 헌법 제1조를 읽으며 선언에 나섰다.

이들은 "국민이 잠시 양도한 권력을 자기 권력인 양 마구 휘두르는 오만방자함의 극치를 보이면서 나라를 도탄에 빠뜨리고, 민주주의를 파탄 위기에 몰아넣고 있다"라며 "대한민국 국민으로서 절박한 심정으로 국정 농단 윤석열 정권 퇴진과 구속 수사 촉구 시국선언에 동참한다"고 전했다.

또한 이들은 이태원 참사 방지와 책임 실종, 채상병 사망 책임 은폐, 거부권 남용을 통한 국회의 입법권 훼손, 전교조 위원장의 표현의 자유 억압, 주가 조작 및 공직선거 조작 등을 열거하며 "모든 권력 남용과 국정농단, 민주주의 파괴 근원은 바로 윤석열 대통령 자신이다"라고 일갈했다.

윤석열 정권이 '자랑스러운 치적'으로 내세운 이른바 '4대 개혁'에 대한 비판도 빼지 않았다. 이들은 결국 파탄 위기로 만든 '의료개혁',

노동 탄압만을 일삼는 '노동개혁', 부자들만 배 불리는 '연금 개혁'과 함께 경제 논리로만 재단해 황폐화시킨 '교육개혁'이라 비판했다.

그래서 이들은 '남은 임기를 보장하는 것은 국정 농단과 권력 남용으로 인해 국민이 겪는 고통을 방치하는 것'임을 분명히 하며 "윤석열 정권 퇴진 투쟁을 넘어, 모든 국민이 당당히 주인 노릇을 할 수 있는 민주공화국을 다시 세우자. 이에 우리 퇴직 교사들은 국정 농단 세력이 우리의 제자일 수도 있다는 점에서 한편으로 부끄러운 심정으로, 그러나 당당하고 공개적으로 각자의 이름을 걸고 우리의 요구와 결의를 밝히는 퇴직 교사 시국선언을 진행한다"라고 밝혔다.

기자회견을 마친 이들은 "▲우리 퇴직 교사들은 반헌법적 비상계엄 선포, 국정 농단, 권력 남용, 민주주의 파괴 윤석열 정권의 퇴진 및 구속 수사를 강력히 촉구한다. ▲우리 퇴직 교사들은 윤석열 정권의 퇴진에 머물지 않고, 국민이 주인 되는 세상을 만드는 투쟁을 지속할 것을 결의한다"라고 선언했다.

〈2024. 12. 8.〉

퇴직 교사들의 시국선언2

충북지역 퇴직 교사 211명도 12월 3일 밤 11시 비상계엄을 선포한 윤석열 대통령의 즉각적인 퇴진을 촉구하고 나섰다. 이들은 12월 6일 충북도청 서문에서 발표한 시국선언을 통해 "비상계엄이라는 비상식적이고 반헌법적인 친위 쿠데타를 자행한 윤석열은 더 이상 이 나라의 대통령이 아님을 선언한다"고 밝혔다.

이들은 "이번 윤석열의 비상계엄선포는 반란이자 민주주의 파괴 행위로 규정한다"며 "국회는 윤석열이 스스로 퇴진하지 않을 경우 국회가 가진 권능을 발휘해 탄핵소추할 것을 강력하게 요구한다"고 강조했다. 그러면서 "이에 저항하는 세력은 온 국민의 공적이 될 것임을 준엄하게 경고한다"고 덧붙였다.

김수열 충북 퇴직 교사 오임 대표도 "윤석열은 대통령직에서 조금도 지체말고 즉각 내려와 국민이 내리는 오랏줄을 받고 법의 심판을 받아야 한다"며 "국민의힘도 국민에게 속죄를 받기 위해서는 탄핵열차에 동참하는 길 밖에는 없다"고 목소리를 높였다.

강원도내 퇴직 교사 274명(대표 전경남 전교조 강원지부 해직교사원상회복추진위원장)도 12월 6일 시국선언문을 발표하고 윤석열 정권의 즉각적인 퇴진과 탄핵을 촉구했다.

이날 발표한 시국선언문에서 퇴직 교사들은 "윤석열 대통령이 퇴진하거나 탄핵되지 않으면 비슷한 사태가 몇 번이고 반복될 것"이라며 "우리 퇴직 교사는 윤석열 정권 내내 국정농단과 권력 남용, 헌법

질서가 유린된 것을 지켜봤다. 윤석열 정권이 진행하는 각종 개혁은 파탄으로 가고 나라 전체를 혼란에 빠트린다"고 비판했다.

특히 이들은 윤석열 정부 출범 후 도입된 각종 교육정책에 대해 "백년지대계인 교육을 경제 논리로 재단해 교육 현장은 점점 황폐해진다. 늘봄, 유보통합, AI 디지털교과서 채택, 시대에 역행하는 경쟁 교육 강화, 고교 무상교육 후퇴, 국가교육위원회의 파행 운영 등 사회적 합의가 필요한 정책을 막무가내로 밀어붙인다"고 규탄했다.

끝으로 이들은 "윤석열 대통령은 자신과 측근의 비리를 덮기 위해 비상계엄을 선포했다. 이는 내란과 군사 반란을 획책하고 계엄법을 위반했기 때문에 즉각 구속 수사되고 탄핵돼야 마땅하다"면서 ▲윤석열 정권 퇴진 ▲윤석열 대통령 탄핵 등을 촉구했다.

12월 6일 광주 전국교직원노동조합 퇴직교원으로 이루어진 은빛 참교사회도 시국선언문을 통해 "'계엄'은 국가의 존망과 안위가 흔들릴 수 있는 비상 상황에 대한 극한 처방"이라면서 "야만의 권력은 평화로운 대한민국의 2024년 12월 3일 평온한 늦은 밤, 가족들과 행복한 시간을 보내는 국민에게 '비상계엄'을 선포했다"고 비판했다.

이어 "윤 대통령의 비상계엄 취지 설명은 범법자 폭군 대통령의 적반하장"이라면서 "대통령은 '개인의 안위'를 '국가의 안위'로 호도하여 국헌을 어지럽게 할 목적으로 비상계엄을 선포하고, 불법적으로 군대와 경찰을 동원하여 국회 기능의 무력화를 시도하고 국민을 짓밟았다"고 지적했다.

그러면서 "오늘 이 상황을 시대와 국민이 갈망하는 '나라다운 나라'를 만들 새로운 계기로 삼아야 한다"고 꼬집었다. 끝으로 이들은 ▲윤석열 대통령 즉각 탄핵 ▲국회 기능 무력화 시도한 대통령 즉각 구속 등을 촉구했다.

퇴직 교사들 시국선언은 12월 7일에도 이어졌다. 이날 보수의 심장이라 불리는 대구·경북지역 퇴직 교사들이 시국선언에 나섰다. 대구·경북지역 퇴직 교사들의 시국선언은 다른 곳과 달리 남다른 의미가 있어 보인다. 지역을 가리지 않고 윤 대통령이 대통령 자격을 상실했다는 거센 외침으로 다가와서다.

먼저 대구지역 퇴직 교사 227명은 "위기 때마다 찾아와 읍소하면 모른 척 들어 주고, 지난 대선에서 윤석열을 지지했던 대구·경북에서도 많은 시민이 분노와 충격에 휩싸여 윤석열 퇴진과 구속을 외치고 있다. 윤석열 대통령은 더 이상 기댈 곳이 없다"며 "비상계엄이라는 비상식적이고 반헌법적인 조처를 한 내란 주범 윤석열은 더 이상 대통령이 아니"라고 밝혔다.

이들은 특히 지난 대통령선거에서 높은 지지율을 기록했던 대구·경북에서도 분노와 충격으로 퇴진과 구속을 외치는 상황이라며 더 이상 기댈 곳이 없는 지금의 민심이라고 역설했다. 또 '국채보상운동의 발상지', '이육사·이상화를 배출한 항일시인의 도시', '조선광복회가 조직돼 항일 운동을 조직적으로 전개한 도시' 등을 거론하며 "이것이 대구의 참모습"이라고 강조했다.

12월 7일 경북지역 퇴직 교사들로 꾸려진 경북참교육동지회도 성명을 내어 "평생을 경북에서 후진 양성을 위해 헌신한 우리 퇴직 교사들은 국정농단과 국가혼란을 초래한 윤석열 같은 제자를 둔 것에 참담함을 금할 수 없다"고 밝혔다.

이어 이들은 "공동체의 가치보다 경쟁중심의 반민중적인 사람을 교육한 것에 대한 통한의 반성을 하며 무너진 정의를 살리기 위해 나서고자 한다. 사랑하는 제자와 젊은 사람들이 살아갈 대한민국의 미래를 위해 지금 해야 할 일은 윤석열을 즉각 몰아내는 것이라고 선언한다"고 밝혔다.

〈2024. 12. 8.〉

공감연대와 해병대 예비역들의 시국선언

　시민단체 '공감연대'는 12월 3일 오전 서울 한국기독교사회문제연구원빌딩을 비롯하여 부산·울산·대구·광주·전남·강원 등 전국의 일곱 곳을 화상으로 연결하여 기자회견을 개최했다. 이들은 "민주주의를 후퇴시켰고 평화를 흔들었으며 민생을 도탄에 빠뜨렸다"며 전국과 해외에서 모두 1067명이 서명한 시국선언을 발표하며 윤석열 대통령의 퇴진을 요구했다.

　공감연대는 나아가 "전쟁과 평화, 사회경제적 불평등과 양극화, 저출생, 기후 위기, 디지털 전환, 지역 소멸, 역사 정의, 의료 개혁, 검찰, 교육, 노동, 언론개혁, 식량주권, 차별 없는 세상" 등의 과제들이 윤 대통령 퇴진과 서로 맞물려 있다며, 퇴진을 넘어 사회대개혁까지를 목표로 내걸었다.

　이들은 "윤 대통령 퇴진과 사회대개혁은 서로 맞물려 있다"며 "우리가 꿈꾸는 세상이 어떤 것이며 그것을 어떻게 만들 것인가라는 전망이 있어야 시민들도 신나게 윤 대통령 퇴진을 외치며 광장으로 나올 것"이라고 밝히기도 했다.

　이들은 "촛불혁명의 상징적, 실질적 자산을 특정한 정치엘리트가 독과점하여 종국에는 시민들이 정치적 효능감을 잃어버린 바로 앞의 현실"을 언급하며 시민이 주도하는 사회대개혁의 필요성을 강조했다. 이들은 사회 개혁의 내용으로 제왕적 대통령제의 폐해를 막기 위한 헌법·선거법·정당법 개정 등 정치제도 개혁을 강조했다.

무엇보다 "국가권력을 사유화하여 자신과 가족의 허물은 덮으면서 정치적 경쟁자는 탈탈 털어 보복하고 있다"며 "퇴진 말고 그에게 기대할 게 없다"고 밝혔다. '윤 대통령 퇴진은 헌정 중단'이라는 국민의힘 주장에 대해서도 이들은 "헌정질서를 어지럽히고 있는 건 윤 대통령 자신이고 그의 퇴진이야말로 헌법을 지키는 일"이라고 주장했다.

한편 공감연대(공동상임대표: 김태일 장안대학교 전 총장, 이영기 호루라기재단 이사장, 최영태 전남대학교 명예교수)는 시민사회 중진 인사들이 중심이 되어 대안적 공론장 형성과 사회통합을 위해 지난 3월 19일 출범하여 활동하고 있는 전국적 시민운동 단체다.

해병대 전역자들 모임인 해병대 예비역연대도 이날 오전 국회 정론관에서 시국선언을 했다. 해병대 예비역 444명이 동참한 시국선언에서 정원철 해병대 예비역연대 회장과 회원들은 "수사외압의 주범 윤석열을 선 탄핵하고 후 진상규명 할 것"을 요구했다.

'윤석열 탄핵 국회의원연대' 박수현·황운하·김재원·민형배·정춘생·한창민·윤종오 의원들도 함께 했다. 이들 해병대 예비역연대와 윤석열 탄핵 국회의원연대는 '해병대 예비역 시국선언문'에서 "윤석열 대통령은 이런 일로 사단장까지 처벌하게 되면 대한민국에서 누가 사단장을 할 수 있겠느냐고 했지만 이런 일로 대통령이 탄핵되는 것"이라고 지적했다.

이어 "채 해병이 떠난 지 1년 5개월이 됐다. 우리 해병대 예비역들은 더 이상 절차 지켜가며 기다리지 않겠다"며 "수사 외압의 주범 윤석열을 선 탄핵하고, 후 진상규명하기 위해 오늘의 선언에 그치지 않고 행동할 것"이라고 밝혔다. 이들은 대통령 탄핵을 요구하는 이유로 윤 대통령의 특검법 거부를 꼽았다.

이들은 "채해병의 죽음 앞에 공정하고 상식적으로 처리해달라는 국민의 요구에 윤석열과 국민의힘은 특검법을 세 차례 거부했다. 자신의 책임을 면피하고자, 국방의 의무를 다하다 숨진 해병의 죽음을 정쟁화했다"며 "국가와 민족을 위해 봉사한 해병대를 분열시키고, 명예를 짓밟은 윤석열은 혹독한 대가를 치러야 한다. 이제는 윤석열 정권의 숨통을 끊어야 한다"고 밝혔다.

박수현 윤석열 탄핵 국회의원연대 대표는 "해병대 가족들의 슬픔과 분노에 깊이 공감한다. 오늘 해병대 예비역의 선언은 윤석열 대통령이 있는 한 채해병의 억울한 죽음에 대한 진상이 밝혀지는 것이 불가능하다는 참혹한 현실을 그대로 보여주고 있다"고 직격했다.

황운하 공동대표는 "윤석열 대통령 퇴진을 요구하는 시국선언이 봇물을 이루고 있다. 오늘 해병대 예비역 연대의 기자회견은 시국선언 정국의 분수령이 될 것"이라고 주장했다. 한창민 사회민주당 대표는 "지금도 망설이고 있는 국민의힘 의원들께 말씀드린다. 전국민적 시국선언의 행렬을 보고 이제는 현실을 직시하고 깨달아야 한다. 더 늦기 전에 이 정권의 청산에 동참하시기 바란다"고 요구했다.

윤종오 진보당 원내대표는 "군 관련 단체가 시국선언을 하는 것은 매우 이례적인 사례다. 불공정과 몰상식의 한계를 더 이상 두고 볼 수 없다고 용기를 내신 것"이라며 "3번의 특검을 거부함으로써 윤석열 대통령 스스로 진상규명을 방해하고 있다"고 지적했다. 이어 "윤석열 대통령 탄핵은 이미 임계점을 넘어섰다"며 "윤석열 대통령을 탄핵하고 채해병 순직사건의 진상을 밝히는데 끝까지 함께 할 것"이라고 밝혔다.

〈2024. 12. 9.〉

청소년들의 시국선언

그야말로 들불처럼 번지고 있는 시국선언과 집회다. '12·3 내란 사태' 이후 윤석열 대통령의 퇴진을 촉구하는 시국선언과 집회가 잇따르고 있는 것. 거기에 더해 급기야 고등학생 등 청소년들마저 시국선언에 동참하고 나섰다. 청소년들마저 시국선언 및 집회를 하게 한 그 죄업을 내란 세력들은 어떻게 씻어낼 것인지 당장 답하기 바란다.

이들은 개인이나 단체, 학생회 차원에서 시국선언에 동참하고 있다. 한겨레(2024.12.10.)에 따르면 학생 개인이 제안한 시국선언은 사회관계망서비스(SNS) 등을 통해 서명을 받는 방식으로 지역별 단위로 이루어지고 있다. 서울·경기·충북 등 전국으로 확산되는 모습이다. 학생회 차원에서는 인천여자고등학교·송곡여자고등학교 등이 시국선언을 내놨다.

온라인 서명을 받아 12월 13일 기자회견을 열 예정인 '시국선언에 참여한 서울특별시 고등학생 일동'은 시국선언문에 "우리 청소년들은 미래의 대한민국을 이끌어가는 중대한 책무를 진 주체로서 당당히 우리의 목소리를 낸다"며 "대한민국의 국가 체계 전복을 획책하고 내란을 모의한 윤석열은 그 책임을 지고 즉시 하야하라"고 적었다.

학생 5명이 시작한 이 시국선언은 12월 9일 오후 1시 기준 4855명이 서명했다. 서울 학생들은 시국선언문에 윤 대통령의 교육정책에 대한 비판도 담았다. 이들은 "대선 공약에도 없던 의대 정원 확대,

수능 출제 방식 변경, 친일 역사 교과서 도입 등 정치적 논쟁에 휩쓸려 수많은 학생이 한 치 앞도 내다볼 수 없는 미래를 걱정하게 됐다"고 성토했다.

이어 "우리 학생들과 국가의 미래를 결정하는 교육정책을 즉흥적으로 남발하는 정부를 더 이상 신뢰할 수 없다"고 했다. 경기·충북 지역 학생들도 "(윤 대통령은) 민주주의를 지켜내기 위해 투쟁한 사람들의 피와 역사를 잊었으며, 그의 측근들 또한 역사를 잊은 것과 다름없다", "반국가세력은 우리 헌법을 보란 듯이 유린하며 절차도 목적도 없는 위헌적인 계엄 선포로 국민들을 우롱했다"고 각각 밝혔다.

고등학교 학생회 차원에서도 시국선언 발표가 잇따랐다. 인천여고 116대 학생회는 시국선언문에서 "민주주의를 지키고 국민의 인권을 보장하는 것이야말로 행정부 수장인 대통령의 최우선적 의무라고 배웠다"며 "이런 의무를 다하지 않는 대통령, 권력과 무력으로 언론과 국회를 막는 대통령은 거부한다"고 했다.

송곡여고 제51대·52대 총학생회도 "대한민국 민주시민으로서, 학교 자치를 이끌던 송곡여고 총학생회의 일원으로서 이러한 세태를 두고만 볼 수 없다. 윤석열 대통령은 퇴진함으로써 마지막 책임을 다하라"고 직격탄을 날리기도 했다.

서울경제(2024.12.10.)에 따르면 12월 10일 서울 광화문 광장에서 청소년인권운동연대 지음·청소년인권행동 아수나로는 '민주주의와 인권의 후퇴를 막는 청소년 시국선언' 기자회견을 열고 "자유와 인권을 위협하는 윤석열 대통령은 즉각 물러나라"는 성명을 밝혔다.

이들 단체가 계엄 직후인 12월 4일부터 9일까지 모집한 시국선언에는 만 19세 미만 청소년 4만 9052명과 성인 950명, 지지단체

123개가 참여했다. 이를 합친 총 참여자 수는 5만 2명으로, 당초 목표로 한 1000인을 훨씬 뛰어넘는 결과다. 난다 지음 활동가는 "대통령 퇴진 요구하는 청소년 시국선언 규모가 5만 명을 돌파한 건 사상 최초로 유례 없던 일"이라면서 "윤석열에 대한 분노가 얼마나 큰지 느낄 수 있었다"고 설명했다.

시국선언에는 학생회 명의로 경기 분당고등학교 학생회 연합 '블루', 성미산학교 학생회, 용화여자고등학교 제35대 학생자치회 '한빛' 등 8개가 참여했다. 지역별로는 서울 8529명, 경기 1만 8312명, 인천 3620명, 강원 1280명, 충북 1165명, 충남 1553명, 세종 481명, 울산 1227명, 경북 1175명, 경남 335명, 대구 1363명, 부산 3025명, 전북 1481명, 전남 840명, 광주 1382명, 제주 717명을 기록했다.

청소년들은 시국선언을 통해 "윤석열은 그동안에도 여러 차례 인권과 자유를 억압하려는 모습을 보였고, 청소년들에게도 마찬가지였다"면서 고등학생이 그린 '윤석열차' 만화로 한국만화영상진흥원이 정부에 경고받고 윤 대통령이 학생인권조례 개정을 주문한 일 등을 언급했다.

그러면서 "의무를 다하지 않는 대통령, 폭력으로 민주주의와 인권을 무너뜨리고 후퇴시키려 드는 대통령은 우리가 거부한다"며 "청소년도 침묵하지 않을 것이다. 우리 사회의 시민으로서 행동할 것이며, 우리의 인권과 민주주의를 되찾을 것"이라고 강조했다.

아수나로에서 활동하는 수영(18)씨는 "청소년들도 계엄 사태를 똑같이 맞이했고, 똑같이 밤을 설치며 불안해하고, 내 삶이 어긋나지는 않을까 걱정했다"면서 "무도한 반인권·반민주 정권은 청소년들의 삶을 송두리째 뒤흔들어 놓았다"고 말했다.

청소년들은 윤 대통령 탄핵소추안 표결에 참여하지 않은 국민의힘 의원들을 향해서도 쓴소리를 했다. 난다 활동가는 "윤상현 국민의힘 의원이 대통령 탄핵 반대를 윤 대통령을 지키기 위한 게 아니라 우리 아이들, 미래를 지키기 위한 것이라고 했다"면서 "말로는 위한다면서 청소년의 삶과 의견을 존중하고 있는지 궁금하다. 정치적 수사로 이용하면서 '미래를 위한 것'이라는 말을 쓰지 않기를 바란다"고 말했다.

〈2024. 12. 10.〉

과학계와 해외에서의 시국선언

12월 11일 울산과학기술원(UNIST)의 'UNIST 교수·노조·대학원생·학부생 연합행동'이 윤석열 대통령의 탄핵을 촉구하는 성명을 냈다. 지난 12월 7일 국회 본회의에서 윤 대통령에 대한 탄핵소추안 표결이 무산된 이후 정치적 발언을 삼가던 과학계가 보다 적극적인 목소리를 내고 있는 것으로 평가받는 시국선언이다.

이들은 전두환 신군부의 12·12 군사반란이 발생했던 12월 12일 오후 울산 UNIST 본부 앞 광장에 모여 시국선언을 발표했다. '신군부의 군사반란과 마찬가지로 이번 사태 역시 민주주의를 파괴하는 행위'라고 강조하려는 의도다. 이날 성명에는 교수 183명과 대학원생 336명, 학부생 283명 등 총 888명이 참여했다.

UNIST 구성원들은 이날 "국회는 즉각 윤석열 대통령의 탄핵소추안을 가결하고 내란죄에 연루된 인사를 신속히 수사해 엄벌하라"고 촉구했다. 이어 UNIST 교수들은 "대한민국 헌법 어디에도 대통령의 권한을 하나의 당에 위임하는 조항은 없고, 국민이 위임한 권력은 제멋대로 거래하는 사유물이 아니다"라고 꼬집었다.

윤 대통령이 지난 12월 7일 대국민 담화에서 국정 운영을 여당과 국무총리에 일임한다고 밝힌 데 대한 비판이다. 교수들은 또 탄핵 표결에 불참한 여당을 향해 "투표로 뽑힌 국민의 대리인이 국민의 눈앞에서 투표를 거부한 것은 대통령이 내란을 주도하고 국회의원이 헌법을 파괴하는 행태"라고 비판했다.

UNIST 교수들이 시국선언에 나선 것은 2016년 박근혜 정권의 국정농단 사태 이후 두 번째다. UNIST 교수협의회 비상대책위원장인 송현곤 에너지화학공학부 교수는 "계엄 이전부터 시국선언의 필요성에 대해 논의를 해오다 12·3 불법계엄 사태 이후 필요성이 분명해져 본격 추진하게 됐다"며 "교수들끼리 추진하던 중 학생, 노조와 연락이 닿아 더 큰 영향력을 위해 함께 공개 선언을 하기로 했다"고 말했다.

12·3 불법계엄 사태와 국회 탄핵 부결의 여파로 침묵하던 과학계가 목소리를 높인 것이라 할 수 있다. 12월 14일로 예정된 국회의 2차 탄핵 표결을 앞두고 과학계의 시국선언 동참이 더욱 활발해질 것이란 전망도 있다. 12월 5일 한국과학기술원(KAIST·카이스트) 교수 326명이 시국선언을 한 바 있다. 12월 10일에는 포스텍 교수 40여 명이 개교 후 첫 시국선언을 발표하기도 했다.

"과학기술계는 국가 연구개발(R&D) 예산의 영향을 많이 받는 데다, 특히 과학기술원의 경우 과학기술정보통신부의 관리·감독을 받는 기관이라 평소 정치·사회 이슈에 대해 발언을 삼가는 편"이지만, 이번엔 다르다. 이번 사태는 기관의 이익을 뛰어넘은 국가적 중대사라는 인식이 연구자들을 움직이고 있다는 분석이 나온다.

12·3 비상계엄 사태를 규탄하는 목소리는 해외에서도 커지고 있다. 국내 각지에서 윤 대통령 탄핵을 촉구하며 집회가 일어나는 가운데 '윤석열 탄핵을 위한 해외 한인 유학생·연구자 네트워크'는 12월 11일 오전 9시 기준 16개국 138개 대학 301명의 해외 한인 유학생·연구자들이 해당 네트워크에 참여하고 있다고 밝혔다.

이 네트워크는 북미·유럽대학 유학생들을 중심으로 만들어진 해외 한인 연대 단체다. 윤 대통령의 탄핵을 촉구하기 위해 해외에서 대학별·지역별 활동 내용을 공유하는 플랫폼의 역할을 하고 있다. 이들은 첫 공동 행동으로 지난 12월 8일(현지시간) 시국선언문을 배포했다. 선언문에는 49명의 해외 한인 유학생·연구자들이 발기인으로 참여했다.

이들은 "우리는 내란수괴 윤석열에게 한시도 국가를 더 맡길 수 없다"며 "민주주의적 토대 없이는 학문이 바로 설 수 없으며, 학생·연구자로서 세계 곳곳의 목소리를 한데 모아 대한민국의 민주주의를 지켜나가고자 한다"고 밝혔다.

매일경제(2024.12.11.)에 따르면 12월 11일까지 서명에 참가한 유학생·연구자 수는 242명에 달한다. 미국·영국·캐나다·중국·일본·독일·프랑스·스위스·네덜란드·스페인·폴란드·덴마크·스웨덴·싱가포르·호주·터키·오스트리아·체코 등 총 18개국에서 참여했다.

이들은 홈페이지를 만들고 인스타그램 등 사회관계망서비스(SNS)를 통해 계속해서 집회 소식 등을 알릴 계획이다. 네트워크 관계자는 "시국선언문을 시작으로 윤석열 대통령의 탄핵 전까지 연대 서명을 받을 예정"이라며 "앞으로 연대 시위, 온라인 포럼 등의 공동행동을 이어 나가겠다"고 밝혔다.

〈2024. 12. 12.〉

평론가 장세진의
또 다른 이야기!

장세진 지음 / 304쪽 / 17,000원

제5부

고등학생들의 시국선언
정신과 의사들까지 시국선언
현직 교사들의 시국선언
문화예술인들의 시국선언
언론인들의 시국선언
음악인들의 시국선언
10~20대들의 시국선언
용병정치의 민낯
박 대령은 무죄다1
박 대령은 무죄다2
내란수괴가 임명한 자들1
내란수괴가 임명한 자들2
KBS 망가지기 점입가경1
KBS 망가지기 점입가경2

고등학생들의 시국선언

12월 10일 7018명의 광주 학생들이 시국선언을 발표했다. 광주광역시 고등학교 학생의회를 중심으로 학생 7018명이 이름을 올린 시국선언에서 "윤석열 대통령을 대한민국 지도자로 인정할 수 없다"며 조속한 퇴진을 촉구했다. 국회의원들을 향해서는 "민의를 따르라"며 대통령 탄핵소추안 의결을 요구했다.

고등학생들은 12·3 내란 수괴로 지목된 윤 대통령을 겨냥해 "조속히 직에서 물러나라"고 직격탄을 날렸다. "우리는 헌법적 질서와 국민의 뜻을 정면으로 부정하는 이들을 입헌 민주국가 대한민국의 지도자로 인정할 수 없다"고 윤 대통령을 비판했다.

고등학생들은 "(윤 대통령은) 비뚤어진 사고방식과 이기적인 욕망으로 헌정 질서를 파괴하여 국가 전체를 혼란에 빠뜨렸다"며 "조금이라도 염치라는 것이 있다면 부끄러운 줄 알고 조속히 물러나 책임자로서 마땅히 처벌받으라"고 질타했다.

고등학생들은 12·3 내란 공범들에 대해서도 "윤 대통령에 동조해 사태를 걷잡을 수없는 지경까지 이르게 했다"며 처벌이 뒤따라야 한다고 주장하면서 "최소한 마지막만이라도 어른으로서 자신의 행동에 책임을 지는 모습을 보이라"고 했다. 학생들은 윤 대통령과 공범들에게 "시민의 피로 쓰인(이룩한) 우리 민주주의 역사를 더 이상 더럽히지 말라"고도 했다.

고등학생들은 "중·고등학교 사회 교과서에는 대통령이 국민 통합과 국가 운영의 모범이 되어야 하며, 국가 발전과 국민의 안정을 우선시해야 할 책무를 지니고 있다고 나와 있다"며 대한민국 대통령의 책무를 강조하기도 했다. 고등학생들은 지난 3일 밤 느닷없이 발동된 불법 계엄을 거론하면서 "군부독재의 상징과도 같던 계엄령"이라고 돌아봤다.

그러면서 "44년 전 이곳 광주에서 있었던, 민주주의를 위한 위대한 투쟁과 더불어 아직도 아물지 않는 아픔에 대해 배우며 자란 우리에게, 대한민국 민주주의가 또다시 비극에 빠질지 모른다는 두려움과 공포감을 안겨 주었다"고 했다.

국민의힘 국회의원을 향해서는 "지금 국민들은 대통령 탄핵 소추안에 대한 국회 본회의 의결이 부결도 아닌 정족수 부족으로 인한 투표 무산이라는 사실에 더욱 분노하고 있다"고 목소리를 높였다.

이어 "대의 민주주의 체제에서 의원은 국민의 대표자로서 민의를 국가 정치에 반영해야 할 의무를 지고 있다"며 "지금은 여야나 좌우의 구분이 아닌, 대한민국의 정치인으로서 구국을 위해 적극적으로 협력해야 할 때"라고 강조했다.

12월 11일엔 대구 신명고등학교 학생 24명이 윤석열 대통령의 비상계엄 선포 사태를 비판하는 시국선언을 했다. 대구지역 고등학생들의 첫 시국선언이다. 개교 122년의 역사를 가진 신명고는 1919년 3·8만세운동 당시 학생들이 거리로 나가 만세를 외치며 일제에 항거한 독립운동의 역사를 가지고 있는 학교로 전해졌다.

고등학생들은 시국선언문을 통해 "지난 3일 선배들이 피땀 흘려 지켜낸 나라가 한 사람의 교만한 판단으로 계엄이 선포됐다"며 "계엄군이 국회로 들이닥치고, 시민들에게 총구를 겨누는 상황이 마치 우리를 강압적으로 탄압한 일제와 독재의 모습을 보는 것과 같았다"고 밝혔다.

이들은 "1919년 독립을 위해, 나라를 지키기 위해 우리 학교 선배님들은 맨발로 거리로 나가 오늘날의 우리를 향해 목소리를 냈다"며 "이제 우리는 선배님들의 뜻을 따라가며 어둠을 깨뜨리려 한다"고 강조했다.

이어 "두 번 다시 독재를 위한 경솔한 계엄령이 선포될 수 없도록 우리가 물려받고 이어갈 이 사회가 더 이상 처참히 무너지지 않도록 우리 학생들이 스스로 구하려 나서고자 한다"고 덧붙였다. 그러면서 "선배들이 지켜낸 그 역사를 담아, 또 다른 미래의 후배들이 더 나은 세상 속에서 살아갈 수 있도록 우리가 직접 맞서 싸우겠다"고도 했다.

12월 12일엔 경기 광명지역 고교 전·현임 학생회장 협의회를 비롯해 고등학생 615명이 '대한민국 민주주의의 기로에서 우리들은 더 이상 침묵하지 않을 것이다'라는 제목의 성명을 발표했다. 고등학생들이 윤석열 대통령의 탄핵 요구는 물론 양당 진영 논리와 정쟁을 접고, 직면한 문제에 대한 국민 참여 공개토론을 제안했다.

고등학생들은 성명에서 "학교에서 배워 온 대한민국 헌법과 민주주의의 가치가 존중받고 있는지에 대한 절박한 물음"이라며 당일 국가비상사태 요건이 존재했는지, 대통령이 왜 계엄군을 배치해 국회의원 출입과 집회를 방해했는지 의문을 제기했다.

그러면서 "비상 계엄령 선포 충격은 현재의 사실상 무정부 상태와 함께 민주주의의 근본을 여전히 위협하고 있다"며 "대통령 윤석열은 '원칙주의자', '자유민주주의자'의 모습은 퇴색해 '내란수괴'라는 이름으로 헌정 질서를 파괴하고 있고, 실수를 되돌려야 할 국민의힘 의원들은 탄핵소추안 의결을 막기 위해 본회의장을 떠났다. 대한민국 민주정치에 대한 기대는 무너졌다"고 덧붙였다.

고등학생들은 "대한민국 민주화의 중심에는 언제나 학생들이 있었다는 사실을 역사는 증명한다"며 "양당 진영논리와 정쟁은 접어두고 직면한 현실 문제에 대해 공개적으로 토론하고, 논쟁하고, 연대하자"고 했다.

이어 "진실은 때로 은폐되거나 오랜 시간 잠들어 있는 것처럼 보일지라도 어느 순간 폭발적으로 깨어난다. 계엄과 억압의 시대에도 진실은 꺾이지 않았다"며 "우리 615인의 광명시 청소년은 그 순간이 올 때까지, 대한민국이 성숙한 민주주의를 회복할 때까지 결코 침묵하지 않겠다"고 선언했다.

〈2024. 12. 13.〉

정신과 의사들까지 시국선언

12월 12일 정신과 의사 510명은 '헌법이 정한 절차에 의한 퇴진만이 국민적 트라우마를 치유할 수 있습니다'라는 제목의 시국선언문을 발표했다. 이들은 시국선언문에서 "헌법 위반과 부당한 권력 행사로 대한민국에 큰 충격을 안긴 현 대통령의 진정성 있는 사죄와 더불어, 헌법에 명시된 절차에 의한 직무정지 또는 사퇴가 이뤄질 것을 요구한다"고 밝혔다.

이들 정신과 의사들은 이번 비상계엄 사태에 대해 "대통령의 계엄 선포 방송에 이어 평화로운 국회에 무장 군인들이 침입하고, 남녀노소를 불문한 시민들이 저지하며 대치하는 장면을 온 국민이 목격했다"면서 "군부독재와 국가폭력의 역사를 기억하는 많은 국민들께서는 그 트라우마를 재경험하며 심각한 공포를 느끼지 않을 수 없었다"고 평가했다.

정신과 의사들은 계엄 이후 혼란스러운 상황이 전국민에게 심리적인 불안을 유발하고 있다고 전했다. "어린이들은 학교가 문을 닫을지, 전쟁이 벌어지진 않을지 무서워하고, 어른들 또한 경제를 걱정하며 일이 손에 잡히지 않는다며 심란해한다"고 현 상황을 묘사했다.

이어 "무고한 민간인에 대한 체포계획, 내란 음모 등의 경악스러운 사실이 하나씩 밝혀지는 과정은 그러한 심리적 고통을 가중하고 있다. 온종일 뉴스와 유튜브를 시청하며 불면과 불안을 호소하는 분들 또한 늘어나고 있으며, 군인·경찰 등의 공직자들은 도덕적 손상에 따른 울분과 우울을 호소하기도 한다"고 했다.

한겨레(2024.12.13.)에 따르면 앞서 국민 10명 중 6명은 트라우마를 겪는다는 여론조사 결과도 나왔다. 여론조사업체 리얼미터가 에너지경제신문 의뢰로 12월 11일 성인 507명을 대상으로 비상계엄 사태 이후 스트레스 등 트라우마 경험을 물은 결과 66.2%가 "있다"고 답했다.

의사들은 정신의학적으로 폭력 트라우마 피해자의 빠른 회복을 위해 '피해자의 신속한 안전 확보'와 '가해자가 응당한 처벌을 받는 정의로운 해결'이 필요하다고 밝혔다. 그러면서 "지금의 불안정한 상황은 국민의 트라우마를 강화하고, 미래에 대한 공포를 증폭하고 있다"고 지적했다.

의사들은 국민의 심리적 안정, 정신적 충격에 대한 치유를 위해서는 빠른 후속조치가 필요하다고 강조했다. 중대한 범죄를 저지른 현 대통령과 관련자들이 사죄하고 헌법 절차에 따른 조치에 따를 것, 집권 여당이 국민의 요구를 경청해 책임을 회피하지 말고 국회 의사결정 과정에 참여할 것을 요구했다.

계엄사령부 포고령 속 '의료인 처단' 등 엄포에 대한 비판도 있었다. 이들 의사들은 "동료 시민의 일부를 제거해야 할 적으로 규정하여 공동체 내의 분열과 적대를 부추기는 듯한 계엄 담화는 국민의 마음에 큰 환멸감과 상처를 남겼다"면서 "계엄 포고문에 담긴 온갖 금지와 협박은 선량한 시민들께 두려움과 모욕감을 주었으며, 치료와 돌봄을 본업으로 삼고 있는 의료진에 대한 살벌한 위협에서 그 절정을 이뤘다"고 꼬집었다.

정신의학 전문가인 이들은 폭력 트라우마 피해자의 빠른 회복을 위해선 "피해자의 신속한 안전 확보 및 가해자가 응당한 처벌을 받는 정의로운 해결이 중요하다"고 짚었다. 다만 "지금의 불안정한 상황은 국민의 트라우마를 강화하고 미래에 대한 공포를 증폭하고 있다"면서 "우리는 명확하게 헌법에 근거한 단호한 해법만이 우리 국민과 대한민국을 폭력의 트라우마에서 회복시킬 수 있다고 믿는다"고 강조했다.

그러면서 "중대한 범죄를 저지른 현 대통령과 관련자들은 국민에게 정중히 사죄해야 하며 헌법 절차에 따른 조치에 따라야 한다"면서 "집권 여당은 국민의 요구를 경청하며 책임을 회피하지 말고 국회의 의사결정 과정에 참여하길 바란다"고 촉구했다.

아울러 "현 대통령과 정부가 초래한 의과대학 증원으로 인한 위기의 해결을 위해서는 의료 전문가에 대한 '처단'과 같은 위협이 아닌 존중이 필요하다"고 덧붙였다. "국민 심리적 치유를 위해서는 체계적인 정신건강 정책이 필요하다"고 권고했다.

이해국 가톨릭대 의정부성모병원 교수(정신건강의학과)는 앞의 한겨레에 "진료 현장의 의사로서, 시민의 한 사람으로서 참담한 마음에 시국선언에 동참했다"며 "의학적으로는 (시민들에게) 트라우마로 인해 긴장·불안이 이어지고, 우울·무기력·분노 등의 2차적인 문제도 생길 수 있다. 정치가 제때 해법을 마련하지 못해 사회적 반목이 심해지면 시민들의 정신 건강에도 부정적인 영향을 미칠 것"이라고 우려했다.

한편 지난 12월 3일 밤 윤석열 대통령의 비상계엄 선포 직후 당시 계엄사령부는 포고문 제1호를 통해 "전공의를 비롯하여 파업 중이거나 의료현장을 이탈한 모든 의료인은 48시간 내 본업에 복귀하여 충실히 근무하고 위반시는 계엄법에 의해 처단한다"고 경고했다.

〈2024. 12. 13.〉

현직 교사들의 시국선언

12월 12일 법적으로 정치적 발언 등에 제한을 받는 현직 교사들이 이날 오후 국회 정문 앞에서 시국선언을 발표했다. '민주주의를 지키려는 교사모임 일동'이라는 이름으로 시국선언에 나선 교사들은 특정 교원 단체 등이 아닌 초등교사 커뮤니티 '인디스쿨'에서 한 교사의 제안에 따라 자발적으로 모인 이들이다. '교단에 서는 시민으로서'의 참여라 할 수 있다.

윤석열 대통령 탄핵소추안 표결이 무산된 12월 7일에 제안이 올라온 이후 이날까지 전국 초·중·고 교사 4400여 명이 동참했다. 교사들은 이날 기자회견을 앞두고 "정치적 기본권이 없는 교사라는 이유로 처벌받을 가능성을 각오하고 자발적으로 모인 교사들의 목소리로 이루어질 것"이라고 밝혔다.

교사는 교육기본법 6조 1항 "교육은 교육 본래의 목적에 따라 그 기능을 다 하도록 운영되어야 하며, 정치적·파당적 또는 개인적 편견을 전파하기 위한 방편으로 이용되어서는 아니 된다"는 내용에 따라 정치적 발언을 할 수 없다. 교육기본법은 처벌 조항이 없이 정치적 발언을 근거로 학교 차원의 징계 등을 받을 수 있다.

하지만 공립학교 교사는 국가공무원법 65조 '정치운동의 금지', 공직선거법 제85조 '공무원 등의 선거관여 등 금지' 내용을 적용받아 형사처벌을 받을 수 있다. 2014년 세월호 참사 당시 정부 대응을 비판하는 시국선언을 했던 교사들도 대법원에서 벌금형 확정판결을 받았다.

이번 교사 시국선언을 제안한 박교순 경기도 파주 마지초등학교 교사는 "기자회견에 참여하는 교사들은 처벌을 불사하고 모이기로 했으나, 개인적으론 (12·3 내란사태에 대한 교사들의 발언이) 무죄가 안 되면 이 나라가 잘못된 나라라는 확신이 있다"고 강조했다.

교원단체와 자발적 모임 등에서도 잇따라 성명을 발표하고 집회 현장에 나서겠다고 밝혔다. 전국교직원노동조합(전교조)은 이날 "대통령의 비상계엄 선포권 행사는 사법심사의 대상이 되지 않는 통치행위"라는 윤 대통령의 대국민 담화 직후 성명을 내어, "이런 대통령이 배출된 것 자체가 대한민국 공교육의 수치"라며 "교사들은 국민과 싸우라고 가르친 적 없다"며 강도 높게 비판했다.

전국국어교사모임도 이날 "자신의 욕망을 위해 정의와 국민을 배반하는 자들이 활개치는 사회에서 우리 아이들은 안전하고 평화롭게 살아갈 수 없다"며 "우리말의 아름다움을 가르치고 학생들의 소중한 삶과 꿈을 보듬어 키워가는 국어 교사로서 침묵하지 않을 것을 선언한다"고 밝혔다.

이보다 앞선 12월 5일 시국선언을 발표한 전국역사교사모임은 오는 14일 윤 대통령 탄핵 촉구 집회에 나설 것을 밝히며 "현대사의 중요한 페이지를 장식할 이 장면을 전국의 역사 교사들이 함께 지켜보자"며 "민주주의 현장 답사를 제안한다"고 밝혔다.

한겨레(2024.12.13.)에 따르면 일부 교사들은 시위 참여 학생들을 위해 간식, 핫팩을 나누기도 했다. 전교조 경기·부산·전북지부 등 소속 교사들은 최근 시위 현장에 좌판 등을 열어 "선생님들도 민주주의를 지키기 위해 거리로 나온 청소년과 함께한다"며 시위 참여

어린이·청소년에게 직접 포장한 간식 등을 나눴다.

같은 날인 12월 12일 중학교와 고등학교의 현직 교사 675명도 윤석열 탄핵을 촉구하는 선언에 동참하기도 했다. 전국사회교사모임이 주도한 이 시국 선언문에서 일반사회과 중등교사들은 "사회교사로서 우리는 미래 세대를 이끌 학생들에 대해 책임을 통감한다"고 밝혔다.

또 "헌법적 가치를 왜곡하는 어떠한 행위도 묵인하지 않을 것"이라고 다짐하며 "학생들에게 민주주의의 소중함을 올바르게 가르치고, 이를 지키기 위해 함께 행동할 것"이라고 결의를 다졌다. 그러면서 "우리는 헌정 질서를 회복하고 국민의 자유와 권리를 수호하기 위해 윤석열의 즉각적인 탄핵을 강력히 촉구한다"고 선언했다.

이들이 학생들을 가르치는 교과서에는 "국회는 대통령을 비롯하여 법률이 정한 공무원이 직무 수행 중에 헌법이나 법률을 위반한 경우 탄핵소추를 의결할 수 있다"(중학교 〈사회②〉 교과서 182쪽, 미래N), "국회는 대통령이 헌법이나 법률을 위배한 경우 탄핵 소추를 의결하여 헌법재판소에 탄핵 심판을 청구할 수 있는 권한도 있다."(고교 〈정치와 법〉 교과서 54쪽, 천재)고 되어 있다.

한편 전국사회교사모임은 1989년 창립 때부터 민주주의, 존엄과 연대의 교육을 추구해 왔다. 2022개정교육과정 개정을 앞둔 2020년 10월 15일에는 "'사회'교육에서 '시민'교육으로 과목혁신을 감행하자"는 결의를 다진 입장문을 발표하고 교육부에 촉구한 바 있다. 장학사에 이어 현직 교사들까지 시국선언에 나서고 있는 정국이다.

〈2024. 12. 14.〉

문화예술인들의 시국선언

12월 6일 오후 3시 200여 개 예술단체 5,000여 명의 문화예술인들이 서울 여의도에서 기자회견을 열어 시국선언을 발표했다. 문화예술인들은 "국민의 자유를 억압케 한 윤석열은 더 이상 국민의 대통령이 아니다"라고 한목소리로 윤 대통령의 퇴진을 촉구했다.

김홍신·나희덕·문성근·유홍준·정지영·현기영·이창동 등 전국 예술인 5천여 명과 (사)한국민족예술단체총연합, (사)한국작가회의 등 200여 개 단체가 시국선언문에 연명하며 문학·연극·영화·무용·음악·공연·전통예술 등 전 장르의 문화예술인들이 윤석열 대통령의 퇴진을 촉구하고 나선 것이다.

경기일보(2024.12.6.)에 따르면 이날 기자회견은 애초 12월 7일 오전 세종문화회관 앞에서 열릴 예정이었으나, 국민의힘 한동훈 대표가 오전 사실상 '윤 대통령 탄핵 찬성'으로 선회하며 탄핵소추안 표결 시점이 하루 앞당겨질 수 있다는 소식이 전해져 장소와 일정이 변경됐다.

이들은 "표결 일정과 관련한 긴급상황이 발생해 탄핵에 더욱 힘을 싣고자, 하루 일찍 선언을 발표한다"고 말했다. 기자회견이 시작되고 얼마 지나지 않아 윤 대통령이 국회를 방문한다는 소식이 전해지며 현장은 한때 급박하게 돌아가기도 했다.

참석자들은 문학·연극·영화 등 예술계 단체 시국선언문을 인용하며 입장을 밝히고, 예술 행동에 나섰다. 강욱천 한국민예총 사무총장은 "국민의 자유를 억압하고, 국헌을 문란케 한 윤석열은 더 이상 국민의 대통령이 아니다"라며 "대한민국이 공정과 상식, 평화와 안정을 되찾을 때까지 예술인은 각자의 예술 언어로 무장해 저항을 이어 나갈 것"이라고 밝혔다.

백재호 한국독립영화협회 이사장은 영화 '서울의 봄'을 언급하며 계엄령 사태를 강력히 비판했다. 백 이사장은 "같은 영화를 봐도 누군가는 '다시는 이런 일이 일어나면 안 된다'고 생각했지만, 누군가는 '이렇게 하면 성공할 수 있겠구나'라고 생각한다는 것이 황당하다"고 말했다.

이어 "모든 언론과 출판이 계엄사의 통제를 받는다는 포고령은 국민 기본권의 제한이자, 헌법상 표현의 자유를 훼손하는 것"이라며 "대한민국 영화인에게 위헌적인 블랙리스트를 작동한 윤석열은 더 이상 대통령이 아닌 내란죄 현행범일 뿐"이라고 규탄했다.

국내 양대 문인단체중 하나인 한국작가회의 김대현 비상대책위원장은 한국작가회의 성명서를 낭독하며 "윤석열의 야간을 이용한 기습적인 계엄령 선포와 합리적 근거가 없는 포고문은 국회의 정치활동을 억압하고 국민의 일상을 한순간에 무너뜨리고 있다"고 밝혔다.

또 "윤석열의 계엄 선포는 열거할 필요도 없이 대한민국의 헌법을 짓밟는 범죄 행위임이 분명하다. 국민의 이름으로 법의 심판대에 올려야 한다"고 주장했다. 한국작가회의는 윤 대통령의 비상계엄령 발표 직후인 12월 4일 새벽 '계엄 철폐'를 요구하는 성명을 발표하며 "당신(윤석열)은 더 이상 대한민국의 대통령이 아니다"라고 선언한 바 있다.

이들 문화예술인들은 윤석열 탄핵소추안 표결이 있던 12월 14일 서울 여의도 국회의사당 앞에서 '내란수괴 윤석열 즉각 체포·탄핵'을 촉구하는 2차 시국선언문을 발표하기도 했다. 2차 시국선언에는 김규리·이승환·김홍신·하림·한경혜 등 예술인 6000명과 200여 개 문화단체가 함께한 것으로 전해졌다.

문화예술인들은 "내란은 여전히 진행 중"이라며 "광기와 망상으로 시작된 윤석열의 전면적인 헌정 파괴의 광기는 폭력과 한 몸을 이루며 공동체의 생명과 일상을 여전히 위협하고 있다. 내란을 종결하고 평화를 찾는 첫 단계는 내란 수괴 윤석열 체포와 탄핵"이라고 주장했다.

이들은 "지금까지 그 어떤 소설도, 영화도 지금의 현실을 상상하지 못했다. 국민의 생명과 안전은 뒷전인 윤석열 친위 군부쿠테타 세력은 남북 간의 전쟁 상황까지 유발, 이용하려 했다는 정황까지 드러났다. 그런데도 12월 12일. 전두환이 군사쿠테타를 일으킨 날을 기념이라도 하듯 윤석열은 다시 나타나 '끝까지 싸우겠다'며 주권자들에게 총부리를 들이밀었다"고 직격탄을 날렸다.

이어 "음모론과 망상에 빠진 그의 주장에 일일이 반박하는 건 부질없는 일. 그의 의식은 이미 합리적 분별심이 불가능한 포악한 광인이자 왕정시대를 사는 초법적 폭군과 다름없다"고 비판했다. "더 위험한 사태를 막기 위해 즉각적인 체포·구속·탄핵은 기본이다. 모두가 이미 대통령으로 인정하지 않는 그를 즉각 탄핵함은 물론 즉각 체포 구금해 사회에서 격리해야 한다"고 날을 세웠다.

이들은 국민의힘에 대해서도 쏘아붙였다. "국민의힘은 윤석열과 한 치의 어긋남 없는 한 몸으로 제2의 전두환·박근혜를 키워냈고, 제3의 인물을 준비하고 있다. 이들은 즉각 단죄·해체되어야 할 것이다. 우리는 내란 종범이자 실행자인 국민의힘의 즉각 해산을 촉구한다"고 목소리를 높였다. 마침내 이날 오후 5시 윤석열 탄핵소추안은 찬성 204표로 가결됐다.

〈2024. 12. 14.〉

언론인들의 시국선언

 언론인들도 나섰다. 국회의 탄핵소추안 표결이 있던 12월 14일 오후, 서울 영등포구 KBS 본관 앞에 자리한 언론인들은 결의 찬 어조로 윤석열 대통령의 탄핵을 촉구하는 시국선언문을 낭독했다. 이들은 국회의원들을 향해 "전원 탄핵안 표결에 동참하라"며 "거리를 뒤덮은 국민의 분노는 의사당 안에서 헌법과 법률을 구현함으로써 해소되어야 한다"고 강조했다.

 앞서 한국기자협회 등 14개 언론현업단체는 12월 12일까지 '윤석열 탄핵 촉구 언론계 시국선언' 연명 신청을 받았다. 그 결과 총 297개 언론사 및 언론단체에 속한 4164명의 현업 언론인이 시국선언 연명에 참여했다. 언론단체는 12월 13일 경남도민일보와 옥천신문에 전면광고로 시국선언문을 실었다.

 이날 발행된 기자협회보 호외와 경향신문 토요특별판, 한겨레신문 호외에도 선언문을 게재했다. 또 오후 3시부터 개최될 윤석열 탄핵 촉구 '범국민 촛불대행진'에 앞서 KBS 본관 앞에서 '윤석열 탄핵 촉구 범언론인 결의대회'를 개최하고 시국선언문을 낭독했다.

 이날 시국선언문을 낭독한 김봉철 한국기자협회 부회장, 박상현 전국언론노조 KBS본부장, 김준희 언론노조 방송통신심의위원회 지부장은 "국회와 시민에 총구를 겨눈 계엄군의 난입에 대한민국의 모든 언론인은 군사독재 시절 언론 검열과 통제를 떠올리며 분노와 공포의 시간을 보냈다"면서 말을 이어갔다.

"우리는 1971년 4월 박정희 대통령의 3연임이 이뤄지고 계엄의 위기가 다가올 때 선배 언론인들이 발표한 언론자유수호선언, 1980년 전두환 일당의 내란에 맞서 광주참상의 진실보도를 요구하며 검열 및 제작거부로 항거했던 선배 언론인들의 투쟁, 그리고 1986년 전두환 군사정권의 보도지침을 폭로하며 지난(至難)한 싸움을 이어온 선배 언론인들의 결단과 역사적 의미를 다시 되새긴다"고 밝혔다.

이어 "대한민국 민주주의 역사의 붕괴와 도약의 갈림길에서 우리 언론인은 어떤 권력으로부터도 자유로운 언론의 역할과 주권자 국민이 요구하는 보도의 정확성에 만전을 기할 것"이라며 "하루에 몇 차례씩 쏟아지는 정치권 담화를 받아쓰기보다 국민의 입이 되어 질문과 비판의 날을 세울 것이다. 이 위기 상황에서 무엇이 중요한 문제이며 무엇이 내란을 지속시킬 음모인지 명확히 구분할 것"이라고 강조했다.

언론인들은 이날 시국선언에서 국회의 윤석열 탄핵안 가결 촉구 외에 언론계 곳곳의 윤석열 부역자를 발본색원해 언론자유와 국민의 알 권리를 복원해낼 것을 다짐하기도 했다. 이들은 "여전히 언론계 곳곳에 언론의 사회적 책임과 정치적 독립성을 비웃으며 내란 범죄자 윤석열의 부역자 역할로 국민의 세금을 축내고 있는 공범들이 남아 있다"고 직격했다.

이어 "지난 2년 반 동안 자행된 정권의 언론탄압과 방송장악은 내란 사전 정지 작업이었던 것이다. 반드시 발본색원하고 언론자유와 국민의 알 권리를 복원해낼 것"이라고 밝혔다. 다른 직종 종사자들의 시국선언에서 흔하게 못보던 내용이라 뭔가 든든함과 어떤 힘이 느껴지는 대목으로 읽힌다.

또 "모든 언론사의 경영진과 간부들은 보도·편집·편성·제작 자율성을 해칠 어떤 지시나 행위도 삼가라"며 "쏟아지는 속보의 홍수 속에서 기사 조회 수에 골몰하거나 혼란을 틈타 정치적 셈법에 빠져 내린 어떤 지시도 우리는 거부할 것이다. 정치적 독립성과 정확성은 지금의 시기에 언론이 지켜야 할 엄중한 기본 책무"라고 강조했다.

언론인들은 이날 결의대회서 윤석열 대통령을 비롯해 탄핵소추를 거부한 국민의힘 의원들을 강하게 규탄하기도 했다. 김세원 한국PD연합회장은 "윤석열·김건희 정권은 집권하자마자 KBS 수신료를 분리 징수시키고 방심위를 통해 MBC·CBS·YTN 등을 괴롭혔다"고 직격했다.

"우리는 이미 몇 년 전 윤석열을 손절했지만 지금은 온 국민이 윤석열을 손절하고 있다. 윤석열은 지금 나열한 극히 일부의 잘못만으로도 즉시 구속되고 무기징역을 받아야 한다"고 비판했다.

박종현 한국기자협회장도 "검찰총장 출신 피의자 윤석열이 곧 탄핵된다"며 "이 상황을 직시하지 못하는 국민의힘 초·재선, 소위 중부지방을 지역구로 둔 의원 몇 분에게 간곡히 요청한다. 정신 차리라. 윤석열이 만든 쪽배에 승선한 중진과 친위 무리에서 탈출하라"고 촉구했다.

김승준 한국방송기술인연합회장은 "우리는 오늘 윤석열 대통령의 탄핵을 강력히 촉구하며 이 투쟁이 단순한 권력 교체가 아니라 대한민국의 민주주의 새 장을 여는 역사적 전환점임을 분명히 선언한다"며 "지난 촛불 혁명이 우리 역사를 바꿨듯 이제는 한 단계 더 진화한 국민적 참여와 연대로 새로운 역사를 써야 한다. 가장 어두운 밤을 가장 밝은 빛으로 함께 하자"고 강조했다.

한편 기자협회보(2024.12.14.)에 따르면 이날 결의대회는 시종일관 흥겨운 분위기 속에서 진행됐다. 언론인들은 로제의 '아파트'와 윤수일의 '아파트'를 편곡한 노래를 따라 부르며 신명나게 윤석열 탄핵을 외쳤다. 결의대회가 끝난 후엔 국회대로로 행진해 범국민 촛불대행진에 참여했다.

〈2024. 12. 14.〉

음악인들의 시국선언

음악인들도 시국선언에 나섰다. 대통령 윤석열 탄핵소추안 가결 전날인 12월 13일 국내 음악인 762명이 윤석열 대통령의 탄핵과 체포를 요구하는 시국선언을 발표했다. '대한민국 음악인 연대'는 시국선언을 통해 "탄핵에 반대하는 자가 내란 동조자다. '윤석열의 탄핵과 즉각체포'를 요구한다"라고 밝혔다.

음악인 762명은 "윤석열이 비상계엄을 선포하던 12월 3일은 여느 날과 다를 것 없는 평범한 일상의 날이었다. 그 밤에 윤석열은 국회와 선거관리위원회에 군대를 보내는 위법한 명령으로 헌정을 유린하고 삼권분립의 민주주의 가치를 훼손했으며 평범한 일상은 파괴됐다"면서 말을 이어갔다.

"12월 12일 오전, 내란에 동원된 이들의 양심선언과 국회에서의 증언으로 윤석열을 내란의 수괴로 지목할 때, 윤석열은 대국민 담화에서 '대통령의 비상계엄 선포는 고도의 정치적 행위'라는 궤변으로 비상계엄 선포의 정당성을 주장했다. 설상가상 '국민의 힘' 의원들은 이 주장에 힘을 실으며 대통령 호위를 자처하고 있다. 국민은 없고 '국민의힘'의 당리 당략을 위한 세력 다툼만 일삼고 있다"라고 지적했다.

분노한 시민들이 자유민주주의를 지키기 위해 국회 의사당 앞에서 한목소리로 탄핵을 촉구하고 있는 상황 속에서 이들은 "우리가 만든 음악이 세계로 뻗어나가는 동시에 광장에서 울려 퍼지고 있다. 이 아이러니한 상황을 우리 음악인은 개탄한다"고 말했다.

이들은 "우리의 선·후배 동료들이 혼을 갈아 넣은 K-Pop의 나라가 정치 후진국의 나라로 해외에 비추어지고 있다. 우리 음악인들을 비롯한 대한민국 예술가들이 높여 놓은 K-컬처의 브랜드 가치가 대한민국 정치에 의해 추락하고 있다"고 직격했다.

이어 "나라가 안정되고 문화적 환경이 마련될 때 삶을 풍부하게 만들어주고 균형과 깊이를 더해주는 음악을 더 자유롭게 창작할 수 있다. 그래야만 K-Pop의 명예를 지켜나갈 수 있을 것이다. 이에 우리는 정치적 성향과는 무관하게 우리의 생존을 위해 우리의 건강한 창작 환경을 요구하며 시국선언에 나서는 바다"라고 밝혔다.

마지막으로 "오늘 우리는 국회에서 탄핵이 반드시 통과하기를 요구한다. 더 나아가 헌법재판소에서 탄핵이 인용되어 나라가 정상화될 때까지 시민들 속에서 함께 투쟁할 것이다"라고 덧붙였다.

음악인들은 대통령 윤석열 탄핵소추안 가결 후인 12월 18일에도 시국선언을 했다. 이들은 "지난 13일 발표된 '대한민국 음악인 연대'의 시국선언과 참가자 및 주체가 다른 별도의 음악인 선언"이라고 설명했다. 이날 시국선언에는 가수·연주자·프로듀서·평론가 등 음악인 2645명(팀)이 참여했다. 개인뿐만 아니라 팀으로 참여한 이들까지 역대 최대 규모다.

이들은 성명문에서 "참담한 날들이다. 헌법을 준수하고 국가를 보위해야 할 대통령이 반란을 일으켰다. 하지만 즉시 구속·수감되어야 할 범죄자가 여전히 권력을 행사하고 있다. 탄핵을 결정해 민주공화국을 지켜야 할 국민의힘 국회의원들은 투표조차 거부했다. 쿠데타는 완전히 진압되지 않았다. 민주공화국이 흔들리고 있다. 시민의 상식이 짓밟히고 있다. 시민의 자유 또한 짓밟혔다"고 밝혔다.

이어 "이것은 민주주의가 아니다. 위헌적인 비상계엄을 계획하고 선포하는 대통령은 더 이상 민주공화국의 대통령이 아니다. 반란 수괴를 엄호하는 정치는 역사의 쓰레기통에 처박아야 한다"며 직격탄을 날렸다. 이어 이들은 말한다.

"통곡의 시간은 이제 끝나야 한다. 누구도 함부로 죽지 않아야 한다. 모두의 내일은 지켜져야 한다. 삶은 음악보다 아름다워져야 한다. 우리는 윤석열 대통령을 거부한다. 윤석열 대통령을 엄호하는 국민의힘에 파산을 선언한다. 독재는 리바이벌될 수 없다. 반란세력에게 앵콜(앙코르-인용자)은 없다"고 전했다.

또한 "음악을 수호하는 우리는 민주공화국을 지키기 위해 함께 싸울 것이다. 윤석열 대통령과 국민의힘이 만든 혼란과 위기를 청산할 것이다. 촛불을 든 시민과 함께 촛불을 들고 함께 노래할 것이다. 오늘의 역사를 함께 기록할 것이다. 시민의 용기를 증언할 것이다. 어떤 세상에서 살고 싶은지, 민주주의는 무엇인지, 더 나은 세상은 어떻게 가능한지 연주하고 노래할 것"이라고 목소리를 높였다.

마지막으로 "음악은 민주공화국의 편이다. 그것이 음악의 존재이유이며 음악인의 기쁨이다. 음악은 진실의 선율을 부른다. 평화의 리듬을 나눈다. 공생의 사운드를 만든다. 노래는 광장에서 완성된다. 오늘 민주공화국의 음악인들은 시민의 손을 잡고 민주주의를 외친다. 들어보라. 안전하고 자유롭고 정직하고 배려하며 존중하는 내일이 메아리처럼 밀려오고 있다"고 덧붙였다.

이번 성명에는 경력이 40년 이상 된 고참부터 실용음악과 진학을 준비하는 청소년까지 나이와 경력이 다른 음악인들이 함께 했다.

록·민중가요·일렉트로닉·재즈·포크·힙합 등의 대중음악 창작·실연자뿐만 아니라 한국 전통음악과 고전음악 클래식 장르 음악인들도 동참했다. 수도권부터 대구·부산·제주·광주 등 전국의 음악인들을 총망라했다.

또한 음악 창작자와 실연자뿐만 아니라 공간 운영자·기획자·매니저·음향 엔지니어·제작자를 비롯한 음악산업 종사자들 역시 다수 참여했다. 스포츠투데이(2024.12.18.)에 따르면 지난 2009년 '탐욕과 통제의 시대를 거스르는 대한민국 음악인 선언'에 600여 명이 참여했다. 2016년 '민주공화국 부활을 위한 음악인 시국선언'에는 2350여 명이 참여했다. 이번에는 그보다 많은 음악인들이 장르·지역·세대·직군을 아우르며 참여했다.

〈2024. 12. 18.〉

10~20대들의 시국선언

　윤석열 대통령 탄핵소추안이 국회 본회에서 가결된 후에도 10~20대를 중심으로 시국선언이 이어지고 있다. 윤석열퇴진청소년비상행동(청소년비상행동)은 12월 19일 서울 광화문 이순신 동상 앞에서 기자회견을 열고 "'12·3 비상계엄 사태'는 우리가 역사책에서 배운 대로 국민들의 자유와 권리, 민주주의를 위협하는 존재였고, 일상을 빼앗았다"고 주장했다.
　시국대회 제안자인 삼일고등학교 함보경(18)양은 "윤석열 정권은 시작부터 잘못됐다"며 "후보 시절 존재 자체도 몰랐던 특성화고를 신경 쓰는 척하면서 관련 예산을 삭감해 지원금은 줄고, 실습 환경은 열악해졌으며, 목표인 취업마저 더욱 힘들어졌다"고 비판했다.
　이어 "그 와중에 윤석열 정권은 계엄을 터뜨리면서 학생들을 궁지로 몰아넣고 장악하려 했다"며 "그날 어떻게 될지 모르는 상황에서 새벽까지 잠을 자지 못했다"고 지적했다. 3학년인 함보경양은 "전국의 학생들이 시국선언문을 냈지만, 최근 은평구의 한 고등학교가 이를 금지해 정치적 기본권을 탄압했다"고 지적하기도 했다.
　그 내용은 이렇다. 12월 14일 이 학교 학생 273명이 뜻을 모은 시국선언문이 에스엔에스(SNS)에서 지워졌다. 이에 시국선언 뜻을 모은 이 학교 재학생 30명은 12월 17일 학교 교무실에 '침묵하지 않겠다라는 학생들의 선언을 삭제한 학교에 요구합니다'란 제목의 항의문을 팩스로 보냈다.

이들은 항의문에서 "주권자이자 학생으로서 모은 우리의 목소리에는 '정치 관여 행위'라는 잣대로 잴 수 없는, 존중받아 마땅한 가치가 있다. 그러므로 학교 구성원들에게 동의 여부를 물으며 충분히 신중하게 민주적 절차를 거쳐 완성한 시국선언문 삭제를 요구한 학교에 항의하며, 삭제 조치의 철회를 요구한다"고 밝혔다.

이 학교 학교장은 교내 방송을 통해 "시국선언 활동에 반대 의견을 가진 이들이 교칙을 빌미로 불이익을 주라고 할 수 있어 학생들을 보호하고자 한 조치이며 시국선언으로 징계하는 일은 없을 것"이란 입장을 학생들에게 밝혔다고 한다. 서울시교육청은 해당 고등학교에 대한 감사 차원의 장학 지도를 하고, 학칙을 바꾸도록 컨설팅(현장 지도)하겠다고 밝힌 상황이다. 시교육청은 학생의 정치 참여를 막는 학교규칙은 법 위반이라는 입장이다.

청소년비상행동 제안자 중 한 명인 화정고등학교 우동연(18)군은 "아직 헌법재판소의 판결이 남아 있고, 한덕수 대통령 권한대행 겸 국무총리가 거부권을 행사해 윤석열 정권의 의지를 이어가겠다는 사실상 선전포고를 했다"며 "지금도 무슨 일이 벌어질지 모르기에 청소년들이 뭉쳐 목소리를 더 크게 낼 수 있게 광장으로 나와 함께 싸워야 한다"고 외쳤다.

3학년인 우동연군은 "청소년들은 '12·3 내란 사태' 이후 각 지역의 촛불집회에서 윤석열 정권 퇴진과 내란세력 동조세력인 국민의힘 해체를 요구하고 있다"며 "헌법재판소의 판결이 남아 있고, 무슨 일이 벌어질지 모른다. 청소년들이 뭉쳐서 목소리를 크게 낼 수 있도록 광장으로 나와달라"고 힘줘 말했다.

청소년비상행동 측은 지난주 국민의힘 사무실과 버스 정류장 등에 윤 대통령 탄핵 찬성을 요구하는 포스트잇을 붙였다고 밝혔다. 지난 12월 7일 한 여고생이 경북 영천 이만희 국민의힘 의원 지역사무실 앞에 '내란수괴범에 동조한 당신, 국민의 편은 누가 들어줍니까'라는 내용의 포스트잇을 붙였다가 신고당한 사례에서 착안한 것이다.

이를 계기로 청소년비상행동이 결성됐는데, 한국교육학술정보원에 따르면 2020년 기준 서울의 271개 고등학교 중 83%가 학생들의 정치활동을 교칙으로 금지하거나 이를 이유로 징계하는 학칙을 보유하고 있다. 우군은 "구시대적인 교칙들은 윤석열 정권과 함께 사라져야 한다"고 목소리를 높였다.

청소년비상행동은 12월 21일 서울 종로구 의정부지 역사유적광장에서 '우리가 뽑지 않았지만 우리가 뽑아내자 윤석열 파면, 국민의힘 해체 청소년 시국대회'를 개최한다고 밝혔다. 함보경양은 "오는 21일 시국대회에서 저희의 목소리를 알리고 저희의 권리를 지킬 것"이라고 말했다.

한편 12월 19일 오후엔 윤석열OUT청년학생공동행동이 한남동 대통령 관저 앞에서 집회를 열고 "내란범 윤석열을 당장 체포해야 한다"고 강조했다. 자유발언에 나선 박태훈 청년진보당 전국 대학생위원회 준비위원장은 "윤석열 당신은 사이코패스나 다름없다"고 목소리를 높였다.

윤석열OUT청년학생공동행동은 한덕수 대통령 권한대행 겸 국무총리가 이날 양곡관리법 등 쟁점 법안 6개에 거부권을 행사한 걸 두고 "당신은 대통령도 아니고 그저 내란의 공범일 뿐"이라고 직격하기도 했다. 10대 청소년들과 20대 청년들이 계속 들고 일어나는 건 그들이 대한민국의 미래라는 점에서 매우 뿌듯한 일이다.

대선 때 윤 대통령을 지지했다는 건국대학교 학생은 "계엄 사태를 계기로 정말 많은 반성을 했다"고 말했다. 서울대학교 학생이라고 밝힌 전찬범씨는 "선배님(윤 대통령)께 허락된 건 안락한 관저가 아니라 차디찬 감옥 뿐"이라며 "당장 수사에 응하고 죄에 걸맞은 처벌을 받으라"고 힘줘 말했다.

〈2024. 12. 19.〉

용병정치의 민낯

국민의힘을 보면 참 한심한 당이란 생각이 든다. 한동훈 대표도 윤 대통령과 마찬가지로 국민의힘에 투입된 '용병'에 불과해서다. 먼저 박지원 더불어민주당 의원은 11월 24일 SNS에 "윤건희는 간동훈을 버린다"는 내용의 글을 올렸다. '윤건희'는 윤석열 대통령과 부인 김건희 여사를 합성한 것이고, '간동훈'은 한동훈 국민의힘 대표가 '간'만 보고 있다는 힐난 섞인 조어다.

문제의 글은 '정치 9단'이라는 별칭을 가진 박 의원이 여권의 향배를 전망하는 내용을 담았지만, 누가 봐도 노골적인 조롱으로 보인다. 박 의원은 이날 자신의 페이스북에 올린 글에서 "한동훈 대표는 3각 파도를 넘지 못한다"며 한 대표가 결국 국민의힘에서 축출될 것으로 내다봤다.

박 의원이 말한 3각 파도란 ▲한 대표 가족과 친인척이 국민의힘 당원 게시판에 윤 대통령 비방 글을 올렸다는 의혹과 논란 ▲쇄신 동력 위축 ▲리더십 추락을 의미한다. 박 의원은 "한 대표는 창(昌·김영삼 정부 시절 김 전 대통령에게 반기를 들었던 이회창 전 한나라당 총재)이 아니다. 그럴 배짱도, 정치력도 없다"며 "결국 검찰과 국민의힘 의원 다수를 장악한 윤건희에게 간동훈은 쫓겨난다"고 주장했다.

박 의원은 이어 "김건희 특검은 세월이 흘러가도 국민의 힘으로 성사되고 윤건희는 감옥으로 간다. (이것이) 역사이고 민심이다. 민심은 과학이다"라고도 썼다. 박 의원은 지난 11월 19일에도 SBS 라디오 인터뷰에서 "머지않아 윤 대통령과 국민의힘 의원들이 한 대표를 버릴 것"이라면서 "한동훈 간동훈 좀 야무지게 하는 것 같더니 역시 덜 익어서 땡감으로 떨어질 것 같다"고 말한 바 있다.

박 의원은 "(국민의힘 당원 게시판에) 한동훈 친인척, 가족들이 (윤 대통령을) 비난하는 글이 1분 단위로 올라와 700개가 넘는다는 것 아닌가"라며 "(의원들이) 이것을 감찰하자고 하는데 자기를 공격하면 참지 못하는 한동훈 대표가 이건 안 하고 있다"고 지적했다. 한 대표가 자신과 가족이 연루된 게시판 논란에 대해 침묵하는 건 그럴만한 이유가 있을 것이란 얘기다.

또한 박 의원은 11월 10일 SNS 페이스북의 본인 계정에서는 "가장 큰 문제는 국민 뜻대로 개혁과 혁신에 앞장서야 할 한동훈 대표가 무슨 일만 생기면 하루 혹은 사흘을 숨었다가 배신자 프레임이 두려워 국민 뜻대로가 아니라 국민 배신으로, 대통령 내외의 눈치, 국민 눈치를 간보는 '간동훈'이 된 것"이라고 일갈했다.

그는 "갤럽조사에서 윤석열 대통령 지지도가 17%이지만 차기 대통령 조사에서 이재명 29%, 한동훈 14%로 더블스코어 차이다"라며 "17% 지지받는 대통령 눈치를 보니 대통령 지지도보다 못한 14%가 나온다. 간동훈으로는 대통령 후보도 못된다"고 꼬집는 등 직격탄을 날리기도 했다.

아무리 정치 9단의 원로라 해도 상대 당의 언사인 만큼 개무시할 수도 있겠지만, 국민의힘 소속 유승민 전 의원의 지적은 확 와닿는다. 유 전 의원은 11월 1일 윤석열 대통령과 한동훈 국민의힘 대표를 겨냥해 "긴 세월 보수정치의 혁신을 위해 투쟁해 온 나로서는 보수가 지난 8년간 자기혁신을 못 하고 용병들 때문에 몰락해 가는 지금의 모습이 너무나 통탄스럽다"고 밝혔다.

유 전 의원은 이날 SNS에 "윤 대통령과 한 대표, 이 두 검사들을 보고 있으면 이 두 사람이 과연 보수당에 대한 최소한의 애정이 있는지 의문이 든다"며 이같이 밝혔다. 그는 10%대로 기록된 윤 대통령의 지지율을 거론하며 "윤석열 정권도, 보수도 궤멸의 위기에 들어섰다"고 평가했다.

유 전 의원은 "보수궤멸을 만든 책임도, 해결의 열쇠도 대통령 본인에게 있다. 대통령은 결단의 외통수에 몰렸다"며 명태균씨 관련 논란에 대해 "부부가 함께 국민 앞에 나와서 그간의 모든 잘못에 대해 참회하고 사죄해야 한다"고 촉구했다. 이어 "지금의 국정 위기를 타개할 해법을 국민 앞에 직접 제시하라"며 "김건희 여사 문제를 깨끗이 정리하려면 특검밖에 없다"고 강조했다.

유 전 의원은 "여사는 특검에 맡기고 대통령은 남은 절반의 임기 동안 오직 경제민생과 국가안보에만 전념하시라"며 "그러기 위해서는 정부와 대통령실의 전면 쇄신이 당연히 필요하다"고 강조했다. 그는 "당도 제발 정신 차려야 한다"면서 특별감찰관 추천과 관련해 "당연히 해야 하지만, 지금의 위기를 돌파할 해법은 결코 아니다"라고 했다.

유 전 의원은 "특감을 두고 친윤이니 친한이니 계파를 나눠 싸우는 거 자체가 한심한 코미디 아닌가"라며 "지금은 당이 이 위기를 돌파할 근본적 해법을 두고 밤을 새워 치열하게 고민하고 대통령을 설득해야 할 때 아닌가"라고 꼬집었다. 용병정치의 민낯을 고스란히 노출하고 있는 국민의힘은 유 전 의원 말처럼 제발 정신차려야 한다.

국민의힘은 "윤 대통령이 이제라도 진심으로 뉘우치고 국정 기조를 전면 전환해야 하지만, 이를 기대하는 국민은 별로 없다. 그렇다면 여당이라도 정신을 차리고 민심의 목소리를 들어야 한다. 대통령실의 무책임한 거짓말에 동조하다가는 결말은 뻔하다. 박근혜 전 대통령의 경우 2016년 10월 말 처음 20% 선이 무너진 뒤, 5%로 떨어지기까지 불과 한달 남짓밖에 걸리지 않았다"(한겨레 사설, 2024.11.4.)는 지적을 뼈아프게 새기기 바란다.

〈2024.11.25.〉

박 대령은 무죄다1

 윤석열 정부의 특징중 하나는 뜻밖의 사고가 일어났을 때 수습은 온데간데 없어지고, 전혀 엉뚱한 방향의 비상식적인 사건으로 이어진다는 점이다. 가령 해병대 채 상병 순직사고가 그렇다. 인재(人災)일망정 사고이므로 유가족을 비롯한 국민에게 사과하고, 책임자 문책으로 어느 정도 진정되는 것이 우리가 그간 봐온 일반적 모습인데, 그게 아니다.

 채 상병 순직사고의 경우 해병대수사단장이 항명죄 등 혐의로 재판을 받는 등 전혀 엉뚱한 방향의 사건으로 흘러가고 있는 대표적 사례라 할만하다. 박정훈 전 해병대수사단장(대령)은 고 채 상병 순직사고를 수사하다 난데없이 항명·상관 명예훼손 혐의로 기소돼 보직을 박탈당한 채 피의자가 돼 재판을 받고 있는 중이다.

 위의 두 문단은 박정훈 대령에 관한 이야기 '대통령실의 수사외압1'(장세진 에세이 '뭐 저런 대통령이 다 있나' 수록)의 시작 부분이다. '대통령실의 수사외압2'는 "상식적인 법원 판단이 나오지 않을 경우 길게는 윤 대통령 퇴임 후로 진상 규명이 미뤄질 사건이라는 게 슬프지만, 박 대령, 모쪼록 힘내기 바란다"며 글을 끝냈다.

 11월 21일 군검찰은 '채 상병 순직 사건'을 수사한 뒤 사건 이첩을 보류하라는 지시를 어겼다며 항명 혐의 등으로 기소된 박 대령에게 법정 최고형인 징역 3년을 구형했다. 박 대령은 "병사 죽음의 진실을 밝히고 책임 있는 이를 처벌하는 게 왜 잘못됐냐"고 반박했다. 박 대령의 유무죄를 가리는 선고 기일은 내년 1월 9일이다.

군검찰은 중앙지역군사법원 심리로 열린 박 대령 항명 및 상관 명예훼손 혐의 결심 공판에서 "피고인은 군의 지휘체계를 훼손하고 군기강에도 악영향을 줘 엄벌할 필요가 있다"며 징역 3년을 선고해달라고 재판부에 요청했다. 언론 보도를 토대로 채 상병 순직 사건 개요를 다시 간략해보자.

박 대령은 채 상병 순직 사건을 수사한 뒤 지난해 7월 30일 이종섭 당시 국방부 장관에게 임성근 해병대 1사단장을 포함한 8명을 업무상 과실치사상 혐의자로 특정해 사건을 경찰에 이첩하겠다고 보고했다. 이 장관은 이를 승인했다.

그러나 이튿날 이 장관은 사건 이첩 보류를 지시했다. 박 대령이 8월 2일 채 상병 사건을 경찰에 이첩하자 군검찰은 상부의 명령을 거부했다며 항명 혐의로 박 대령을 재판에 넘겼다. 군검찰은 또 박 대령이 "채 상병 사건 수사에 윤석열 대통령이 개입했다"고 폭로한 뒤, 방송에 출연해 이 장관이 '(임성근) 사단장도 처벌해야 하느냐고 물었다'는 허위사실을 유포해 명예를 훼손했다는 상관모욕 혐의도 추가했다.

이미 알려졌다시피 채 상병 순직 사건을 수사하던 박 대령이 되레 법정에 선 건 '윤석열 대통령 격노설'에서 비롯된 일이다. 순조롭게 진행되던 사건 수사와 이첩이 지난해 7월 31일에 제동이 걸렸기 때문이다. 그날 오전 대통령실 수석비서관 회의에서 임 사단장이 혐의자로 특정됐다는 소식을 접한 윤 대통령이 "이런 일로 사단장이 처벌받으면 사단장을 누가 하느냐"며 불같이 화를 냈다고 한다.

이른바 '브이아이피(VIP) 격노설'이다. 같은 날 이 장관이 오전 11시 54분 대통령실이 사용하는 번호로 걸려온 전화를 받았다는 사실이 재판 과정에서 확인됐다. 이후 해병대 수사단에 사건을 경찰에 이첩하지 말라는 지시가 다시 내려왔다. 박 대령 쪽은 윤 대통령의 격노가 채 상병 순직 사건의 진상 규명을 가로막는 시작점이 됐다고 강조한다.

윤 대통령의 격노로 인해 '임 사단장을 혐의자에서 빼는 등 수사 내용을 고치라'는 위법한 명령으로 이어졌다면 박 대령은 항명죄에서 벗어나게 된다. 결국 박 대령에 대한 1심 결론은 '윤 대통령 격노설' 진위 여부에 대한 사법부의 첫 판단이 되는 것이다.

박 대령은 이날 최후진술에서 "(2023년) 7월 31일 (김계환 해병대) 사령관에게서 들은 대통령의 격노는 사실이다. 국방부 장관이 7070 전화(대통령실 내선번호) 한 통 받고 이 모든 일이 엉망진창이 됐다"며 "손바닥으로 하늘을 못 가리고 진실을 언제까지 숨길 수 없다. 거짓은 절대 진실을 이기지 못한다"고 했다.

이어 "재판장님, 불법적 명령에 복종해선 안 된다고 말해달라. 채 해병에게 '너의 죽음에 억울함이 남지 않게 하겠다'는 저의 약속이 지켜질 수 있게 해주시길 바란다"고 호소했다. 재판부가 사법정의를 바로 세우는 판결을 할지 우려스럽지만, 박 대령은 무죄다. 힘내라!

한편 군인권센터는 결심 공판 직후인 오후 4시 50분께부터 박 대령에 대한 무죄 탄원 서명 운동을 시작했다. 내년 1월 3일 자정까지 6주 동안 실시될 무죄 탄원 서명은 11월 22일 "오후 2시 30분 (서명자 수가) 현재 3만 명을 돌파했다. 실시간으로 참여자가 계속 늘어나고 있다. 부정한 권력에 빌붙어 수사 외압에 부역하며 항명죄 법정 최고형인 징역 3년을 구형한 군검찰에 대한 국민의 분노가 체감된다"고 밝혔다.

〈2024. 11. 22.〉

박 대령은 무죄다2

　박정훈 대령의 항명죄 재판을 보면서 받는 느낌은 대통령 한 사람으로 인해 여러 명이 고초를 겪는구나 하는 것이다. 아무튼 11월 21일 재판을 받으러 간 박 대령은 든든하게도 혼자가 아니었다. 오후 1시 28분 박 대령이 법정으로 들어가기 전 많은 사람들이 함께해 격려·응원했다. 보도 내용을 정리해 되새겨 보고자 한다.
　"아프지 말고 다치지 말고 무사히 귀환하시길 바랍니다."
　군 사망사고 전·현직 병사 부모들로 구성된 '아프지 말고 다치지 말고 무사귀환 부모연대'가 항명죄 군사법원 재판 결심을 앞둔 박 대령을 향해 떨리는 목소리로 말을 건넸다. 긴장한 표정으로 두 주먹을 꼭 쥐고 서 있던 박 대령은 웃는 얼굴로 답했다. 박 대령 등 뒤로 '진실의 힘은 강하다'라는 글귀가 쓰인 손팻말이 보이기도 했다.
　군인권센터는 이날 박 대령과 함께하는 시민 환담 자리를 마련하고, 군사법원으로 행진하며 기자회견을 진행했다. 군검찰 구형이 나오는 결심 공판을 앞둔 박 대령을 응원하고 법원의 무죄 판결을 촉구하는 취지로 마련됐다. 낮 12시 25분 서울 용산구 천주교 군종교구청 앞 박 대령이 모습을 드러내자 50여 명의 시민이 모여들어 환호했다.
　"뜻하지 않게 많은 분이 오셔서 한 말씀만 꼭 드리겠습니다."
　평소 발언을 자제하던 박 대령이 이날 조심스레 입을 뗐다. 그는 "지난 1년 반을 달려오면서 채 상병 사건과 관련된 실체적 진실은 세상에 다 드러났다고 생각한다"고 말했다. 그러면서 "이제부턴 이 진실이 승리로 이어지고, 우리 사회에 정의로움이 살아있음을 증명하는 시간인 것 같다. 그 큰 발자국을 오늘 뗀다고 생각하고 최선을 다해서 잘하겠다"고 말했다.

이어진 기자회견에서는 종교계 인사와 국회의원, 전·현직 병사 부모들이 응원을 보냈다. 송원근 원불교 교무는 "정의를 위해 싸웠던 이들이 다시 일터로 돌아가 참군인의 표상이 되도록 해줘야 한다. 더 많은 이들이 정의의 길을 가는 데 주저함이 없도록 해야 한다"고 말했다.

조국 조국혁신당 대표는 "박 대령이 정의를 지키려고 묵묵히 버티는 동안 윤석열 대통령은 배우자와 권력을 지키려고 했다. 우리는 채 상병의 손을 잡아주지 못했던 마음을 안고, 박 대령의 손을 잡아야 한다"고 했다.

"저 넓은 바다 한가운데 우뚝 서 있는, 그 사람은 누구인가. 박정훈이라네."

해병대 선후배가 모여 만든 '팔각모 브라더스'는 응원가를 불렀다. 박 대령 주위로 모인 해병대예비역연대도 함께 따라 불렀다. "해병대가 가는 곳에 '묵사발' 있고 박정훈 대령 가는 곳에 승리가 기다린다"는 가사 뒤로 '몰상식', '불공정'이라는 단어가 쓰인 도토리묵이 등장했다. 박 대령이 이를 반으로 가르는 '커팅식'을 하자, 환호가 쏟아졌다.

이날은 박 대령의 생일이었다. 시민들은 함께 "생일 축하합니다" 노래를 부르며 "태어나주셔서 고맙습니다"라고 응원했다. 그 아들을 낳은 어머니도 이날 처음으로 법정에 나왔다. 임태훈 군인권센터 소장은 "아들에게 거짓말하는 것을 가르친 적이 없고 오직 진실만을 말할 것을 교육했기 때문에 오늘의 박 대령이 있다고 생각한다"고 했다.

제1야당인 더불어민주당은 군검찰이 박 대령에게 법정 최고형인 징역 3년을 구형한 것을 두고 "사법정의를 조롱하고 있다"며 강하게 비판했다. 민주당은 '채 상병 순직 사건 외압 의혹' 국정조사를 관철시키겠다고 결연함을 보이기도 했다.

노종면 민주당 원내대변인은 이날 군검찰의 구형 뒤 서면브리핑을 내어 "억울한 죽음의 진실을 제대로 밝히는 것이 어떻게 항명이고 상관에 대한 명예훼손인가"라며 "채 상병 순직의 진실을 어떻게든 덮으려는 정권의 파렴치함에 분노를 멈출 수 없다"며 이렇게 밝혔다.

이어 노 대변인은 "박 대령은 정당한 수사를 한 죄밖에 없다. 그것이 죄라는 군검찰의 주장을 대체 어느 국민이 납득할 수 있겠냐"며 "오늘 군검찰의 구형은 군에 대한 국민의 불신을 높일 것이다. 어느 부모가 자식을 군대에 맡길 수 있겠냐"고 비판했다.

이와 함께 노 대변인은 "민주당은 국정조사를 반드시 관철해 채 상병 순직의 책임을 묻고 박 대령의 명예를 지키겠다"고 했다. 또 "국민의힘은 합의되지 않은 국정조사에는 참여할 수 없다는 파렴치한 소리를 계속할 것이냐"며 "정권의 치부가 드러날 것이 두려워 국회의 본분을 저버리려 하다니 정말 비열하다"고 주장했다.

국민의힘은 "경찰 수사 결과가 나왔고, 고위공직자범죄수사처 수사가 진행되고 있는 등 국정조사 필요성에 동의할 수 없다"며 국정조사에 반대하고 있다. '채 상병 특검법'이 윤 대통령의 재의요구권

(거부권) 행사로 세 차례 폐기된 가운데, 우원식 국회의장은 11월 22일 정기국회 기간내 채상병 순직 사건 국정조사 절차에 착수하겠다고 밝혔다.

 우 의장은 이날 국회에서 기자회견을 열고 "국방의 의무를 이행하던 청년이 급류 속에서 맨몸으로 호우 실종자를 수색하다 목숨을 잃었다"며 "국가가 나서서 왜 그런 일이 일어났는지를 밝히는 것은 지체할 이유가 없는 마땅한 책무이자 고인의 죽음에 대한 최소한의 예의"라고 밝혔다.

〈2024. 11. 22.〉

내란수괴가 임명한 자들1

여러 글을 통해 말했듯 모든 KBS 기자들이 반대한 박장범 사장 후보가 12월 10일 취임했다. 11월 23일 윤석열 대통령이 임명안을 재가했지만, 이후 임명권자는 12·3 비상계엄령 선포로 내란수괴가 됐는데 덥썩 받아들여 3년 임기에 들어간 것이다. 12월 14일 대통령 윤석열 탄핵소추안 가결 이전이긴 하지만, 내란수괴가 임명한 KBS 사장인 셈이다.

KBS 구성원 과반 정도가 가입한 최다노조인 전국언론노조 KBS본부는 박 사장의 취임에 거세게 반발했다. "권력에 기대 공영방송 사장 자리를 꿰찬 인물이 제대로 공정방송을 할 것이라 기대를 하는 사람은 없다"며 이날 0시부터 박 사장 퇴진, 단체협약 쟁취 등을 내걸고 하루 동안 총파업을 벌였다. 박 사장 취임 첫날부터 사퇴 요구가 빗발쳤다.

언론단체들은 성명서를 내 "KBS의 자원을 도둑질해 내란수괴 윤석열과 김용현을 비롯한 내란 공범자들의 범죄 행각을 감추고 가리는 데 사용할 것이다"(언론장악저지공동행동), "박장범이 사장 자리를 고수한다면 KBS를 윤석열 권력 연장을 위한 선전도구로 만들겠다는 선포이자 내란공범자가 되겠다는 것"(민주언론시민연합)이라며 사퇴를 촉구했다.

국회 과학기술정보방송통신위원회 야당 위원들도 성명서를 내고 "박 사장의 취임사대로 '위기를 극복하고 변화와 혁신을 통해 KBS

가 국민의 방송이 되길 바란다'면 즉각 KBS를 떠나라"고 밝혔다. KBS 이사회가 사장 후보자들을 면접심사하기도 전에 이미 대통령실에서 박 사장을 내정했다는 '용산 개입 의혹'이 제기돼 언론단체들은 대통령 비서실 소속 고위 공무원을 고위공직자범죄수사처에 고발한 바 있다.

한편 박 사장은 전국에서 모인 전국언론노조 KBS본부 조합원 700여 명이 이른 오전부터 서울 영등포구 KBS 본관 1·2층을 점거하자 이날 오전 8시 30분 현충원 참배, 오전 10시 취임식 일정을 모두 취소했다. 결국 취임사를 녹화해 사내 게시판에 올렸다. 이날 오전 KBS 내부 온라인 게시판에는 박 사장이 취임사를 낭독한 3분 분량의 영상이 게재됐다.

박 사장은 영상에서 "공영방송이란 네 글자에 담긴 신뢰와 공정·품격, 그리고 정치적 독립을 지켜내겠다"며 "이러한 가치를 훼손하는 어떠한 도전에도 양보하지 않겠다"고 밝혔다. 12·3 불법계엄 사태에 대해서는 "지난주 발생한 비상계엄 사태로 민주주의 질서와 헌법 가치는 위협받았다"며 "국정 혼란이 지속되는 상황 속에서 공영방송 사장으로서 엄중한 책임감을 느낀다"고 말했다.

그런데 박 사장과 같은 날 임기를 시작한 이가 또 있다. 내란 혐의를 받는 탄핵소추안이 발의된 12월 6일 윤 대통령이 임명을 재가해 '알박기 인사'란 뒷말이 나온 진실·화해를위한과거사정리위원회(진실화해위) 박선영 위원장(장관급)이다. 그동안 복창 터지게 하는 윤 대통령 인사가 한둘일까만, 내란수괴의 임명을 '이게 웬떡이냐'며 덥썩 받아들인 박 위원장도 문제다.

당장 이날 오전 진실화해위가 입주해 있는 서울 중구 남산스퀘어

빌딩 앞에 민간인 학살, 강제노역 등 국가폭력 피해자와 가족들이 몰려들었다. 박 신임 진실화해위원장 임명에 분노해 그의 첫 출근을 막겠다며 모인 것이다. 국가폭력 피해자 및 유가족들이 보호받긴커녕 왜 이런 투쟁의 수렁으로 내몰려야 하는지 새삼 '윤석열 인사'에 치가 떨릴 지경이다.

오승희 삼청교육 피해자유족회 대표는 "45년 전 군홧발에 짓밟힌 트라우마에 저희가 모여 치유 수업을 받던 바로 그날, 계엄령이 선포됐다"며 "국가의 무력 사용을 정당화시키는 박선영이란 인물을 이 자리에 보낸 것을 참을 수 없다"고 호소했다.

경찰이 국가폭력 피해자들의 건물 진입을 막고, 박 위원장이 혼잡한 건물 입구 대신 지하주차장을 통해 진입하면서 출근 저지는 실패로 돌아갔다. 박 위원장은, 그러나 자신의 취임은 정당하다고 항변하고 있다. 취임식에서 "대통령 임명이 부당하다는 논란이 있지 않냐"고 질문하자 "논란일 뿐"이라고 답했다. "입장을 밝혀달라"는 요청도 "SNS로 다 밝혔다"고 일축했다.

박 위원장은 취임사를 낭독한 직후 "내란 수괴 윤석열이 불법적으로 임명해 여기까지 왔는데 임명취소 의견이 많다. 어떻게 생각하느냐"는 기자의 질문에 답하지 않았다. 사진촬영 등 취임식 식순이 끝난 뒤 기자들이 행사장 입구에서부터 위원장실까지 따라가 "내란 수괴 윤석열에 대해 어떻게 생각하는지"를 계속 물어도 대답이 없었다.

오히려 그는 이날 오전 페이스북에 "자신들의 입맛에 맞지 않는다고 출근 저지 투쟁을 벌이는 것 자체가 헌정 유린"이라고 썼다. 이어 "탄핵이 부결된 지금 대한민국 대통령은 윤석열이고 혼란스러운 상황일수록 법치는 지켜져야 한다"며 "인사를 투쟁의 목적으로 삼아 법치주의를 말살하려 한다면 그것이야말로 내란행위"라고 주장했다.

  대통령 윤석열 탄핵소추안이 가결된 지금도 그런 생각인지 묻고 싶다. 이에 대해 못다한 이야기가 있는데, '내란수괴가 임명한 자들2'에서 이어 가기로 한다.

〈2024. 12. 22.〉

내란수괴가 임명한 자들2

진실·화해를위한과거사정리위원회(진실화해위) 박선영 위원장은 "국가폭력 피해자라고 공인에 대한 폭력이 정당화되진 않는다"고 해 피해자들의 공분(公憤)을 사기도 했다. 이런 자를 "항일독립운동, 반민주적 또는 반인권적 행위에 의한 인권유린과 폭력·학살·의문사 사건 등을 조사하여 왜곡되거나 은폐된 진실을 밝혀냄"을 목적으로 하는 기관 수장으로 임명한 게 맞는지 의문이다.

대통령 탄핵이 추진되는 데 헌법재판소장 후보로 거론되는 정형식 헌법재판관의 처형인 박 위원장을 임명한 것도 논란이다. 야당에선 "탄핵에 대비한 뇌물"이라고 날을 세웠다. 다만 박 위원장은 "임명 과정에서 대통령 전화를 받은 적도 없다"고 반박하는 상황이다.

독재와 군사 쿠데타를 옹호하는 박 위원장 발언도 도마에 올랐다. 그는 과거 한 유튜브 채널에 출연해 "5·16 혁명이 일어났을 때조차도 국민은 반대하거나 안 된다고 가로막거나 한 사람이 없었다"고 주장했다. 당연히 진실화해위 내부의 반대도 거세다. 전날 송상교 사무처장은 박 위원장 임명을 비판하며 사의를 표명했다.

취임식에 불참한 야당 추천 상임위원 중 한 명인 이상훈 위원은 "조만간 위원들의 의견을 취합해 박 위원장에 대한 공식 입장을 낼 것"이라고 말했다. 박 위원장 임명 철회 요구 성명엔 이날 오후 1시 기준 522개의 시민·연구자 단체에서 1만 4,000여 명이 동참했다. 서명을 진행한 김상숙 성공회대 연구교수는 "단체 연명이 계속 들어와 전체 서명 참여자는 더 늘어날 것으로 보인다"고 말했다.

이들은 성명에서 "12월 3일 밤 10시 윤석열은 대한민국의 헌법 질서를 파괴하는 내란을 지시했다. 따라서 그 시각부터 윤석열은 대통령의 자격을 잃은 반헌법 범죄자이며, 국민이 그에게 부과한 정치적·법적 권능은 모두 사라졌다"며 "그러므로 범죄자로부터 받은 진실화해위를 총괄하는 권한과 책임 역시 모두 원천적으로 무효이며, 정치적 정당성을 완전히 상실했다"고 주장했다.

한편 박 위원장은 12월 23일 오전 열린 국회행정안전위원회(행안위) 전체회의에 출석했다가 20분 만에 퇴장당했다. 신정훈 행안위원장은 12·3 내란사태 직후 '내란죄 피의자'에 의해 임명된 절차적 하자와 이 과정에서 박 위원장이 쓴 페이스북 글 등 처신의 문제를 제기한 야당 의원들의 건의에 따라 퇴장을 명했다.

"국회법 제49조 질서유지권을 발동하겠습니다. 국회 경위께서는 박선영 위원장을 회의장에서 퇴장시켜주시기 바랍니다."

이날 행안위가 시작하자마자 윤건영 더불어민주당 위원은 의사진행 발언을 요청해 "대한민국 민주주의가 한순간에 짓밟힌 내란범죄가 일어난 지 사흘 만에 윤석열 대통령이 진화위원장을 임명했다. 박선영의 인척인 정형식 헌법재판관은 탄핵심판 주심 재판관으로 탄핵 대비 보험용 인사라는 의혹이 나온다"며 "비정상적 상황에서 문제적 인사를 임명한 것은 원천무효다. 박선영 위원장을 현안질의 시간에 둘 게 아니라 퇴장을 명해달라"고 요청했다.

정춘생 조국혁신당 의원과 용혜인 기본소득당 의원도 동조하며 "퇴장이 아니라 진실화해위원장을 그만둬야 한다. 부적절한 자리에서 물러나게 하기 위해 모든 방안을 강구해야 한다"고 목소리를 높였다. 이에 대해 국민의힘 조은희·김종양·이달희 의원은 "인척 관계 의혹을 제기했는데 요즘 자식도 제 마음대로 안된다", "적임자인지는 모르겠지만, 법적으로는 문제없다"며 박 위원장을 두둔했다.

신정훈 위원장은 특히 박 위원장이 비상계엄 직후인 12월 5일 페북에 쓴 "파렴치한 범죄자들 처리를 못 했기 때문에 오늘날 나라가 이 모양이다. 국기를 문란하게 하는 자들이 판치는 대한민국, 청소 좀 하고 살자"는 글을 언급하며 "청소라니. 킬링필드 기억하는지 모르겠다. 한국전쟁 좌우익 대립 과정에서 법이 아닌 감정과 주관적 의도로 희생된 수많은 사람들을 보듬어야 할 엄중한 자리에 임명될 대상자라면 어떻게 이런 말을 할 수 있는가"라고 꾸짖으며 퇴장을 명했다.

이에 대해 박 위원장이 바로 일어나지 않자 야당 의원들이 "일어나세요. 앉아있을 자리가 아닙니다"라고 소리쳤다. 신정훈 위원장은 다시 "국회 경위께서는 박선영 위원장을 회의장에서 퇴장시켜주시기 바란다"고 말했다. 이에 대해 박 위원장은 "자의로 온 게 아니라 출석을 요구받고 왔다"고 항변하다가 일어나서 회의장을 빠져나왔다.

신정훈 위원장은 박 위원장이 퇴장한 뒤에도 "그동안 진실화해위는 (행안위에 와) 마스크 쓰고 우겨대는 직원(국정원 출신 조사1국장) 하나 처리 못 해왔다. 계엄에 대한 국민 분노가 하늘을 찌르는 상황에서 한 발언들을 보면서 이런 식으로 진실화해위가 굴러가면 진실이 아닌 거짓, 화해가 아닌 분열만 조장한다. 후임자 결정 과정을 용인할 수 없다. 여든 야든 주의 줘야 하고 혼신의 성찰이 있어야 한다"고 말했다.

〈2024. 12. 23.〉

KBS 망가지기 점입가경 1

 KBS 이사회가 KBS 망가지기 점입가경의 경지를 이뤄낸 것이라고 할까. KBS 노조원들이 10월 18일 시민문화제에서 '힘내라 공영방송, 구하자 KBS'를 외친 지 5일 만인 10월 23일 KBS 이사회는 임시 이사회를 열어 사장 후보 면접 대상자 세 명 중 박장범 앵커를 제27대 사장 최종 후보로 임명 제청했다.

 90여 개 언론·시민사회단체 연합인 '언론장악저지공동행동'이 10월 7일 성명을 내어 "낙하산끼리 누가 한국방송을 더 잘 망칠 것이냐를 놓고 경쟁하는 꼴이 됐다"며 "이사회는 이번 공모를 '적격자 없음' 처리하고 재공모에 나서야 한다"고 목소리를 높였지만, 아무 소용이 없었다.

 이날 야권 이사 4명은 면접엔 참여했지만, 투표를 앞두고 사장 선임 절차 중단을 요구하며 퇴장했다. 야권 이사들은 KBS 이사회의 박 후보 사장 임명제청 의결 직후 입장문을 내어 "이진숙·김태규 방송통신위원회 '2인 체제'가 위법적으로 임명한 이사들에 의해 위법이 거듭됐다"며 사장 선임 절차는 무효라고 주장했다.

 이들은 "최대한 이른 시일 안에 이사회 의결에 대한 효력정지 가처분신청을 제기하는 등 KBS 위법 상태 해소에 진력할 것"이라고 밝혔다. 밝힌 그대로 그 다음날인 10월 24일 이사회 의결에 대한 효력정지 가처분 신청 소송을 제기한 것으로 알려졌다.

 참고로 법원은 10월 17일 뉴스타파의 '김만배-신학림 녹취록' 일부를 방송한 문화방송(피디수첩)에 방통위가 부과한 과징금 처분 취소 판결을 내리면서 '2인 체제 방통위'의 위법성을 지적한 바 있다. 5인 합의제 행정기관인 방통위에서 다수결 원리가 성립하려면 최소 3인의 위원이 필요하다는 취지였다.

그런데도 여권 이사 7명의 표결로만 KBS 사장 최종 후보가 결정된 것이다. 박 후보는 국회 인사청문회와 대통령의 임명 재가를 거쳐 차기 사장에 최종 임명된다. 제27대 KBS 사장 임기는 오는 12월 10일부터 2027년 12월 9일까지로 3년이다.

박 후보는 이사회 결과 발표 직후 "공영방송 KBS의 최고경영자는 시청자인 국민이다. 시청자들이 원하는 공영방송의 역할을 충실히 수행할 수 있도록 최선을 다하겠다"면서 "사내 통합을 통해 KBS 내부 갈등이 해소될 수 있도록 노력하겠다"고 소감을 밝혔다. 박민 사장 취임 후 KBS가 망가진 걸 다 아는데, 딴나라 얘기하듯 하고 있다.

면접심사에서도 박 후보는 "'왜 명품이라는 표현을 안 썼냐'고 질문하는 분들이 있는데, 기본적으로 언론에서 구분하는 품목은 생필품, 사치품이지 '명품'은 들어 있지 않다. 수입산 사치품을 왜 명품이라고 불러야 하는지, 그건 부적절하다고 생각한다"며 이해가 안 되는 속 보이는 소리로 많은 이들의 염장을 질렀다.

"궤변을 늘어놓았다. 대통령 심기를 불편하지 않게 하려고 애써 의미를 축소하여 표현하는 걸 전 국민이 지켜봤는데 비논리적인 해명으로 빠져나가려고 하는 것이다. 이런 인사가 한국방송 사장이 되면 앞으로 얼마나 더 정권에 아부하는 보도를 쏟아낼지 우려된다"는 사설(한겨레, 2024.10.25.)이 다가온다.

박 후보는 지난해 박민 사장 취임 직후 9시 뉴스 진행자로 발탁됐다. 새삼스러운 얘기지만, 박 앵커는 지난 2월 7일 윤석열 대통령과의 대담을 진행하며 김건희 여사의 명품가방 수수 의혹 관련 질문에서 디올 명품 백을 '파우치', '외국 회사의 조그만 백'으로 지칭해 논란을 산 인물이다.

이런 박 후보의 KBS 사장 지원을 놓고 KBS기자협회는 10월 11일 성명을 내기도 했다. "숱한 의혹을 캐묻고 따지는 대신 해명에 더 집중했던 모습을 우리는 똑똑히 기억하고 있다. 김건희 여사의 명품백을 굳이 '조그마한 파우치'라고 부르는가 하면 '명품 백 이슈로 부부 싸움하셨어요?'라고 물었던 건 그야말로 충격적"이라고 지적했다.

이어 "사장 후보자의 명단이 공개된 지금, 박장범 앵커가 왜 그랬는지, 수많은 항의를 받고도 왜 아직 앵커직을 꿋꿋이 지키고 있는지 그 이유를 이제서야 알 것 같다"고 비판한 바 있다. 박 후보의 KBS 사장 지원 및 임명 제청은 연임에 실패한 박민 사장 입장에선 뒤통수를 세게 맞은 기분이었을 것 같다.

아무튼 이사회의 사장 임명제청이 이뤄진 10월 23일 전국언론노동조합 KBS본부는 하루 파업에 돌입해 사장 선임 절차 중단과 단체협약 체결을 요구하는 투쟁을 지속했다. 이날 KBS본부 조합원 500여 명은 이사회가 열리는 서울 여의도 KBS 본관 곳곳에서 농성을 벌이기도 했다.

전국언론노동조합 KBS본부는 이날 긴급 입장을 내어 "김건희 여사가 수수한 명품백을 '조그만 파우치'라 축소하며 KBS 뉴스를 용산방송으로 만든 주범 박장범을 이사회가 최종 사장 후보로 임명제청한 것에 충격을 금치 못한다"고 날을 세웠다.

이어 "결국 이 정권이 언론을 장악해 무엇을 얻으려고 하는지를 선명하게 보여주었다. 또한 이진숙-김태규 2인체제 불법 방통위에 의해 추천돼 공영방송 이사가 된 이들은 이번 결정을 통해 스스로 정권의 하수인임을 자인했다. 불법적 이사회의 사장 임명제청을 인정할 수 없으며, 윤석열 정권의 언론장악에 맞서 끝까지 싸워 대한민국 대표 공영방송 KBS를 되찾을 것"이라고 밝혔다.

〈2024. 11. 1.〉

KBS 망가지기 점입가경2

박장범 앵커의 사장 후보자 임명 제청 후 KBS 내부가 들끓고 있다는 소식이 전해졌다. 경향신문(2024.10.30.)에 따르면 지난해 입사한 막내 기수부터 박 후보자의 선배 기수까지 연달아 규탄 성명을 내며 박 후보자 제청을 반대하고 나섰다. 박 후보자가 제청된 10월 23일부터 이날 오전까지 KBS 내부 게시판에는 KBS 취재·촬영기자 30개 기수(18~35기, 37~43기, 45~48기, 50기)가 쓴 연명 성명 18개가 올라왔다.

참여 기자 수는 465명이다. 10월 24일 가장 먼저 성명을 올린 45기부터 지난해 입사한 50기, 박 후보자의 동기인 20기, 선배인 18~19기까지 대다수 기수가 성명에 참여했다. 기자들은 박 후보자가 앵커를 맡는 동안 친정부 성향 방송을 진행했다고 비판했다. 박 후보자가 사장이 되면 권력 감시·견제 기능이 더 약화할 것이라고도 우려했다.

막내인 50기는 "'KBS를 어떻게 믿고 자료를 주냐', 'KBS에서 이런 주제는 못 다루지 않냐'고 묻는 수많은 취재원에게 우리는 '보도할 수 있다'고 당당하게 답할 수 없었다"며 "공영방송의 가치가 훼손되는 모습을 더는 보고 싶지 않다"고 했다.

34기는 "파우치(박 후보자)가 대통령 술친구(박민 현 사장)를 이겼다"며 "(박 후보자가) 외래어 하나로 사장이 되면 이미 짧지 않은 우리 회사 부끄러운 역사의 맨 앞줄을 차지할 것"이라고 했다. 결과적으로 자신을 발탁한 박민 사장의 연임을 가로막은 '배신자' 박 앵커를 비난한 셈이다. 대통령 임명이 이뤄지면 박 후보자는 KBS 최초의 9시 뉴스 앵커 출신 사장이 된다.

35기는 "(박 후보자가) 일선 기자들의 리포트에 자신의 일방적인 논평을 곁들여 맥락을 왜곡하는 만행은 일상적으로 자행됐고, 급기야 대통령을 단독으로 대면하고 질문하는 자리에서 시종일관 굴종적인 태도를 유지하며 공영방송을 권력에 헌납했다"며 "공영방송의 기자로 떳떳하게 살아가고자 하는 너무도 합당한 사명을 위해 우리는 당신을 반대하고 거부한다"고 했다.

박 후보자의 선배들도 성명에 동참했다. 18~25기 기자들은 "지난 23일 여권 이사들만 참여한 가운데 열린 이사회 투표에서 당신은 한 번의 투표에 7: 0으로 최종후보자로 선정됐다고 한다. 어디선가 내려왔을 지시가 있지 않고서는 좀처럼 일어나기 힘든 일"이라며 "권력의 의도와는 관계없이 본인의 능력만으로 최종후보자가 됐다고 주장하지 말라"고 했다.

이들은 "행여 당신이 KBS 사장으로 임명돼 무언가를 지시하고 실행한다면 그것은 분명 시청자나 국민의 명령이 아니라 최고 권력자 누군가의 명령으로 인식될 것"이라며 "염치를 아는 기자라면 멈출 때가 됐다"고 했다. KBS 제1노조인 민주노총 언론노조 KBS본부는 박 후보자에 대한 신임투표를 계획하고 있는 것으로 전해졌다.

한편 전국언론노동조합 KBS본부·KBS 같이(가치)노동조합·기자협회·전국기자협회·PD협회도 박장범 후보자의 사퇴를 요구하고 나섰다. 더불어민주당 이훈기 의원은 10월 30일 자신의 페이스북에 "박장범 KBS 사장 임명은 정권 몰락의 자충수가 될 것"이라면서 "'김건희의 머슴', '파우치 박' 박장범 앵커의 KBS 사장 후보 선임 후 역대급 내부 반발이 이어지고 있는데, 특히 박장범 앵커가 속한 기자들의 거센 반발을 사고 있다"고 말했다.

이 의원은 "정년을 앞둔 고참 기자부터 이제 갓 입사한 새내기 기자까지, 이 엄혹한 언론 환경에서 자기 이름을 걸고 차기 사장에 반대하는 것은 단순히 진영 논리로 설명할 수 없다"면서 "이들은 '박장범이 전하던 뉴스를 만들어온 기자들'로서 '너무 창피하고, 앞으로는 더 창피해질 것'이라고 말한다. 기자로서, 언론인으로서, 공영방송 구성원으로서 지켜야 할 최소한의 양심마저 포기할 수 없었기 때문일 것"이라고 전했다.

이 의원은 "불과 1년 전에 KBS는 박민 사장이 점령군처럼 낙하산 사장으로 임명될 때 목소리 한번 내지 못하고 무기력하게 정권에 장악당하기도 했다지만, 지금은 다르다"면서 "직접 박장범 앵커와 현장에서 뉴스를 만들었던 후배 기수들이 먼저 들고 일어났다. KBS가 '땡윤뉴스', '정권의 방송'으로 망가질 때 누구보다도 가장 괴로웠던 것은 현장에서 취재하고 뉴스를 만들던 기자들 자신이었던 것"이라고 했다.

이 의원은 "이렇게 모든 KBS 기자들이 박장범 사장 후보를 반대하고, 정권의 방송이 되기를 거부하고 있다"며 "다시 국민과 시청자의 품으로 돌아가길 원하고 있다. KBS 기자와 구성원들의 용기에 응원과 지지를 보낸다. 국회에서도 박장범의 사장 임명을 반드시 저지하겠다"고 말했다.

대통령 하나 잘못 뽑은 후폭풍을 대다수 KBS 구성원들이 뒤집어 쓴 듯하지만, 건투를 빈다. KBS에 있는 아는 분들에겐 미안한 말이지만, 그래도 나는 뉴스만큼은 MBC 팬이다. 딴은 '뉴스데스크'를 수십 년 봐왔으니 그럴만하다. 왜 MBC '뉴스데스크'만 보는지, 굳이 설명하지 않아도 되리라 생각한다. 살아있는 권력에 대해서도 거침없이 '까는' 게 제대로 된 뉴스 아닌가?

〈2024. 11. 1.〉

평론가 장세진의
또 다른 이야기!

장세진 지음 / 304쪽 / 17,000원